자전거 여행 바이블 수도권편

이준휘 지음

꿈의지도

프롤로그

2014년 6월 7일 '자전거 여행 바이블' 초판 1쇄를 펴냈다. 그로부터 벌써 7년의 세월이 흘렀다. 출간 이후 독자들로부터 생각하지도 못했던 과분한 사랑과 관심을 받았다. 덕분에 2017년 개정1판과 2020년 개정2판을 펴내며 자전거 여행의 작은 동반자로 자리매김할 수 있었다. 다시 한번 지면을 빌어 독자분들께 감사의 인사를 드린다.

이번에 펴낸 '자전거 여행 바이블 수도권편'은 이전에 펴냈던 '자전거 여행 바이블'과는 전혀 다르다. 이전에 펴낸 가이드북은 전국의 이름난 자전거 여행지를 엄선해 안내했다. 하지만 이번에 펴낸 '수도권편'은 대상지를 수도권으로 한정했다. 이전 책에 수록되었던 수도권 자전거 코스 18개에 신규 코스 31개를 추가해 총 49개 코스 55개 구간을 소개했다. 3분의 2 이상을 새로운 코스로 채웠다. 이처럼 수도권의 자전거길만으로도 한 권의 가이드북을 만들 수 있었던 것은 최근 자전거길 인프라가 급성장했기 때문이다. 지자체마다 자전거길을 새로 내고, 각각의 자전거길이 그물망처럼 촘촘히 이어지면서 다양한 자전거 코스가 생겨났다.

수도권의 자전거길만 모아 가이드북으로 묶은 것은 코로나 바이러스도 한몫 했다. 바야흐로 대역병大疫病의 시대를 살고 있는 우리에게 자전거 타기 같은 아웃도어 활동은 그나마 숨통을 틔어준다. 코로나 발생 이후 자전거 인구가 급격히 늘었다. 한강자전거길을 비롯한 수도권의 자전거길은 라이더로 북적인다. 자전거숍은 자전거가 없어서 못 팔 정도다. 상황이 이렇다보니 장거리 이동과 숙박이 필요 없는 수도권 자전거길은 여행이 부담스러운 때 찾기 좋은 최적의 언택트 여행지가 됐다. 이 책에 소개된, 파주 임진각에서 연천 거쳐 철원까지 가는 평화누리자전거길 5, 6코스와 철원 한바퀴 코스는 본래 1박2일 여정으로 찾으면 최적이다. 하지만 코로나

시대에 맞춰 숙박을 하지 않도록 일부러 당일 코스로 분리해 소개했다.

처음 자전거에 입문하면 집에서 가까운 곳부터 찾는다. 자전거 타기가 익숙해지면 점차 수도권의 유명 자전거 코스로 눈을 돌린다. 이 책은 자전거에 입문한 초보들도 쉽게 접근할 수 있는 코스들을 최대한 소개했다. 특히, 자린이의 필수 코스라 할 수 있는 한강과 지천의 자전거길을 가능한 상세하게 안내했다. 또한 지천 자전거길과 주변 자전거길을 이어서 달릴 수 있는 순환 코스 소개에도 많은 신경을 썼다. 하트 코스, 장화 코스, 창릉천 공릉천 순환 코스, 양재천 여의천 탄천 순환 코스가 바로 그런 곳이다. 이곳은 자린이를 뗀 중급 라이더들도 수시로 찾는 코스다. 서울 도심의 경우에는 서울시 공공 자전거 따릉이를 이용해서 자전거 여행하는 방법도 소개했다.

이 책은 자전거에 입문한 초보자를 우선 배려했지만, 단지 자린이만을 타깃으로 하지는 않았다. 중급자에서 상급자에 이르는 라이더도 욕심을 낼만한 코스도 많이 소개했다. 동부5고개나 분원리, 호명산 코스 등은 주말이면 상급 라이더들이 능력의 한계를 시험하면서 달리는 곳이다. 또 남산이나 북악스카이웨이, 도선사, 안양 3대 업힐, 유명산산악자전거길도 라이더의 도전욕을 불타게 하기에 충분한 곳이다. 이처럼 대여 자전거로도 주파할 수 있는 쉬운 코스부터 앞바퀴가 들릴 정도의 급경사를 통과하는 하드코어 코스까지 다양한 난이도의 자전거 코스를 소개해 자전거 여행자라면 누구라도 이 책에 관심을 가질 수 있게 했다. 여기에 라이딩과 여행의 재미를 함께 느낄 수 있는 코스도 배려했다. 물을 따라 가는 강길은 물론, 바다를 품고 달리는 해안길, 산 속의 숲길, 이국적인 섬에 조성된 자전거길까지 두루두루 소개했다. 이 책에 소개된 코스를 모두 달리면 수도권의 자전거길은 거의 섭렵하게 된다.

'자전거 여행 바이블 수도권편'을 펴내면서 코스를 선정할 때 가장 염두에 두었던 것은 안전이다. 이 책에 소개된 자전거 코스는 자전거 전용도로를 이용하는 곳도 있고, 일반 공도를 주행해야 하는 곳도 있다. 공도 주행은 차량과 함께 이용하기 때문에 항상 위험이 따른다. 특히 자전거 여행 경험이 부족한 초보는 공도 주행 자체가 공포스럽게 다가온다. 이 책에 소개된 공도 주행이 포함된 코스는 최대한 안전한 곳을 우선했다. 아무리 유명한 코스라도 차량 통행이 많고 노견이 좁은 경우는 배제했다. 대표적으로 송추5고개가 그런 곳이다. 책에 수록된 코스라도 난이도와 주의구간을 주의 깊게 읽고 자신의 수준에 맞는 코스를 골라 무리한 라이딩을 지양할 것을 간절하게 부탁한다. 자전거 여행에서 가장 중요한 것은 첫째도 안전, 둘째도 안전, 셋째도 안전이다.

책을 펴내면서 다양한 방식으로 자전거 코스에 대한 정보를 주기 위해 노력했다. 수치화된 난이도, 접근성, 소요시간을 통해서 자전거 코스에 대한 대략적인 윤곽을 파악할 수 있다. 사진과 본문을 보면 자전거 코스의 분위기를 살필 수 있다. 코스 접근은 자전거 코스 시작지점까지 이동하는 방법에 대해서 알려준다. 한강자전거길과 바로 연결된 코스를 제외하고 가능한 대중교통을 이용해 움직이는 방법을 기본으로 설명했다. 차량으로 점프하는 라이더를 위해 주차할 장소에 대한 정보도 포함시켰다. 실제 라이딩을 앞두고 있다면 지도, 고도표, 코스일반을 주의 깊게 읽어보는 것이 좋겠다. 대략적인 코스의 네비게이션을 머리 속에 담아둘 수 있을 것이다. 여행정보에서는 식사와 보급 주변 관광지에 대한 정보를 담고 있다. 자전거 코스를 우선으로 고려하였기 때문에 코스에서 떨어져 있는 곳은 아무리 유명한 곳이라도 과감하게 배제했다.

필자가 7년 전이나 지금이나 자전거 여행서를 쓰는 이유는 동일하다. 자전거 여행의 설렘을 독자들과 함께 느끼고 싶어서다. 하루빨리 코로나가 종식되어 답답한 마스크를 벗고 마음껏 들숨을 마시며 달리고 싶다. 그 전까지는 '자전거 여행 바이블 수도권편'이 답답한 일상에 조금이나마 숨통을 틔워주기 바란다. 독자 여러분의 건강하고 행복한 자전거 여행을 기원한다.

2021년 봄 이준휘

Thanks for

본격적인 자전거 여행의 시작은 가족과 함께 도전했던 국토종주였다. 당시 초등학생이었던 규형, 재원이는 어느새 훌쩍 자라 큰아이는 군대에 입대했고 둘째 아이는 고등학생이 되었다. 찬란한 인생의 한 순간을 함께 달려줬던 아이들에게 감사하다. 특히 군복무 중인 규형이가 건강하게 군생활을 잘 마쳤으면 하는 바람이다. 그때나 지금이나 여전히 여행의 동반자가 되어주는 아내에게도 진심으로 감사하다. 필자가 자린이 시절 수도권 코스를 가이드 해준 떼오돌군에게도 감사하다. 출간을 위해서 노력해주신 출판사 꿈의지도와 김산환 대표님께도 깊은 감사의 인사를 드린다. 아낌없는 지원을 해주신 트렉 바이시클 코리아의 손영기 팀장님에게도 감사드린다.

CONTENTS

01 서울 도심 코스

한강자전거길	서울시	040
한양 원도심 투어	종로구·중구	050
송파 백제 문화유적 투어	송파구	058
우이천자전거길	성북구·강북구	064
하트 코스(안양천, 학의천, 양재천, 탄천)	서울시·안양시·과천시·성남시	070
창릉천 공릉천 순환 코스	고양시·파주시	077
양재천 여의천 탄천 순환 코스	서울시·성남시	082
남산공원길	용산구	087
북악스카이웨이	종로구	092
서울대 순환도로	관악구	096
도선사	강북구	100

프롤로그 004
수도권 자전거길 안내도 010
난이도별 추천 코스 안내 012
난이도별 코스 인덱스 014
일러두기 016

PREVIEW 자전거 여행 준비

01 자전거 여행에 적합한 자전거는? 020
02 자전거 여행에 적합한 복장 022
03 자전거 여행 시 자전거 고장 대처법 023
04 안전한 자전거 여행을 위해서 알아야 할 것들 025
05 자전거 여행 시 짐 운반 요령 027
06 지하철과 전철로 자전거 이동하기 028
07 버스로 자전거 이동하기 031
08 기차로 자전거 이동하기 032
09 자가용으로 자전거 이동하기 033
10 비행기로 자전거 운반하기 034

02 동부권 코스

남한강자전거길	남양주시·양평군	106
경춘선자전거길	남양주시·서울시	110
분원리 코스	하남시·광주시	116
명달리 코스	양평군	120
동부5고개	양평군·가평군	124
유명산산악자전거길	양평군·가평군	131
용문사계곡	양평군	138
산음자연휴양림	양평군	146
북한강자전거길	가평군·남양주시	150
호명산	가평군	156
용추계곡	가평군	162

03 남부권 코스

수원화성 ｜ 수원시	170
문원계곡 ｜ 과천시	174
산들길 ｜ 의왕시	180
안양 3대 업힐(삼막사, 염불암, 망해암) ｜ 안양시	186
수리산 임도 ｜ 군포시 · 안양시	192
평택호순환자전거길 ｜ 평택시	196

05 북부권 코스

장화 코스(중랑천, 부용천, 왕숙천) ｜ 서울시 · 의정부시 · 포천시 · 남양주시 · 구리시	294
평화누리자전거길 3, 4코스(행주산성~임진각) ｜ 고양시 · 파주시	300
평화누리자전거길 5, 6코스(임진각~연천읍) ｜ 파주시 · 연천군	307
철원 한바퀴 ｜ 연천군 · 강원도 철원군	314
한탄강 유네스코 지질공원 투어 ｜ 연천군 · 포천시	320

04 서부권 코스

아라자전거길 ｜ 김포시 · 인천시	201
소래포구(안양천, 목감천, 시흥 그린웨이) ｜ 서울시 · 광명시 · 시흥시 · 인천시	208
대부도 선재도 영흥도 ｜ 시흥시 · 안산시 · 인천시	214
누에섬 ｜ 안산시	222
인천 원도심 & 월미도 ｜ 인천시 중구	228
영종도 ｜ 인천시 중구	234
무의도 ｜ 인천시 중구	240
신도 시도 모도 ｜ 인천시 옹진군	246
장봉도 ｜ 인천시 옹진군	252
강화도 남부 일주 ｜ 인천시 강화군	258
석모도 ｜ 인천시 강화군	266
교동도 ｜ 인천시 강화군	272
덕적도 ｜ 인천시 옹진군	278
김포반도 유람(평화누리자전거길 1, 2코스) ｜ 김포시	284

 ## 난이도별 추천 코스

01 초급자 코스 ★

한강자전거길(040p) : **난이도 10~60점**
초급자에서 상급자까지 어떤 수준의 라이더라도 자상하게 품어주는 자전거길의 어머니다.

한양 원도심 투어(050p) : **난이도 40점**
도심 자전거 여행의 묘미를 맛볼 수 있는 코스. 청계천 자전거길이 완공되면서 도심 이동이 더욱 편리해졌다.

송파 백제 문화유적 투어(058p) : **난이도 40점**
자전거 타기 좋은 송파구에서 2,000년 전 한성백제의 발자취를 찾아보며 달리는 코스.

우이천자전거길(064p) : **난이도 40점**
북한산의 청명한 기운이 흐르는 자전거길. 아기공룡 둘리의 고향 쌍문동도 지나간다.

수원화성(170p) : **난이도 20~40점**
도심에서 성곽길을 따라 라이딩할 수 있는 거의 유일한 코스다.

남한강자전거길(106p) : **난이도 40점**
한강자전거길만 맴돌았던 자린이가 서울을 벗어나는 첫 경험을 하게 되는 코스. 돌아 올 때는 전철로 점프해보는 것도 좋다.

02 중급자 코스 ★★

하트 코스(070p) : **난이도 60점**
서울의 대표적인 중거리코스. 이 코스를 완주해야만 진정한 중급자가 되었다고 말할 수 있다.

남산(087p) : **난이도 60점**
북악과 함께 서울의 대표적인 업힐 코스다. 이곳을 끝바 없이 올라야 진정한 사이클리스트라 말할 수 있다.

장화 코스(294p) : **난이도 60점**
자전거 여행자는 일반 도로도 달릴 줄 알아야 한다. 공도 주행의 첫 경험을 시도해보기 좋은 코스다.

수리산 임도(192p) : **난이도 50점**
산악자전거를 갖고 있다면 꼭 한 번 달려봐야 할 코스. 산악자전거의 성지로 불린다.

평화누리 3, 4코스(300p) : **난이도 60점**
행주산성에서 임진각까지 가는 길이다. 로드 자전거를 갖고 있다면 꼭 한 번 달려봐야 할 코스다. 포장상태가 아주 좋은 구간이 포함돼 있다.

철원 한바퀴(314p) : **난이도 60점**
점프와 공도 주행이 어느 정도 익숙해졌다면 도전해볼 만한 코스. 라이딩보다 여행에 방점을 찍는다.

03 상급자 코스 ★★★

도선사(100p) : **난이도 70점**
서울 시내에서 만날 수 있는 최강의 오르막길이다. 통곡의 벽을 따라 오른다.

동부5고개(124p) : **난이도 80점**
진정한 클라이머라면 꼭 한 번 달려봐야 할 코스다. 3고개로 시작한 동부 시리즈는 이제 32고개까지 등장했다.

유명산산악자전거길(131p) : **난이도 90점**
자신의 멘탈이 얼마나 단단한지 확인해보고 싶다면 한번 도전해보자. 코스 명칭에는 산악자전거가 붙었지만 로드 자전거로도 가능하다.

연인산 MTB 코스(167p) : **난이도 90점**
계곡 물놀이보다 주먹 돌 굴러다니는 임도 달리는 게 더 좋은 하드코어 마니아에게 추천!

평화누리 5, 6코스(307p) : **난이도 80점**
장거리 라이딩에 익숙한 라이더에게 추천! 새로 생긴지 얼마 안되는 따끈따끈한 코스다.

대부도 영흥도 선재도(214p) : **난이도 70점**
코스 길이와 난이도, 그리고 주변 풍광까지 어느 것 하나 상급자를 상대하기에 부족함이 없다.

난이도별 코스

구분	지역	코스명	난이도	자전거 전용	자전거 대여	페이지
★ 초급	서울	한강자전거길	10~60점	전용	가능	040p
		한양 원도심 투어	40점	일부	가능	050p
		송파 백제 문화유적 투어	40점	일부	가능	058p
		우이천 자전거길	40점	전용	가능	064p
	동부권	남한강자전거길(덕소-양평)	40점	전용	가능	106p
		용문사계곡	40점	없음	불가	138p
		중원계곡	40점	없음	불가	144p
		용추계곡	40점	일부	불가	162p
	남부권	수원화성	20~40점	일부	불가	170p
	서부권	신도 시도 모도	30점	없음	가능	246p
		석모도	20~60점	일부	가능	266p
		소래포구	40점	일부	불가	208p
		인천 원도심&월미도	40점	일부	불가	228p
		영종도 해안남로	40점	전용	가능	234p
		교동도	40점	전용	가능	272p
★★ 중급	서울	서울 4대 업힐-서울대 순환로	50점	없음	불가	096p
		서울 4대 업힐-남산	60점	없음	불가	087p
		서울 4대 업힐-북악스카이웨이	60점	없음	불가	092p
		하트 코스	60점	일부	불가	070p
		창릉천 공릉천 순환 코스	60점	일부	불가	077p
		양재천 여의천 탄천 순환 코스	60점	일부	불가	082p
	동부권	경춘선자전거길	60점	전용	불가	110p
		분원리 코스	60점	일부	불가	116p
		북한강자전거길	60점	전용	불가	150p
		산음자연휴양림	60점	임도	불가	146p

★★ 중급	남부권	문원계곡	50점	일부	불가	174p
		수리산 임도	50점	임도	불가	192p
		평택호순환자전거길	60점	전용	가능	196p
		산들길	60점	없음	불가	180p
	서부권	장봉도	40~50점	없음	불가	252p
		무의도	30~60점	없음	불가	240p
		아라자전거길	60점	전용	가능	204p
		누에섬	60점	일부	불가	222p
		덕적도	60점	일부	불가	278p
	북부권	평화누리 3, 4코스(행주산성~임진각)	60점	일부	불가	300p
		철원 한바퀴	60점	일부	불가	314p
★★★ 상급	서울	서울 4대 업힐-도선사	70점	없음	불가	100p
	동부권	호명산 코스	70점	일부	불가	156p
		명달리 코스	70점	없음	불가	120p
		동부3고개	70점	일부	불가	129p
		동부5고개	80점	일부	불가	124p
		유명산산악자전거길	90점	없음	불가	131p
		유명산 활공장	60점	임도	불가	136p
		연인산 MTB 코스	90점	임도	불가	167p
	남부권	안양 3대 업힐 (삼막사, 염불암, 망해암)	80점	일부	불가	186p
	서부권	대부도 선재도 영흥도	70점	일부	불가	214p
		김포반도 유람	70점	일부	불가	284p
		강화도 남부 일주	70점	일부	불가	258p
	북부권	장화 코스	70점	일부	불가	294p
		한탄강 유네스코 지질공원 투어	70점	없음	불가	320p

 **일러두기**

이 책에서는 총 49개의 자전거 코스, 55개 구간에 대한 정보를 담고 있다. 모든 코스에는 코스정보가 포함되어 있으며, 난이도, 코스 접근성, 소요시간 등 자전거 여행에 필요한 기본정보를 사용자들에게 알려준다.

난이도	50점	코스 주행거리	5.9km(하)
		상승 고도	175m(하)
		최대 경사도	10% 이하(상)
		칼로리 소모량	318kcal

난이도는 코스의 어려운 정도를 나타내는 지표다. 점수로 표시되며 점수가 높을수록 어려운 코스다.

코스의 난이도는 거리, 상승고도, 최대 경사도 등 3가지 지표를 고려해서 계산하였다. 거리는 코스의 길이에 따라서 상·중·하로 분류하고 난이도에 반영했다. 상승고도는 코스를 라이딩 하는 동안 어느 정도 해발고도가 올라갔었는지를 말한다. 최대 경사도는 전체 구간 중에 가장 경사도가 가팔랐던 지점의 경사도를 나타낸다. 경사도가 높을수록 급경사 구간을 포함하고 있다. 따라서 난이도는 얼마나 멀리, 얼마나 높게, 그리고 얼마나 가파르게 올라갔는지를 고려해서 점수를 산정했으며, 실제로 주행했던 저자의 경험과 노면 상태 등을 고려해서 수치를 보정했다. 각 지표는 무선 GPS 속도계의 로그데이터를 기반으로 추출하였으며, 측정오차가 있을 수 있다.

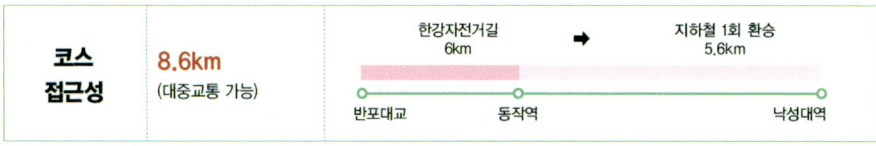

접근성은 출발지에서 코스가 시작되는 시발점까지의 거리를 표시한다. km로 표시되며 단위가 클수록 멀리 떨어져 있는 코스다.

자전거 코스까지의 거리를 표시한다. 모든 코스의 출발점은 반포대교로 지정했다. 반포대교가 잠수대교를 통해서 강남과 강북을 연결하는 자전거 교통의 요지인 점을 고려했다. 하트 코스와 같이 반포대교에서 바로 연결되는 코스의 경우 접근성을 알려주는 거리는 0km다. 대중교통으로 접근이 가능할 때에는 별도로 가능여부를 표시하였고, 이동수단별 이동거리 측정은 속도계와 인터넷 포털 지도 서비스의 결과값을 이용하였다.

소요시간	2시간 25분 (반나절 코스)	가는 길 자전거 12분 전철 32분 총 44분	코스주행 시계 방향 30분 시계 반대 방향 27분 총 57분	오는 길 전철 32분 자전거 12분 총 44분

소요시간은 코스까지 이동 시간과 실제 라이딩 시간, 출발지로 되돌아오는 데 걸리는 시간을 표시한다.

코스 접근성이 목적지까지의 거리를 알려준다면 소요시간은 자전거 여행에 걸리는 전체 시간을 알려주는 지표다. 목적지까지의 이동 시간과 자전거 라이딩 시간, 그리고 출발지로 되돌아오는 시간을 합해서 산출한다. 이동 시간에 교통정체와 같은 예외사항은 고려하지 않았으며 코스 주행시간은 저자의 라이딩 실제 측정값을 기본으로 했다. 코스 주행시간에는 실 주행시간과 멈춰서 있던 휴식시간이 모두 포함되었으며, 자전거의 종류, 주변의 경관, 개인별 실력에 의해서 차이가 발생할 수 있다.

GPX 파일 받기

〈자전거 여행 바이블 수도권편〉에 소개된 코스는 저자의 라이딩 기록이 담긴 GPX 파일을 다운받으면 자전거 여행 시 바로 활용할 수 있다. GPX 파일은 저자가 운영하는 네이버 블로그 '노마드의 아웃도어 패밀리'에서 '자전거 여행 바이블 수도권편' 폴더로 들어가거나 공지사항에서 다운로드 받을 수 있다.

네이버 블로그
노마드의 아웃도어 패밀리(https://blog.naver.com/searider)

PREVIEW
－자전거 여행 바이블－
자전거 여행 준비

01 | 자전거 여행에 적합한 자전거는?

자전거 여행을 즐기기 위해서는 얼마나 비싼 자전거가 필요할까? 주변에서 가장 많이 받는 질문인데, 이보다는 자전거 여행을 즐기기 위해 어떤 자전거가 필요할까 라는 질문이 보다 적합하다.

자전거의 종류

자동차 종류가 다양하듯이 자전거 종류도 다양하다. 생활형 자전거, 산악 자전거, 로드, 하이브리드, 미니벨로에서 전기 자전거까지 용도에 따라 많은 종류의 자전거가 있다. 이 가운데 국내에서 가장 많이 대중화된 자전거는 산악용 자전거(MTB)와 로드용 자전거다. 일단 두 기종 모두 자전거 여행을 하는데 무리가 없다. 단, 각각의 장단점이 있어 어떤 것이 좋고 나쁘다라고 말할 수는 없다. 이것은 장비의 특성에 따른 선택의 문제이다. 이밖에 장거리 여행을 위한 투어링 전용 자전거와 산악과 로드의 중간 형태인 하이브리드 자전거도 있다. 또 산악 자전거에 1.75인치 타이어를 장착해서 장거리 여행용으로 사용하기도 한다.

	산악 자전거(MTB)	로드 자전거
장점	비포장도로 주행 가능 충격에 강함	공기저항이 적고 무게가 가벼워 고속주행이 가능
단점	타이어 두께와 쇼바 때문에 로드에 비해 가속력과 속도 저하	상대적으로 충격과 안전성이 MTB에 비해서 떨어짐
이 책에서 주행 가능한 코스	49개 코스 55개 구간 전부	46개 코스 50개 구간 (비포장 제외)

① 산악 자전거, ② 로드 자전거

자전거의 크기

'바퀴가 얼마나 큰 자전거가 필요할까?' 역시 많이 받는 질문 중 하나이다. 일반적으로 바퀴가 작은(20~22인치) 미니벨로나 폴딩 자전거보다 바퀴가 큰(26~29인치) 로드나 산악 자전거가 장애물 통과 능력이나 평균속도를 유지하기에 좋아 장거리 주행에 유리한 편이다. 자전거를 선택할 때 바퀴의 크기는 종속적인 문제이고, 제일 먼저 본인 신체 사이즈에 맞는 프레임 사이즈를 고려해야 한다. 일반적으로 자전거 프레임의 사이즈는 자전거 시트 튜브seat tube의 길이를 말한다. MTB의 경우는 13, 15, 17, 19인치로 표시하며, 로드 자전거의 경우는 50, 52, 54, 56과 같이 센티미터로 표시한다. 자신의 키, 정확하게는 인심inseam(사타구니에서 발바닥까지 다리 안쪽 길이)에 맞는 사이즈를 선택해야 한다. 제조사별로 프레임 사이즈가 조금씩 다르고, 타는 사람의 팔의 길이도 고려해야 되기 때문에 해당 자전거숍에서 전문가의 도움을 받는 것이 좋다.

자전거의 가격

자전거의 가격은 무게에 반비례한다. 일반적으로 철로 만들어진 무거운 자전거가 싸고 카본 소재로 만든 자전거처럼 가벼워질수록 비싸다. 저가 모델은 부품 중 철의 비중이 높아 자전거의 무게가 20kg에 육박할 정도로 무거워 장거리 여행용으로 적합하지 않다. 여유가 있다면 티타늄이나 카본 소재의 고가 자전거를 사용할 수도 있겠지만, 알루미늄 재질의 입문용 자전거를 사용해도 웬만한 곳을 여행하기에는 전혀 무리가 없다. 알루미늄 프레임의 MTB나 로드의 입문용 자전거는 50만원에서 100만원 사이의 가격으로 선택할 수 있다. 같은 소재의 프레임이라도 사용되는 기어, 휠, 브레이크의 부품 구성에 따라서 가격은 수십 만원에서 수백 만원까지 다양하다. 카본 소재 프레임 자전거는 200만원 이상 가격대부터 찾을 수 있다. 일단 저렴한 입문용 자전거를 구해서 사용해 본 다음 필요한 부분을 업그레이드 하거나 나중에 자전거를 변경하는 것을 추천한다. 모든 스포츠에서 항상 그렇듯이 가장 중요한 것은 비싼 장비가 아니라 본인의 엔진(체력)이다.

QR 레버

일명 '큐알'로 불린다. 신속분리라는 뜻으로 자전거의 휠(바퀴)을 볼트와 너트로 프레임에 고정하는 것이 아니고 장비 없이 손으로 손쉽게 풀어서 분리할 수 있게 만들어주는 부품이다. 이렇게 QR 타입의 휠이 장착된 자전거를 구입해야 펑크 등의 고장이 발생할 때 빠른 대응이 가능하다. 유사 MTB 중 저가 모델의 경우에는 뒷바퀴가 QR타입이 아닌 것도 있다.

02 | 자전거 여행에 적합한 복장

자전거 여행자들은 대부분 비슷한 복장을 하고 있다. 동호인들이 갖춰 입는 복장은 단순히 폼이 아니다. 쾌적한 라이딩을 위한 기능성과 안전, 두 가지를 함께 고려해서 착용하는 것이다.

쫄쫄이 바지를 꼭 입어야 하나?

'자전거 바지', '자전거 패드바지'라고도 하는 일명 쫄쫄이 바지는 몸에 짝 달라붙는 특성으로 인해 처음에는 착용을 꺼려하는 경우가 있다. 하지만 기능적인 측면에서 착용하는 것이 좋다. 쫄쫄이 바지는 대부분 폴리에스테르 재질로 만들어져 있어 구김이 없다. 건조도가 높아 땀을 빨리 발산한다. 또 자전거 안장과 밀착되는 부위에 두꺼운 패드가 붙어 있어 장거리 라이딩 시 엉덩이 부분의 통증을 상당히 줄여준다. 쫄쫄이 바지를 입는 것이 민망하다면 처음에는 패드가 붙어 있는 속바지를 입고 겉에 반바지나 등산바지를 입을 수도 있다. 단, 속옷은 입지 않고 착용한다.

그 외의 자전거 복장과 소품은?

저지 : 자전거용 상의를 일컫는다. 자전거 바지와 같은 소재이며 등 뒤에 주머니가 있어 간단한 소지품을 수납할 수 있다. 시인성을 확보하기 위해서 밝은색을 선택하는 것이 좋다. 여름용 반팔, 봄가을용 긴팔, 겨울용에는 안쪽에 기모가 들어 있다.

장갑 : 장시간 핸들을 잡고 있어야 하기 때문에 손바닥에 쿠션이 들어가 있다.
버프 : 입 주위를 가려서 이물질과 먼지가 들어가는 것을 막고 자외선을 차단한다.
바람막이 : 등산용 경량 바람막이를 생각하면 된다. 바람이나 비로부터 체온을 지켜준다.
쪽모자&두건 : 자전거 헬멧을 쓰기 전 안쪽에 착용한다.
팔토시 : 여름철 팔을 자외선으로부터 보호하기 위해서 반팔 저지와 함께 착용한다.
고글 : 강한 햇빛으로부터 눈을 보호해준다. 또 이물질이나 눈, 비가 눈에 들어오는 것을 막아준다. 선글라스보다 스포츠용 고글이 실용적이고 안전하다.

03 ㅣ 자전거 여행 시 자전거 고장 대처법

자전거를 타다 보면 겨울철 감기같이 피할 수 없이 만나게 되는 불청객이 있는데, 바로 자전거의 고장이다. 하지만 특별한 경우를 제외하고는 간단한 장비를 이용해 라이더 스스로 해결할 수 있는 것들이 대부분이다.

자전거 고장의 유형

자전거 고장 가운데 가장 빈번한 것이 타이어 펑크다. 그러나 사실 타이어 펑크는 고장이라고 하기도 애매한 경미한 고장이다. 펑크 난 부분을 때울 줄만 알면 발생하는 고장의 절반 이상을 스스로 해결할 수 있다. 펑크에는 두 종류가 있다. 하나는 펑크 패치로 때울 수 있는 것이고, 다른 하나는 튜브 전체를 교체해야 되는 펑크다. 그러나 어떠한 펑크라고 하더라도 펑크 패치와 예비용 튜브만 있으면 수리가 가능하다.

가끔 체인이 끊어지는 고장이 발생하기도 하는데, 흔한 일은 아니다. 보통 체인이 끊어지는 사고가 발생하는 경우는 급경사 오르막에서 강하게 페달을 밟으면서 동시에 기어를 변속할 때다. 그러나 오르막에 진입하기 전 미리 기어를 변속해 놓으면 이런 고장은 거의 발생하지 않는다. 따라서 라이딩 습관을 잘 들이면 예방할 수 있다. 이 외에 브레이크 고장 등이 발생할 수 있는데, 약간의 요령만 알고 있으면 대처가 가능하다. 따라서 자전거 여행을 떠난다고 해서 반드시 모든 정비지식을 알아야 한다는 스트레스를 받을 필요는 없다. 타이어에 공기를 주입하고 펑크 시에 튜브를 때우거나 튜브를 교체할 정도만 알고 있어도 충분하다. 나머지는 경험을 통해서 차차 익혀가면 된다.

자전거 고장을 예방하는 방법

고장을 예방하는 가장 좋은 방법은 사전 점검이다. 개인적으로 할 수 있는 방법은 타이어의 공기압 체크와 브레이크, 기어 부분이 제대로 작동하는지 확인하는 정도이다. 주기적으로 체인에 체인 윤활유를 발라주는 것도 필요하다. 이마저도 잘 모르거나 부담된다면 가까운 자전거숍에서 라이딩 전에 미리 점검을 받는 것도 추천한다. 일반적으로 1만원에서 1만5,000원 정도의 공임이 청구된다.

고장에 대비한 준비물

휴대용 펌프, 펑크 패치, 자전거용 멀티 툴, 여분의 자전거 튜브, 체인 커넥터 등이 기본적인 준비물이다. 필자도 자전거 여행을 떠날 때마다 이것들을 챙겨 다닌다.

1. 자전거용 멀티 툴 : 여러 가지로 쓸모 있는 공구다. 규격 별 육각 렌치가 달려 있다. 가능하면 체인 커터가 달려 있는 것을 구입하는 게 좋다.
2. 펑크 패치 : 온라인숍에서 5,000원 정도면 구입할 수 있다. 타이어 분리를 위한 타이어 레버, 패치, 본드, 사포 등으로 구성되어 있다.
3. 예비용 튜브 : 튜브를 교체해야 할 경우를 대비해서 가지고 다닌다. 자전거 안장 가방에 한 개씩 넣어 다니면 좋다. 타이어 규격에 맞는 것을 사용한다.
4. 휴대용 펌프 : 타이어에 공기를 주입하는 도구다. 휴대하기 편한 사이즈로 준비한다.

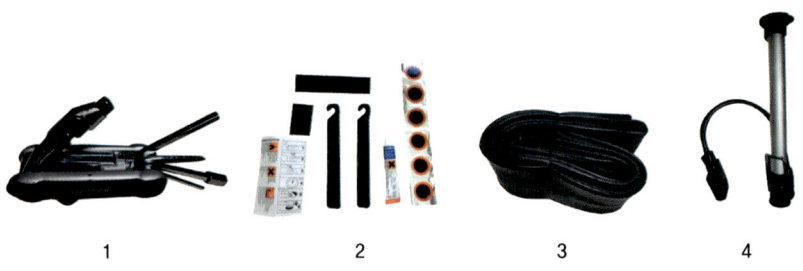

규격에 맞는 예비용 튜브 구입 방법

타이어를 자세히 살펴보면 타이어의 사이즈가 표시되어 있는 것을 볼 수 있다. 사진 1의 경우 26×2.00이란 표시가 있는데, 이것은 휠 사이즈 26인치에 타이어의 폭이 2인치라는 표시다. 따라서 이 타이어에는 사진 2의 튜브를 사용할 수 있다. 이 튜브에 적힌 26×1.75-2.15 글씨는 휠 사이즈가 26인치이고, 사용가능한 타이어 폭이 1.75~2.15인치라는 뜻이다.

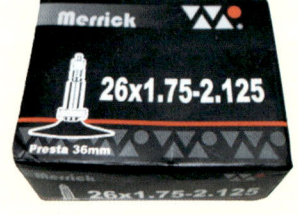

혼자 해결할 수 없는 고장 대처법

장거리 여행 중에 인적이 드문 자전거길에서 혼자서 해결 못하는 고장과 맞닥뜨리게 된다면 여행 자체를 망쳐버릴 수 있다. 정말 마주하기 싫은 악몽 같은 순간이 될 수 있는데, 이런 경우 취할 수 있는 대처방법은 아래와 같다.

첫째, 주변을 지나가는 다른 라이더에게 도움을 요청한다. 당신보다 자전거 정비에 노하우가 있을 수도 있기 때문에 적극적으로 도움을 요청하자. 외지에서 만나는 자전거 여행자들끼리는 동병상련의 공감대가 있어 어렵지 않게 도움을 받을 수 있을 것이다. 튜브와 같은 소모품을 제공받았을 경우에는 실비로 사례를 한다.

둘째, 자력타력으로도 도저히 해결이 되지 않는다면 주변에서 가장 가까운 자전거숍을 찾는다. 대도시 인근이라면 별 어려움이 없다. 하지만 시골이라면 이야기가 달라진다. 이 경우에는 일단 가장 가까운 군청이 소재한 읍내가 어딘지를 확인한다. 읍 단위에는 대부분 한두 곳의 자전거숍이 있고 제한적인 정비를 받을 수 있을 것이다. 자전거숍까지의 거리가 멀어서 도보로 이동이 불가능하다면 지역 콜택시나 용달을 불러서 점프하는 것까지도 고려한다.

04 | 안전한 자전거 여행을 위해서 알아야 할 것들

자전거는 인도로 다니면 안 된다?

사람들이 가장 헷갈려 하는 부분이다. 도로교통법에서 자전거는 자동차와 같은 차로 분류된다. 따라서 다음과 같은 주의할 점이 있다.

- 어떤 경우에도 보행자가 우선이다. 자동차 운전할 때와 같다고 생각하면 된다.
- 자전거도로가 없는 경우 차도를 이용해서 주행해야 한다. 원칙적으로 인도로 들어갔을 경우 내려서 자전거를 끌고 가야 한다. 단, 인도와 함께 자전거도로가 만들어져 있는 경우는 예외다.
- 자전거는 우측 통행해야 한다. 도로에서 좌측으로 주행하는 것은 역주행에 해당되는 일이다.
- 횡단보도를 건널 때에도 자전거에서 내려서 자전거를 끌고 도보로 건너가는 것이 원칙이다.

한강자전거길을 벗어나면 위험하다?

'서울에서 멀리 떨어진 곳을 자전거로 여행하면 위험할까?' 이 질문도 많이 받는 물음 중 하나다. 이것 역시 가까운 곳은 안전하다는 인식의 오류 중 하나인데, 가장 많은 사고가 발생하는 자전거길 중 한 곳이 바로 한강자전거길이다. 이유는 간단하다. 가장 많은 사람들이 이용하기 때문에 추돌 및 접촉사고가 가장 빈번하게 발생한다.

안전한 라이딩을 위한 팁

자전거도 자동차 안전운전과 동일하다고 생각하면 이해하기 쉽다. 안전한 라이딩 요령은 다음과 같다.

- 과속하지 않는다. 특히, 주말 한강자전거길은 역주행하는 자전거, 갑자기 튀어나오는 사람들로 매우 혼잡해 과속은 위험하다. 속도는 외곽의 한적한 곳에서 즐긴다.
- 안전거리를 유지한다. 좁은 자전거도로를 나란히 달리다가 앞 자전거가 급정거하는 바람에 추돌하는 일이 종종 발생한다.
- 도로 중간에 멈춰서 있지 않는다. 일반도로를 주행할 때 도로 중간에서 휴식을 취하는 것은 갓길 주차만큼 매우 위험하다. 특히 굴곡이 있는 도로의 경우 뒷차의 시야가 가려지기 때문에 이런 구간은 최대한 빨리 빠져 나와야 한다.
- 반드시 헬멧을 착용한다. 실제로 사고가 발생했을 때 라이더를 보호해줄 수 있는 유일한 장비이다. 특히 빠른 속도로 달리다가 낙차사고가 나면 머리 부분에 부상 입을 가능성이 높다.
- 자전거의 존재를 알릴 수 있는 장치를 적극 이용한다. 시인성 확보를 위해서 자전거 앞뒤에 안전등을 설치한다. 자전거 벨도 달아서 주변에 자전거 주행을 적극적으로 알려야 한다.

① 한강자전거길의 제한속도는 20km이다. ② 자전거 벨은 액세서리가 아닌 안전장비다. ③ 야간에 자전거의 존재를 알려주는 안전등은 반드시 필요하다.

05 | 자전거 여행 시 짐 운반 요령

자전거로 여행을 하게 된다면 짐을 챙기는 것과 운반하는 방법에 대해서 선택해야 한다.

짐은 적게 가져갈수록 좋다

자전거는 인력을 이용해서 움직여야 하기 때문에 1kg이라도 무게를 줄이는 것이 절대적으로 유리하다. 1박 이상의 여행이라면 갈아입을 여분의 옷 한 벌, 바람막이, 자전거 수리도구, 비상식량(에너지 바와 식수), 전등, 스마트폰 충전기, 비상약 등을 준비한다.

짐받이 이용하기

짐이 얼마 되지 않는다면 소형 배낭을 이용해서 운반하는 것도 가능하다. 하지만 짐이 많아지면 자전거에 적재하는 방법을 선택해야 한다. 먼저 짐받이를 설치해야 하는데, 자전거 안장봉에 설치하는 착탈식 짐받이Beam Rack와 자전거 프레임에 설치하는 고정식 짐받이Rack가 있다. 착탈식은 설치와 분리가 쉽고, 고정식은 안정적으로 더 많은 짐을 적재할 수 있다는 장점이 있다. 짐받이의 경우 자전거별로 설치 가능여부를 먼저 확인해야 한다.

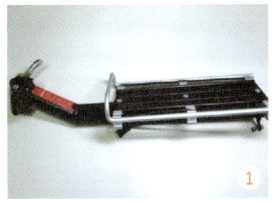
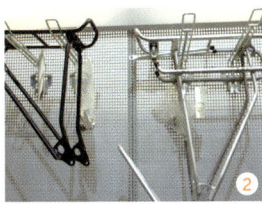

① 착탈식 짐받이. 공구 필요없이 간단하게 자전거 안장봉에 설치할 수 있다.
② 고정식 짐받이. 착탈과정이 번거롭지만 안정적이고 보다 많은 짐(최대 25kg)을 적재할 수 있다.
③ 착탈식 짐받이와 렉백을 조합한 모습. 화물의 중량이 안장봉에 걸려 체중이 많이 나가는 라이더에게는 적합하지 않다. 설치를 잘못하면 짐받이가 좌우로 돌아가기도 한다.
④ 고정식 짐받이와 페니어백. 화물 캐리어를 조합한 모습. 페니어백은 그 자체만으로도 여행을 상징하는 묘한 매력이 있다.

짐받이 가방 이용하기

짐받이 가방은 랙 백Rack Bag과 페니어 백Pannier Bag 두 가지 종류가 있다. 랙 백은 자전거 프레임이나 탈착식 랙에 붙여 사용한다. 페니어 백은 고정식 짐받이에 양 옆으로 한 쌍이 되게 메다는 심바구니나. 페니어 백은 앞바퀴외 뒷비퀴에 모두 4개외 백을 매달 수 있어 일주일 이상 장거리 여행에 많이 사용된다. 짧은 여행의 경우 뒷바퀴에만 매달아서 사용하기도 한다.

06 | 지하철과 전철로 자전거 이동하기

수도권의 라이딩 명소를 찾아가려면 전철을 이용해야 하는 경우가 많다. 목적지까지 자전거를 타고 가기에는 시간과 체력 등이 허락치 않기 때문이다. 또 라이딩을 마친 후 돌아올 때도 전철이 편리하다. 그러나 전철은 탑승 시간 제약이 많다. 평일은 대부분 자전거를 가지고 탈 수 없다. 또 일반 승객과 함께 타야 하고, 자전거가 움직이지 않도록 조치해야 하는 등 노하우가 필요하다. 하지만, 전철로 점프하는 방법만 잘 알고 있으면 라이딩 지역이 거의 무한대로 늘어난다. 라이딩 재미도 배가 된다.

자전거 휴대 탑승 가능 노선

서울 시내를 운영하는 지하철과 수도권의 전철은 자전거를 휴대하고 탑승할 수 있다. 특히 출발지와 목적지가 다른 종주 코스를 여행할 때 대중교통을 이용하는 것은 선택이 아닌 필수 사항이다. 그 중에서도 전철과 지하철은 수도권을 자전거로 여행할 때 가장 편리한 이동 수단이다. 단 노선별로 자전거를 휴대 승차할 수 있는 요일과 시간대, 그리고 자전거의 종류에는 차이가 있다.

자전거 휴대 탑승 노선

노선	자전거 휴대 탑승 가능 요일과 시간
지하철1~8호선, 분당선, 공항철도, 의정부경전철, 인천1호선, 경춘선, 경의중앙선, 수인선	토요일, 일요일, 공휴일만 전일 휴대 탑승 가능, 접이식 자전거는 평일에도 휴대 탑승 가능
9호선, 신분당선, 인천2호선	일반 자전거는 토, 일요일, 공휴일에도 휴대 탑승 불가 접이식 자전거는 주말 및 평일 휴대 탑승 가능
우이신설선, 김포골드라인	일반 자전거, 접이식 자전거 모두 휴대 탑승 불가
에버라인(용인경전철)	일요일, 공휴일 1칸당 1대의 자전거 휴대 탑승 가능 (접이식, 일반 자전거 무관) 평일, 토요일은 접이식, 일반 자전거 휴대 탑승 불가

평일에도 자전거 휴대 탑승 가능 노선

2018년부터 경춘선, 경의중앙선도 평일에 자전거 휴대 승차가 금지되면서 대부분의 노선에서 평일 자전거 탑승이 불가능하다. 그러나 일부 노선의 경우 예외적으로 평일에도 자전거 휴대 탑승이 가능하다. 지하철 7호선의 경우 2020년 9~10월 두 달간 평일 자전거 휴대승차 시범실시를 거쳐 2021년부터는 평일에도 자전거 휴대 탑승을 할 수 있게 했다. 다만, 7호선을 제외한 다른 노선으로 환승은 불가하다. 인천공항철도와 춘천 가는 청춘ITX도 평일 자전거 휴대 탑승이 가능하다. 평일 자전거 휴대 탑승이 가능한 노선은 2021년 상반기 중에 확대 실시될 예정이다. 평일에 라이딩할 계획이라면 평일 자전거 휴대 가능한 노선을 잘 살펴서 라이딩 코스를 짜보자.

평일 자전거 휴대 탑승 가능 노선

노선	자전거 휴대 승차 가능 요일과 시간
지하철 7호선	2021년부터 평일 10:00~16:00 자전거 휴대 탑승 가능.
공항철도	평일 출퇴근시간(08:00~10:00, 18:00~20:00)을 제외한 시간에 혼잡도를 고려해 역무원의 승인을 받아 자전거 반입 가능.
경춘선 청춘ITX열차	용산역-춘천역을 운행하는 ITX의 경우 별도의 자전거 좌석이 존재. 예약 시 자전거 좌석을 예매하면 평일에도 자전거 휴대탑승가능. 단 자전거 좌석이 많지 않아 반드시 예약하는 게 좋음.

전철역에서 자전거 휴대 승차 시 이동법

층간 이동 : 지하철이나 전철역 안으로 자전거를 옮기려면 층간 이동이 필요하다. 자전거는 에스컬레이터와 엘리베이터 이용이 원칙적으로 금지되어 있다. 계단을 이용해야 한다. 대부분의 전철역에는 계단 가장자리에 자전거 이동을 위한 경사로를 만들어 놓았다. 이곳을 따라 이동해야 한다.

개찰구 통과 : 모든 역의 개찰구에는 휠체어 등 부피가 큰 물품의 통과를 위해 폭이 넓은 개찰구가 설치되어 있다. 자전거 휴대시 이곳을 이용하는 것이 편리하다. 카드 태그 후 자전거를 끌고 빠르게 통과하면 된다.

플랫폼 안에서 이동 : 자전거를 탑승할 수 있는 객차는 맨 앞과 끝 차량이다. 열차가 진입하기 전에 미리 해당 차량으로 이동해 자리를 잡고 기다린다. 간혹 차량 축소 운행 등으로 정해진 곳과 다른 곳에 자전거 탑승 차량이 정차할 수 있으니 확실하게 확인해 두자. 플랫폼 내에서 이동 시 자전거 탑승은 금지다.

객차 안에서 자전거 핸들링 방법

경춘선과 경의중앙선의 경우 맨 앞과 맨 뒤 객차에 대부분 자전거 거치대가 설치되어 있다. 거치대 방식은 객차에 따라 조금씩 다를 수 있다. 보통 자전거 바퀴를 끼워 고정시키거나 자전거를 벨트로 묶어서 고정시키는 두 가지 방법 가운데 하나로 되어 있다. 해당 방법에 따라 거치 후에 자리를 잡으면 된다. 그러나 타이어 사이즈가 굵거나 하는 등의 이유로 자전거 고정이 어려운 경우도 있다. 이때 와이어 방식의 얇은 자물쇠가 있으면 요긴하다.

지하철은 전철과 달리 자전거 거치대가 설치되어 있지 않은 객차에 탑승할 확률이 높다. 이 경우에는 객차의 끝부분(주로 승무원이 탑승하는 캐빈 쪽)에 출입문을 가리지 않게 자전거를 기대 놓는 것이 방법이다. 객차에 자전거를 세워두는 지지대가 달려 있더라도 차량이 흔들려 자전거가 넘어질 수 있어 착석은 포기하고 자전거와 함께 이동하는 것이 좋다. 전철이나 지하철 이용 시 튼튼한 고무 밴드나 벨크로 테이프도 꼭 필요하다. 고무 밴드로 브레이크를 단단히 잡아주면 차량이 흔들려도 자전거가 안정되어 있다.

혼잡한 객차 탑승 시 대처법

라이딩 성수기 경춘선, 경의중앙선은 주말을 이용해 교외로 들고나는 자전거 동호인들로 북새통을 이루는 경우가 많다. 객차 전체가 자전거로 가득찰 수도 있다. 이렇게 전철이 혼란스러우면 라이더들은 예민해진다. 특히, 고가의 자전거를 휴대했다면 더욱 그렇다. 이 때 얼굴 붉히지 않으려면 서로 배려하고 양보하는 것 이외에 방법이 없다. 자전거를 겹쳐 세워놓을 때는 상대방에 미리 양해를 구한다. 또 라이어들과 하차지점을 미리 확인해서 자전거를 넣고 뺄 때 협력한다. 또 서로 불편이나 오해가 생기기 쉬운 상황일수록 적극적으로 커뮤니케이션하고 움직인다. 아예 혼잡 시간대를 피하거나 열차 시발역에서 탑승하는 것도 슬기로운 전철 점프 노하우라 할 수 있다.

07 | 버스로 자전거 이동하기

고속버스와 시외버스는 화물칸을 이용해서 무료로 자전거를 실을 수 있어 자전거 라이더들이 즐겨 이용하는 교통수단이다. 버스 이용 시에는 화물칸의 구조와 승객들의 수화물 등을 판단해서 요령껏 적재하는 지혜가 필요하다.

버스 화물칸에 자전거 싣기

❶ 고속버스가 들어오기 전에 미리 승강장에서 대기한다.
❷ 버스가 승강장으로 들어오면 목적지를 확인하고 화물칸을 열어 올린다. 만약 운전기사가 열어주지 않더라도 머뭇거리지 말고 화물칸을 연다. 그 다음 어떤 칸에 자전거를 넣을 것인가를 판단한다. 당연히 넓어 보이는 칸이다.
❸ 자전거를 옆으로 뉘어서 화물칸에 밀어 넣어준다. 이때 도로주행 중 충격에 의한 파손을 방지하기 위해서 기어가 위쪽으로 오도록 눕혀야 한다.

버스 적재 시 앞 바퀴 분리하기

자전거의 크기(타이어, 프레임의 크기), 버스의 화물칸 크기에 따라 앞바퀴를 분리할 수도, 그냥 실을 수도 있다. 짐칸이 2개로 분리되어 있는 신형버스(유니버스 익스프레스 노블)의 경우 공간이 넉넉해 그냥 적재해도 무리가 없다. 하지만 짐칸이 세 개로 분리되어 있는 버스의 경우 일반적으로 앞바퀴를 분리하는 것이 적재하는데 보다 용이하다.

여러 대의 자전거를 적재해야 할 때

대부분은 본인, 혹은 일행의 자전거만 버스에 적재하고 움직이면 된다. 그러나 주말 인기 구간의 경우에는 다른 자전거 여행자와 만날 때가 있다. 이때는 가벼운 인사와 함께 목적지를 확인하고 자전거 적재를 위해서 서로 협력해야 한다. 자전거 여행자가 많다면 미리 앞바퀴를 탈거하고 적재를 준비해야 한다. 버스 한 대에 적재할 수 있는 자전거는 8대 정도가 한계다.

자전거뿐만 아니라 수화물도 많은 경우

자전거를 버스로 이동하는 데 가장 난감한 상황이다. 아주 가끔이지만 이런 경우도 맞닥트리는데, 당황할 필요는 없다. 자전거를 먼저 적재하고 수화물을 실어야 자전거를 넣을 수가 있다. 이 경우 승객들에게 오해가 안 생기도록 잘 설명하고 적극적으로 대화해야 한다. '죄송합니다. 자전거를 먼저 넣겠습니다' 혹은 '자전거를 먼저 넣고 수화물을 제가 넣어 드리겠습니다'와 같은 말로 리드한다. 또 출입문 반대쪽의 화물칸을 열고 자전거를 싣는 것도 방법이다. 버스의 화물칸은 좌우 양쪽에서 모두 열린다

08 | 기차로 자전거 이동하기

2021년 현재 4개 노선 20개 무궁화호 열차에 자전거 거치대가 설치되어 운행 중이다. 이외에도 청춘ITX와 남도해양관광열차 S-Train에 자전거 거치대가 설치되어 있다. 자전거 거치대는 4호차에 위치한다.

자전거 거치대가 있는 노선과 열차

노선명	운항구간 및 열차
경부선	1205, 1209, 1222, 1224(서울~부산), 1231, 1232(서울~진주), 1301, 1308(서울~동대구)
호남선	1405, 1406(용산~목포)
전라선	1501, 1510, 1512, 1515(용산~여수엑스포)
경북선	1801, 1802, 1905, 1806, 1807, 1808(김천~영주)

자전거 예약방법

코레일 홈페이지(www.korail.com)에서 승차권 예매 시 좌석 종류에 자전거 거치대를 선택한다. 차량 유형 및 편성 정보에 해당 열차의 자전거 거치대 설치 유무가 표시된다. 자전거 거치대 이용에 따른 추가 요금은 없다. 그러나 한 열차당 일반 자전거 5대까지만 이용할 수 있기 때문에 인기 시즌, 인기 노선의 경우에는 예약이 어려울 수도 있다.

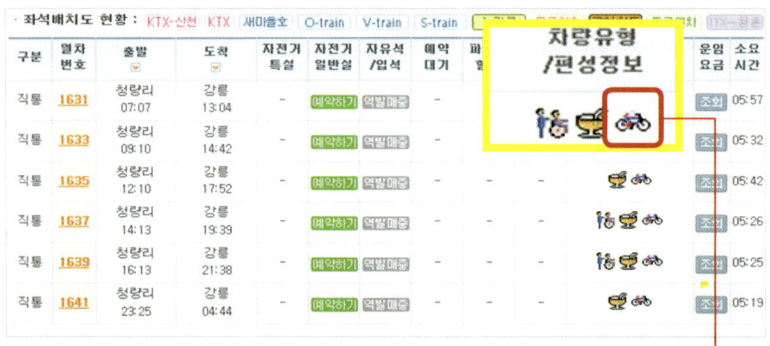

자전거 거치대 있는 기차 운행표시

자전거 거치대 표시

자전거 적재방법

일반 여객칸이 아닌 4번 카페열차에 일부 공간이 자전거 거치대로 제공되고 있다. 단, 열차 출입문의 폭이 좁고 계단을 올라가야 하기 때문에 열차 적재 시 주의가 필요하다.

자전거 거치대가 없는 열차로 자전거 이동하기

기본적으로 접이식 자전거가 아닌 일반 자전거의 경우에는 앞바퀴를 분리하거나 캐리어백에 담아서 기차에 탑승하는 것이 원칙이다. 그러나 역별로 혼잡하지 않은 노선이나 시간대에는 자전거 탑승을 현장에서 탄력적으로 받아주는 분위기다. 이 경우 자전거는 객차의 수화물 적재공간이나 카페 객차를 주로 이용해 싣는다.

09 | 자가용으로 자전거 이동하기

자전거를 자동차로 운반하는 방법에는 자동차 실내공간을 이용하는 방법과 캐리어를 이용해서 외부에 자전거를 장착하는 방법이 있다.

자동차 실내공간을 이용하는 방법

자전거의 크기에 따라 적재가능 여부가 달라지지만 기본적인 적재방법은 다음과 같다.
① 트렁크를 이용하는 방법으로 자전거의 앞 뒤 바퀴를 모두 분리한 뒤 트렁크에 적재한다.
② 자전거의 핸들은 180도 돌린 다음 자동차의 뒷좌석에 적재한다.
③ RV와 SUV의 경우 뒷좌석을 폴딩으로 눕힌 다음에 적재한다.

자동차 캐리어를 이용하는 방법

자동차 외부에 캐리어를 장착해서 자전거를 운반하는 방법이다. 캐리어는 자동차와 자전거 크기에 상관없이 적재할 수 있다는 장점이 있다. 하지만 캐리어 장착에 따른 비용과 외부에서 공기저항으로 인한 소음이 발생한다는 단점이 있다. 캐리어는 트렁크형과 후미형, 지붕형이 있다. 캐리어 종류에 따라 장단점(표 참조)이 있다.

① 트렁크형 캐리어. ② 후미형 캐리어. ③ 지붕형 캐리어.

자동차 캐리어 비교

종류	종류	장점	단점
트렁크형	10만~60만원	비용이 가장 저렴하다. 캐리어를 쉽게 분리할 수 있다.	차량 뒤쪽에 하중을 준다. 80km 정도로 속도제한을 받는다.
후미형	20만~125만원 (견인봉 설치 비용 별도)	자전거 거치가 편리하다. SUV, RV차량에 적합하다.	견인봉을 설치할 수 있거나 설치된 차량에만 설치가 가능하다.
지붕형	80만~130만원	트렁크형에 비해서 안정적이다. 최대 4대까지 적재 가능하다.	자전거 적재가 쉽지 않다. 도로주행 시 저항과 소음이 많이 발생한다.

10 ㅣ 비행기로 자전거 운반하기

국내에서는 제주도로 자전거 여행을 갈 때 비행기를 이용해서 자전거를 운반할 수 있다. 이 경우 자전거를 그대로 실을 수 없다. 항공사에서 정한 규격과 부피에 맞춰 포장을 해야 한다. 자전거에 대한 수화물 규정은 항공사 마다 조금씩 다르다(표 참조). 자전거 수화물 요금은 대한항공과 아시아아항공은 무료, 저가 항공인 이스타항공은 편도 1만원을 받는다.

항공사별 자전거 수화물 규정(김포-제주구간)

항공사	자전거 운반에 따른 추가요금	포장 형태	무게/부피 제한
대한항공	없음	하드케이스, 박스 포장 가능	• 화물 부피 : 가로+세로+폭의 합이 277cm 이하 일 것. • 무게 제한 : 20kg까지 무료. 최대 32kg까지 가능하며, 1kg 초과당 2,000원.
아시아나 항공	없음	하드 케이스, 소프트 케이스, 박스 포장 가능	• 화물 부피 : 일반적인 크기의 자전거 반입 가능. • 무게 제한 : 20kg까지 무료. 최대 32kg까지 가능하며, 1kg 초과당 2,000원.
이스타 항공	편도 1만원	하드 케이스, 소프트 케이스, 박스 포장 가능	• 화물 부피 : 가로+세로+폭의 합이 203cm 이하 일 것. • 무게 제한 : 15kg까지 무료. 최대 32kg까지 가능하며, 1kg 초과당 2,000원.

대한항공과 아시아나항공을 제외한 대부분의 저가 항공사의 위탁수화물의 부피제한은 203cm다. 이 경우 김포공항 수화물 센터에서 사용하는 포장박스는 150+80+30=260cm으로 부피 제한을 조금 초과하게 된다. 그러나 현장에서는 부피 제한을 초과하더라도 반입에 별 무리가 없는 분위기다. 203cm 이내로 부피를 맞추기 위해서는 앞뒤바퀴와 페달을 모두 분리하고 자전거숍에서 제품 포장에 이용했던 박스를 구해서 사용해야 한다. 소프트 케이스 반입이 가능한 항공사에서도 파손 가능성 때문에 하드 케이스나 박스 포장을 권장한다.

자전거 포장하기

자전거 포장은 하드 케이스와 소프트 케이스, 박스 포장 등 3가지 방법이 있다. 이 가운데 하드 케이스는 튼튼하지만 40만원대 이상 고가라 부담스럽다. 소프트 케이스는 2만원대부터 있다. 가격이 저렴하고, 반복해서 사용할 수 있지만 파손의 위험이 있고 일부 항공의 경우 반입불가다.

박스 포장은 공항 수화물 보관소에서 받을 수 있다. 가격이 저렴하고, 앞뒤바퀴만 분리해 포장하기 때문에 조립도 간단하다. 제주공항에서 박스 보관 서비스까지 해주기 때문에 가장 편리하다(표 참조). 박스 포장은 개인이 할 수도 있다.

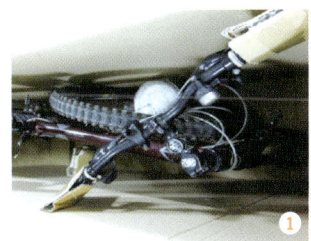  

① 박스 포장된 자전거. ② 자전거 운반용 하드 케이스. ③ 자전거 운반용 소프트백.

자전거 수화물 포장방법 비교

포장방법	비용	자전거 분해	비고
하드케이스	없음	앞뒤 바퀴, 페달 분리, 핸들 분리	• 장점 : 안정성, 반복 사용 가능 • 단점 : 고가, 케이스 자체 무게
소프트케이스	없음	앞뒤 바퀴, 페달 분리, 핸들 분리	• 장점 : 저가, 반복 사용 가능 • 단점 : 일부 항공사 반입불가, 안전성
박스 포장 (셀프)	편도 1만원	앞뒤 바퀴, 페달 분리, 핸들 분리	• 장점 : 무료 • 단점 : 포장, 해체, 조립 과정
박스 포장 (수화물 센터)	김포공항 4만원	앞바퀴 분리	• 장점 : 편리 • 단점 : 이용 시 비용 발생

공항 수화물보관소에서 박스 포장하기

김포공항 : 국내선 1층 수화물보관소(☎ 02-2664-5933)에서 자전거 포장 서비스를 해준다. 자전거는 150+80+30=260cm 크기의 박스에 페달을 분리하지 않고 앞바퀴만 분리해서 포장한다. 박스 1개당 포장시간은 20분 정도. 포장시간을 감안해서 미리 공항에 도착해야 한다. 자전거 1대당 포장요금은 4만원이다. 영업시간은 06:00~21:00까지다. 박스 포장이 끝나면 자전거를 카트에 싣고 엘리베이터를 이용해서 수화물 접수처로 이동해 접수한다.

제주공항 : 제주공항 수화물보관소에서도 자전거 포장서비스를 받을 수 있다. 자전거 1대당 요금은 2만원이다. 서울에서 가져온 박스를 여행기간 동안 보관했다가 재활용하면 이 비용을 절약할 수 있다. 박스 보관은 제주공항 수화물보관소에서 해준다. 보관료는 박스 1개당 1일 5,000원이며, 2개를 포개서 맡겨도 1개 요금만 받는다. 제주도 현지 업체를 이용해 박스를 보관할 수도 있다. 용두암하이킹(☎ 064-711-8256)은 7일 동안 박스 1개당 1만5,000원이며, 전화하면 픽업하러 와준다.

기내 탑승 시 주의점

자전거용 소형 펌프는 기내 반입이 가능하다. 하지만 육각 렌치와 같은 자전거 공구는 기내 반입이 금지된다. 길이가 10cm 넘는 기타 공구류도 반입금지다. 이처럼 기내 반입이 금지된 장비는 자전거 포장 시 함께 넣어서 포장한다. 박스가 아닌 소프트 케이스의 경우 버블 비닐 등을 이용해 자전거가 파손되지 않게 한다. 또 가방이나 의류 등을 중요한 부분에 넣어 보호용으로 활용해도 된다. 돌아올 때 박스를 재활용하려면 포장용 테이프 1개를 미리 준비해서 간다.

김포공항에서 제주공항까지 자전거 수화물 부치는 순서

자전거의 크기에 따라 적재가능 여부가 달라지지만 기본적인 적재방법은 다음과 같다.

① 김포공항 수화물보관소.
② 박스 포장된 자전거를 엘리베이터를 이용해서 수화물 접수처로 이동하기
③ 항공사 수화물 접수처에 접수하기.
④ 제주 도착 후 박스를 재사용하기 위해서 제주공항 수화물보관소에 보관하기.

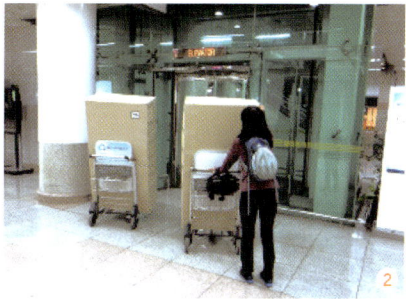

01
-자전거 여행 바이블-
서울 도심 코스

≫ 한강자전거길은 가까이 있는데다 익숙한 곳이라 그 아름다움이 가려져 있다. 그러나 어느 자전거길과 견줘도 뒤지지 않을 만큼 훌륭하다. 동서로 100km가 넘는 한강자전거길과 여기서 갈라져 나간 지천의 자전거도로까지 감안하면 셀 수 없을 정도로 다양한 코스가 만들어진다. 인공미와 자연미가 조화를 이룬 우리나라 최고의 자전거 코스 중 한 곳이다.

난이도	60점	코스 주행거리	107km(상)
		상승 고도	262m(하)
		최대 경사도	5% 이상(중)
		칼로리 소모량	2,660kcal
코스 접근성	0km (출발지에서 바로 한강자전거길과 연결)		
소요시간	6시간 10분 (한나절 코스)		

자린이의 첫 나들이
한강자전거길 | 서울시

　한강자전거길은 어디서나 갈 수 있는 길이자 어디로나 갈 수 있는 길이다. 한강변 전역에 있는 56개의 나들목을 통해 어느 곳에서나 편리하게 자전거길로 진입할 수 있다. 한강자전거길의 총 연장은 107km에 달한다. 서울에 있는 36개 하천 가운데 상당수가 한강으로 합류한다. 이 지천에도 모세혈관처럼 자전거길이 조성되어 있다. 한강 본류와 지천의 자전거길을 모두 합치면 그 규모는 엄청나다. 한강 본류와 지천의 자전거길은 서울은 물론 수도권 곳곳으로 라이더들을 데려다 주는 자전거길의 대동맥인 셈이다.

　한강자전거길은 서울이라는 공간 속에 갇혀 있지 않다. 자전거길이 끊기지 않고 주변과 연결되어 있다. 한강자전거길의 서쪽 끝 행주대교부터는 인천 정동진으로 연결되는 아라자전거길과 김포반도를 일주해 강화도 초입까지 연결되는 평화누리자전거길과 이어져 있다. 임진강을 거쳐 북으로 올라가는 평화누리자전거길의 다른 한 줄기는 파주와 연천을 거쳐 철원까지 연결되어 있다. 조만간 이 길은 DMZ를 따라가 강원도 고성에서 동해바다와 만날 것이다. 동쪽 끝 팔당대교부터는 남한강자전거길과 이어진다. 이 길을 따라 가면 이화령을 넘어 낙동강자전거길을 달린 뒤 부산까지 갈 수도 있다. 또 북한강자전거길을 따라 춘천으로 달릴 수도 있다. 이뿐만이 아니다. 북쪽 중랑천자전거길을 따라 가면 동두천까지 갈 수 있다. 남쪽 탄천자전거길을 따라가면 용인까지 이어진다. 조만간 평택 아산방조제까지 연결될 것이다.

　이렇듯 한강자전거길은 방사형으로 사통팔달 뻗어나가는 자전거길 네트워크의 중심이다. 그 중에서도 한강자전거길 중앙에 위치한 반포대교 일대는 자전거길 네트워크의 배꼽에 해당한다. 잠수교를 통해서 강남북이 연결되어 있어 수많은 동호인들이 이곳을 모임과 여행의 출발지로 삼는다. 이 책에서 코스의 출발지점을 반포대교로 삼은 것도 이런 이유 때문이다.

　이제 막 자전거에 입문한 초보자의 경우 처음부터 전 코스를 완주할 필요는 없다. 한강자전거길은 11개 고수부지공원과 32개 교각으로 구분할 수 있다. 자신이 사는 곳에서 가장 가까운 나들목을 출발지 삼아 조금씩 거리를 늘려가며 라이딩을 즐기는 것이 좋다. 처음에는 반포대교에서 잠실대교까지, 다음에는 광진교까지 거리를 늘려봐도 좋다. 갈 때 강남쪽 도로로 갔다면 돌아올 때는 다리를 건너 강북쪽으로 가서 한 바퀴 돌아보게 코스를 잡아도 좋다. 한강자전거길은 계절은 물론, 라이딩 하는 시간, 낮과 밤, 진입 코스와 진행 방향에 따라 수많은 조합의 코스가 만들어지는 팔색조 같은 길이다.

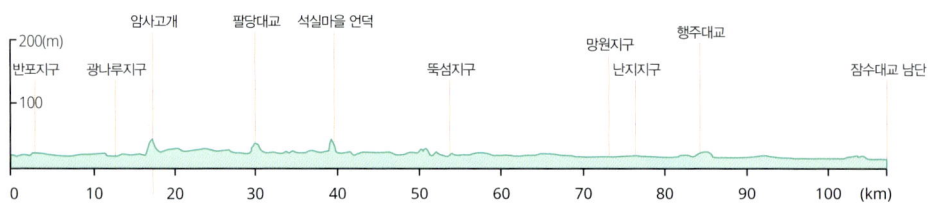

여행정보 PLUS

코스 접근

한강 주변 56개 나들목을 통해 한강자전거길로 진입할 수 있다. 나들목은 '입체적으로 만들어서 신호 없이 오갈 수 있는 곳'을 뜻한다. 자동차와 보행자가 함께 드나드는 곳과 보행자 전용 나들목으로 구분된다. 자전거는 양쪽 모두 통행 가능하다. 계단으로 되어 있는 보행자 나들목은 자전거가 통행할 수 있는 별도의 경사로 구간이 마련되어 있다. 이 경우 경사로 폭이 좁고 급회전 구간이 있어 반드시 자전거에서 내려서 통과하는 것이 좋다. 나들목 위치 정보는 서울시 한강 이야기 사이트(www.seoul.go.kr/story/hangang-story)에서 한강여행정보〉나들목&진출로 메뉴로 들어가면 지도 파일을 다운로드 받을 수 있다. 한강 지천을 따라 가면 합수부에서 한강자전거길로 진입할 수 있다. 합수부는 한강과 지천이 만나는 지점을 말한다. 한강자전거길에는 반포천, 안양천, 창릉천, 홍제천, 중랑천, 왕숙천, 덕소천, 덕풍천, 고덕천, 성내천, 탄천 11곳의 합수부가 존재한다.

코스 가이드

한강자전거길은 출발지와 자전거길(강남 또는 강북), 진행 방향에 따라 다양한 코스 조합을 만들 수 있다. 여기에 지천까지 연결해 달린다면 그 조합은 더욱 다양해진다. 여기서는 가장 일반적인 코스라 할 수 있는 반포대교에서 시계 반대 방향으로 동쪽 끝 팔당대교까지 갔다 강북길을 따라로 다시 돌아오는 107km 풀 코스를 소개한다.

반포대교를 출발해 한남대교와 동호대교를 거쳐 잠실 합수부를 지나간다. 풀 코스가 부담스럽다면 광진교에서 한강을 건너 짧게 일주 코스를 완성해도 된다. 광나루에서 구리암사대교를 지나면 한강자전거길 최대의 업힐 구간인 암사고개(구암정)를 넘어간다. 이 고개를 넘으면 서울의 경계를 벗어나 하남시에 든다. 미사동에 접어들면 한적한 교외의 느낌이 난다. 팔당대교에서 P턴을 그리며 다리를 건넌 후 강북길을 따라 다시 서울 방향으로 달린다.

① 남양주시 삼패지구 한강자전거길. ② 한강자전거길로 드는 반포 나들목. ③ 한강자전거길을 달리는 라이더들.

미사대교를 지나 석실마을에 접어들면 다시 한 번 짧지만 강한 업힐이 기다린다. 고개를 넘으면 가을이면 코스모스가 만발하는 구리한강공원이다. 구리에서 다시 서울로 들면 광진구, 뚝섬, 이촌, 망원, 난지 한강공원을 차례로 통과한다. 행주산성 부근에서 잠시 강변과 멀어졌던 자전거길은 행주대교를 건너 다시 강 반대편으로 넘어온다. 여기서 동쪽으로 강서, 양화, 여의도를 거치면 출발지였던 반포대교로 돌아온다.

한강자전거길의 국토종주 인증부스 : 한강자전거길에는 여의도서울마리나, 뚝섬전망콤플렉스, 광나루자전거공원 3곳에 무인 인증센터가 있다. 이 중 여의도서울마리나와 광나루자전거공원은 강남, 뚝섬전망콤플렉스는 강북에 있다. 인증센터에 대한 보다 정확인 위치는 자전거 행복나눔 홈페이지(www.bike.go.kr)에서 확인할 수 있다. 국토종주 인증 관련 문의는 우리강 이용 도우미(☎ 1522-8643)로 한다.

난이도

한강자전거길 풀 코스 상승 고도는 253m다. 대부분 평지 코스라 큰 어려움은 없다. 딱 두 곳 오르막이 있는데, 강남 암사고개와 강북 석실마을 언덕이 그곳이다. 주로 평지만 오가던 초보 동호인들이 처음 마주하는 업힐이 바로 이곳이다. 경사도는 석실마을이 더 가파르지만 인지도가 높은 곳은 암사고개다. 구간 거리는 1km 정도, 경사도는 5% 정도로 완만하게 올라간다. 이곳을 끝바 없이 한 번에 넘어야 비로소 클라이머(climber : 오르막을 오르는 사이클리스트)로 입문했다고 할 수 있다.

주의 구간

한강자전거길은 대부분 자전거 전용도로로 되어 있다. 이 때문에 동호인들은 가장 안전한 자전거길이라고 여긴다. 한강이 심리적으로 익숙한 곳이라서 더욱 그렇게 여긴다. 그러나 한강자전거길은 결코 안전하지 않다. 전국 자전거길을 통틀어 가장 사고가 많이 나는 곳이 바로 한강자전거길이다. 그 이유는 한강자전거길을 각양각색의 많은 사람들이 이용하기 때문이다. 자전거와 보행자, 인라인스케이터, 마라토너 등 수많은 사람들이 함께 이용하다보니 사고가 빈번하다. 따라서 한강자전거길을 달릴 때는 돌발상황에 대한 방어 라이딩이 필요하다. 가장 중요한 것은 안전속도 20km를 준수하는 것이다. 속도가 너무 빠르면 돌발상황에서 사고로 이어질 확률이 높아진다. 속도는 한적한 교외 지역에서 내자.

자전거 대여

한강고수부지에는 공공 자전거 따릉이 대여점이 없다. 대신 한강사업본부에서 운영하는 14곳의 자전거 대여소가 있다. 운영시간은 11:00~20:00(하절기 기준)이다. 대여료는 1시간에 1인용 3,000원, 2인용 6,000원이다. 1인용과 별도로 고급형 자전거는 시간당 5,000원을 받는다. 주중에는 대여소 간에 교차 반납이 가능하다(주말은 불가). 동절기(12~2월)에는 여의나루, 반포, 뚝섬을 제외한 대부분의 대여소가 운영을 중지한다. 자세한 대여소 정보는 한강사업본부 홈페이지(hangang.seoul.go.kr, ☎ 02-422-1556)를 참고한다.

보급 및 식사

한강자전거길 전역에 편의점과 레스토랑이 있어 코스를 벗어나지 않고도 보급과 식사를 해결할 수 있다. 한강에서 가장 유명한 편의점은 '반미니'로 불렸던 **미니스톱 반포한강지점**이다. 한강 편의점은 입찰을 통해 사업권을 주는데, 2019년부터 GS25가 이곳을 운영한다. 지금은 '반지스'라 불리는데, 아직까지는 반미니로 기억하는 동호인들이 많다.

① 반포지구 한강자전거길의 자전거 대여점. ② 라이더 사이에서 '반지스'로 불리는 반포 GS25 편의점 ③ 암시고개와 쌍벽을 이루는 석실마을 오르막 구간.

한강의 주요공원

반포한강공원

반포한강공원의 가장 큰 볼거리는 반포대교 서측에 위치한 세빛둥둥섬과 반포달빛무지개분수다. 이 분수는 하루에 3회(12:00, 20:30, 21:00) 가동한다. 휴일에는 19:30에 1회 더 열린다. 분수 운영기간은 4월 1일부터 10월말까지다. 현재는 코로나19로 전면 중단됐다. 세빛둥둥섬은 물 위에 건물을 지은 플로팅 형태의 건축물이다. 가빛, 채빛, 솔빛, 예빛 등 4개의 섬으로 구성되어 있다. 섬 안에 레스토랑과 카페, 수상레저 시설 등이 입점해 있다. 특히 야경이 아름답다.

광나루한강공원

광나루한강공원은 한강드론공원과 자전거공원이 특색 있다. 자전거공원에는 자전거 교육장과 실습장 등 13종의 시설이 있다. 이 가운데 가장 눈길을 끄는 시설은 BMX경기장과 자전거 트랙이다. BMX경기장은 울퉁불퉁한 경사코스를 만들어놔 BMX 자전거나 MTB를 연습하기 좋다. 한강드론공원은 12kg 이하 드론을 날려볼 수 있다. 운영시간은 08:00~16:00이며, 최대 3시간까지 이용할 수 있다. 예약은 한달 전부터 서울시 공공서비스 홈페이지(https://hangang.seoul.go.kr/archives)를 통해서 할 수 있다. 광나루한강공원 인근 '즈믄나들목'에서 천호동 공원 사거리까지 천중로 일대 300m 구간은 천호동 자전거 거리로 불린다. 이곳에는 자전거 판매점을 비롯해 수리점과 용품점이 모여 있다.

뚝섬한강공원

한강자전거길에 있는 주요 허브 중 한 곳이다. 이곳 랜드마크는 자나방 애벌레 '자벌레'를 형상화한 뚝섬 자벌레(서울생각마루)다. 길이 240m의 자벌레는 복합문화 공간이자 지하철에서 한강으로 나가는 연결통로다. 뚝섬 수변은 윈드 서핑이라 불리는 서프 보드Surf Board를 즐기는 사람들을 볼 수 있다. 한강 곳곳에 수상레저시설이 있지만 서프 보드를 체험할 수 있는 곳은 이곳이 가장 유명하다. 서울숲공원은 한강 공원은 아니지만 뚝섬지구에 바로 진입할 수 있는 서울의 대표 공원 중 한 곳이다. 공원 면적은 약 15만평에 달하며, 공원 곳곳을 자전거로 돌아볼 수 있다. 특히 꽃사슴 사육장이 인기다. 이곳에서는 꽃사슴 먹이주기 체험도 할 수

① 강둑 위로 자전거길이 있는 하남시 미사리 구간. ② 광진구 자전거공원의 MTB 체험 코스. ③ 한강자전거길 난지공원 구간.

있다. **서울숲컨서번시(☎02-460-2905)**

서울함공원

2017년 망원한강공원에 개장한 함상테마파크다. 1,900톤급 울산급 호위함인 서울함을 비롯해 참수리함, 잠수함까지 3척의 퇴역 함정이 전시되어 있다. 어린이를 동반한 자전거 여행자라면 방문해볼 만하다. 하절기에는 10:00~19:00까지 관람할 수 있으며, 휴일에는 한 시간 늦게 폐장한다. 입장료는 어린이 1,000원, 어른 3,000원이다. **서울함공원**(http://seoulbattle-shippark.com)

난지한강공원

난지한강공원의 특색 있는 시설은 캠핑장과 자전거공원이다. 광나루와 마찬가지로 이곳 자전거공원에도 7종의 시설이 운영 중이다. 이 가운데 MTB 코스에는 슬라룸 코스를 비롯해 자전거용 시소까지 있어 평소 경험해보지 못한 체험을 할 수 있다. 난지캠핑장은 한강 공원에서 유일하게 캠핑이 가능하다. 최근 시설을 대폭 개량해 재개장했다. **난지캠핑장**(www.nanjicamp.com)

난지한강공원을 비롯해 노을, 하늘, 난지천, 평화공원까지 총 5개의 공원을 일컫는 **월드컵공원**은 과거 쓰레기 매립장에 만들어진 100만평 규모의 환경생태공원이다. 이 가운데 하늘공원과 노을공원은 쓰레기 산 위에 조성된 공원이다. 워낙 공원이 넓어서 자전거가 아니면 둘러보기 힘들 정도다. 공원까지는 약 1km의 가파른 오르막이 있다. 공원에 오르면 한강을 비롯한 서울 조망도 좋다. 다만, 주말과 공휴일은 자전거 타고 경사로 오르는 것을 금지하고 있다. 하늘공원과 강변북로 사이에는 서울의 숨겨진 산책로로 알려진 메타세콰이아 가로수길이 있다.

서울 밤도깨비 야시장

서울시에서 운영하는 야시장이다. 여의도한강공원(월드나이트마켓), 반포한강공원(낭만달빛마켓), DDP(청춘런어웨이마켓), 청계천(타임투어마켓), 문화비축기지(시즌마켓)까지 5곳에서 운영된다. 야시장은 하절기(4월~10월) 휴일 18:00~23:00에 열린다. 현재는 코로나로 전면 중단된 상태다.

① 팔당대교에서 바라본 팔당역과 한강자전거길. ② 뚝섬 윈드서핑장에서 윈드서핑을 즐기는 사람들. ③ 퇴역한 전함이 전시된 마포 서울함공원.

한강자전거길 이용 꿀팁

자전거 타고 한강 건너기

한강자전거길에는 서쪽 행주대교에서 동쪽 팔당대교까지 모두 28개의 다리가 놓여 있다. 이 가운데 자전거 통행이 가장 빈번한 다리를 꼽으라면 1위는 단연 잠수교다. 잠수교는 28개 다리 중에서 유일하게 고수부지와 높이가 같다. 또 보행자와 자전거 중심으로 설계되어 부담없이 이용할 수 있다. 한강의 다리는 자전거 통행 가능 여부에 따라 크게 3가지로 분류할 수 있다(표 참조). 첫번째는 자전거 타고 통행이 가능한 다리다. 행주대교, 잠수대교, 잠실철교, 광진교, 구리암사교, 팔당대교 등이 여기에 해당한다. 이들 다리는 고수부지에서 경사로를 따라 올라가 자전거도로를 이용해 다리를 건너 갈 수 있다. 두번째는 보행자 통행로만 있는 다리다. 이 경우는 보행자가 우선이다. 원칙적으로 자전거에서 내려 끌고 다리를 건너야 한다. 이런 다리는 고수부지에서 다리까지 계단이나 엘리베이터로 연결되어 있다. 세번째는 보행자와 자전거 모두 통행할 수 없는 자동차 전용이나 철교다.

한강으로 점프하기 좋은 전철역

한강자전거길과 가까운 지하철 및 전철역으로는 여의나루역(5호선), 뚝섬유원지역(7호선), 동작역(4호선), 옥수역(경의중앙선) 등이 있다. 이 역들은 한강시민공원 인근에 있어 자전거도로로 진입하기 좋다. 이 가운데 경의중앙선 옥수역은 엘리베이터를 이용해 자전거길로 연결된다. 이처럼 접근성이 좋아 경의중앙선을 이용해 서울 외곽으로 나갈 때 주로 이용한다. 특히 용산~춘천 구간을 운행하는 ITX 열차가 1일 3회 정차해 활용도가 더욱 좋다.

서울시에서 발표한 2020년 따릉이 이용 보고서를 보면 자전거 이용이 많은 대여소와 지하철역을 알 수 있다(표 참조). 자전거 대여소 가운데 봉림교 교통섬은 2호선 신림역 인근에 있으며 도림천자전거길과 연결된다. 마포구민체육센터 대여소는 6호선 마포구청역 인근에 있으며, 한강자전거길로 진입이 좋은 대여소다. 당산육갑문 대여소는 2호선 당산역 인근에 있으며, 한강자전거길로 진출입이 용이하다. 따릉이의 경우에도 한강이나 지천 자전거길로 진출입이 용이한 지하철역 인근 대여소의 이용률이 높다.

한강자전거길의 다리와 자전거 통행

다리	구분	접근	다리	구분	접근
행주대교	자전거 전용	경사로	동호대교	보행자 우선	계단
방화대교	자동차 전용	불가	성수대교	보행자 우선	엘리베이터
가양대교	보행자 우선	엘리베이터	영동대교	보행자 우선	경사로
성산대교	보행자 우선	계단	청담대교	보행자 우선	계단
양화대교	보행자 우선	계단	잠실대교	보행자 우선	경사로
당산철교	철교	불가	잠실철교	자전거 전용	경사로
서강대교	보행자 우선	계단	올림픽대교	보행자 우선	계단
마포대교	보행자 우선	경사로	천호대교	보행자 우선	고수부지 내 불가
원효대교	보행자 우선	계단	광진교	자전거 전용	경사로
한강철교	철교	불가	구리 암사교	자전거 전용	경사로
한강대교	자전거 전용	엘리베이터	강동대교	자동차 전용	불가
동작대교	보행자 우선	엘리베이터	미사대교	자동차 전용	불가
잠수교	자전거 전용	직접 연결	팔당대교	자전거 전용	경사로
한남대교	보행자 우선	엘리베이터	반포대교	보행자 우선	계단, 경사로

서울 자전거 대여소 이용 베스트 5

	1위	2위	3위	4위	5위
대여 많은 대여소 베스트 5	뚝섬유원지역 1번 출구	여의나루역 1번 출구	마포구민 체육센터 앞	봉림교 교통섬	청계천 생태교실 앞
출근시간 대여 많은 대여소 베스트 5	마곡나루역 5번 출구	여의나루역 1번 출구	구로디지털 단지역 앞	대방역 6번 출구	뚝섬유원지역 1번 출구
퇴근시간 대여 많은 대여소 베스트 5	뚝섬유원지역 1번 출구	여의나루역 1번 출구	마포구민 체육센터 앞	당산 육갑문	봉림교 교통섬

출처: 서울시 2020년 따릉이 이용 현황 분석

>>> 서울에 자전거 타기 좋은 곳이 한강과 지천만 있는 것은 아니다. 조선 왕조 600년 역사를 품은 궁궐들을 자전거로 돌아보는 재미도 특별하다. 고층빌딩 숲에서도 본연의 아름다움을 간직하고 있는 궁궐을 찾아가면 도심 투어의 새로운 즐거움을 경험할 수 있다. 따릉이를 이용하면 더욱 가벼운 여정이 된다.

난이도	40점	코스 주행거리	12km(하)
		상승 고도	79m(하)
		최대 경사도	5% 이하(하)
		칼로리 소모량	670kcal
코스 접근성	14km or 0km (한강자전거길과 연결 따릉이 이용 가능)	한강자전거길 6km → 중랑천자전거길 2km → 청계천자전거길 6km 반포대교 — 용비교 — 살곶이공원 — 광장시장	
소요시간	4시간 41분 (반나절 코스)	가는 길 자전거 57분 총 57분	코스주행 2시간 37분	오는 길 자전거 1시간 7분 총 1시간 7분

자전거로 한양 도성 유람하기
한양 원도심 투어 | 종로구·중구

　대한민국 수도 서울의 원도심을 관통하는 키워드는 단연 조선시대 궁궐이다. 조선 왕조의 으뜸 궁궐 경복궁을 비롯해 동쪽에 있어 동궐로 불렸던 창덕궁과 창경궁, 기쁨이 넘치고 빛나는 궁이라는 뜻의 경희궁, 고종이 대한제국을 선포했던 덕수궁까지 5곳의 궁이 4대문 안에 있다. 이들 궁궐을 자전거로 돌아보는 일은 의외로 재미있고, 뜻깊다.
　자전거로 서울 도심을 여행할 때 미리 알아 두면 유용한 것이 두 가지 있다. 서울시 공공자전거 따릉이와 청계천자전거길의 존재다. 따릉이는 어느 곳에서나 교차반납이 가능하고, 원 터치로 잠금 장치를 여닫을 수 있어 도심 여행의 훌륭한 도구다. 또 서울을 동서로 가로지르는 청계천자전거길은 도심 라이딩을 지원해주는 훌륭한 인프라다.
　4대문 안은 어느 곳이나 원도심 여행의 출발지가 될 수 있다. 그 중에서도 추천하는 곳은 안국역이다. 이곳부터 짧지만 매력적인 감고당길이 시작되기 때문이다. 이곳의 돌담길을 걷거나 자전거로 달리는 일은 항상 기분 좋다. 이어서 삼청로를 따라서 경복궁을 반 시계 방향으로 한 바퀴 돈다. 자전거를 타고 청와대 앞을 돌아보는 것도 특별한 경험이 될 것이다. 경복궁을 둘러봤으면 이번에는 덕수궁을 향한다. 광화문을 가로질러 내려간다. 시간을 잘 맞춰가면 대한문 앞에서 펼쳐지는 궁궐 수문장 교대식을 관람할 수도 있다. 덕수궁을 둘러본 후에는 덕수궁 돌담길과 추억의 정동길을 따라서 경희궁으로 이동한다.
　경희궁에서는 흥화문 앞에 잠시 자전거를 세워놓고 숭정전을 걸어본다. 경희궁은 미리 갔던 3곳의 궁궐 중에서 가장 한적하다. 도심 속 외딴섬 같았던 경희궁에서 적막감을 즐겼다면 이제는 청계천을 따라 달려볼 차례다. 도로 한편에 만들어진 자전거도로를 따라 자동차 눈치보지 않고 달린다.

여행정보 PLUS

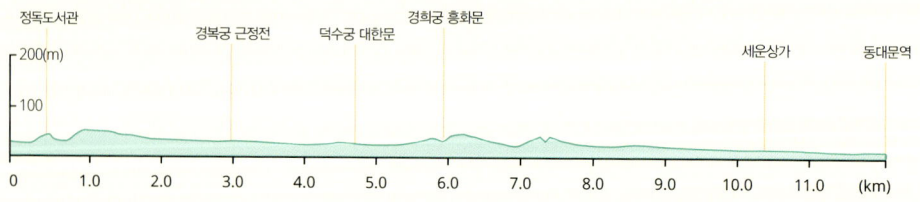

코스 접근

안국역 1번 출구 인근 안국동 사거리에 3407번 따릉이 스테이션이 있다. 따릉이를 이용해 원도심을 여행한다면 이곳에서 시작하는 게 좋다. 자신의 자전거를 이용한다면 한강자전거길~중랑천자전거길~청계천자전거길 순으로 코스를 잡는 것이 가장 무난하다. 중랑천에서 청계천자전거길로 접어들면 마장동 인근(신답철교 부근)에서 하천 둔치로 난 자전거길은 종료된다. 서울시설공단 교차로부터는 차도 옆으로 조성된 자전거길을 따라서 주행해야 한다. 반포대교에서 광장시장까지 거리는 약 14km, 소요시간은 1시간이다.

코스 가이드

한양 원도심 투어는 정해진 코스는 없다. 주요 관광지를 자전거로 이동한다고 생각하면 된다. 궁 안은 자전거 진입 불가라 도보 이동도 감수해야 한다. 따릉이는 세워놓기 편하고, 잠금 장치 사용이 편리해 이런 코스에서 더욱 빛을 발한다.

안국빌딩에서 정독도서관 사이 약 500m거리를 감고당길이라 부른다. 인현왕후의 친정 감고당이 있던 지역이라 붙여진 이름이다. 정식 도로명은 율곡로3길이다. 이 길은 10:00~22:00까지 차 없는 거리로 운영되는 주말에 찾으면 좋다. 길 중간에는 'We are young'이라는 제목의 노부부가 키스하는 벽화가 그려져 있다. 유명한 포토존이기도 하다. 도서관사거리에서 이마트24시가 있는 골목으로 진입한다. 좁은 골목 사이에 아기자기한 상점과 카페들이 밀집해 있다. 삼청파출소에서 좌회전한 뒤 삼청로를 따라 경복궁을 시계 방향으로 돈다. 청와대 앞 통행 시 경찰이 목적지를 묻는 것 이외에 별다른 제지를 하지 않는다.

청와대에서 내려와 광화문과 대한문을 거쳐서 덕수궁 돌담길로 진입한다. 이 도로 역시 공휴일 10:00~18:00 사이에는 차량 출입이 금지된다. 도심 대부분 코스는 인도 쪽 보행자 겸용 자전거도로나 차도의 경

① 주말이면 차 없는 거리가 되는 감로당길 풍경. ② 덕수궁 대한문 앞에서 펼쳐지는 수문장 교대식. ③ 감로당길의 명물 노부부가 키스하는 벽화. ④ 한복을 입고 고궁투어를 즐기는 사람들.

우 자전거 우선도로를 따라 이동하게 되어 있다. 이후 정동길을 따라서 경희궁에 들렀다가 청계광장 교차로에서 청계천 자전거도로를 따라서 진입하면 된다.

청계천 자전거도로 : 천변 양쪽에 자전거도로가 일방통행으로 조성되어 있다. 이전까지는 북측에만 자전거 전용도로가 있고, 남측은 청계7가까지 차도에 자전거 우선도로 표시만 되어 있는 반쪽짜리 자전거길이었다. 그러나 2021년 4월부터 남측 차도에도 자전거 전용도로가 만들어졌다. 이렇게 해서 청계광장–고산자교를 순환하는 11.88km의 청계천 순환 자전거도로가 완성되었다. 아쉬운 것은 새로 조성된 자전거길이 인도와 높이가 같다는 것이다. 보행자의 자전거도로 침범이 우려된다. 자전거도로를 차도와 높이를 같이하고 연석 등을 이용해 구분해주는 방식이 자전거에게 유리하다.

난이도

상승 고도는 79m로 거의 오르막 없는 평지 구간이다. 코스의 복잡도를 제외한 물리적인 난이도 자체는 초보자가 주행하기에도 무리가 없다. 거리도 10km 내외로 따릉이로 달려도 부담 없다.

주의 구간

대부분의 도심 자전거도로는 인도에 설치되어 보행자 겸용이나 도로에 자전거 우선도로 설정되어 있다. 인도에서 사고발생 시 과실은 보행자(자전거 순이다. 복잡한 구간에서는 내려서 걷는 것이 안전하다. 경복궁을 한 바퀴 도는 순환 자전거도로가 있는데, 시계 방향으로 돌도록 되어 있으니 참고하자. 청계천 자전거도로는 도로 오른쪽이 아닌 왼쪽에 만들어져 있다. 주변 상가에 짐을 싣고 내리는 차량을 고려해 이렇게 만

① 잔디밭이 있는 서울광장. ② 차도와 나란히 난 청계천 자전거도로. ③ 청와대 인근의 자전거길.

들었다고 한다. 이 구간을 주행할 때는 도로 왼쪽으로 주행하기 때문에 교차로에서 직진 시 좌회전 하는 차량을 항시 주의해야 한다.

여행 정보

덕수궁 대한문에서 열리는 왕궁 수문장 교대 의식은 월요일을 제외하고 연중 진행된다. 교대식은 11:00, 14:00, 15:30 1일 3회 열린다. 다만, 코로나로 행사 진행이 유동적이다. 홈페이지(www.royalguard.kr)에서 변동상황을 확인할 수 있다. 궁궐 관람료와 휴무일은 각기 다르다. 덕수궁은 매주 월요일 휴무이며, 입장료는 1,000원이다. 경복궁은 매주 화요일 휴무이며, 입장료는 3,000원이다. 두 곳 모두 한복 착용 시 무료 입장이다. 경희궁은 매주 월요일 휴관하고, 입장료는 무료다.

보급 및 식사

감고당길 주변은 덕성여중고와 과거 풍문여고가 있던 곳으로 유명한 분식집이 많다. **라면땡기는날**(☎ 02-733-3330)은 일명 '라땡'으로 불리는 라면 분식집이다. 요즘 인기를 끄는 매운 라면의 효시 격인 짬뽕라면(4,500원)이 대표 메뉴다. 즉석 떡볶이로 유명한 **먹쉬돈나본점**(☎ 02-723-8089)도 이 골목에서 시작되었다. 부드러운 떡과 치즈토핑이 잘 어울리는 치즈떡볶이(6,000원)가 대표메뉴다. 광장시장에서 동대문시장까지 청계천변 700m 구간에는 다양한 먹거리 골목이 형성되어 있다. 광장시장 먹거리는 두말하면 잔소리다. 신진시장 주변은 곱창집이 모여 있어 일명 곱창골목으로 부른다. 바로 이어서 동대문 닭한마리 골목이 이어지고, 다시 생선구이 골목을 지나면 분식노점들이 모여 있는 동대문종합시장 먹거리장터로 이어진다.

① 동대문시장 먹거리장터. ② 광장시장의 명물 빈대떡. ③ 광장시장 노점 풍경.

따릉이 100배 즐기기

따릉이는 2015년부터 서울시에서 운영하는 공공 자전거 대여 서비스를 말한다. 2020년 기준 운행 중인 따릉이는 총 3만7,000대, 대여소는 3,040개소에 이른다. 대여소 간격은 평균 300m로 서울시내 어느 곳에 있더라도 도보로 따릉이 대여소에 접근할 수 있다. 누적 회원은 278만명, 1년 간 대여건수는 2,370만건에 달한다. 하루 평균 6만4,946명이 이용하는 셈이다. 서울시에서 분석한 따릉이 이용 현황 데이터를 살펴보면 이용자가 가장 많이 몰리는 시간은 17:00~21:00 퇴근 시간대로 나타났다. 자치구별로 보면 강서구, 영등포구, 송파구, 마포구, 노원구 순으로 따릉이 이용이 많았다. 대부분 언덕이 적고 평지가 많은 지자체들이다.

따릉이 자전거의 규격

따릉이는 휠 사이즈 24인치, 무게는 18kg이다. 구동계는 시마노3단 내장기어가 장착되어 있으며, 변속은 그립 시프터(핸들을 돌려서 기어를 변속하는 방식)이다. 공기주입은 슈레더 방식이다. 따릉이는 일반 자전거에 비해 부족한 부분이 있다. 기어가 3단에 불과하고 무겁다. 이 때문에 오르막 구간에서 이용하기에는 무리가 따른다. 또 안장 높이를 조절할 수는 있지만 프레임 사이즈가 동일해 평균 신장 이상 혹은 이하의 사람이 장시간 이용하기에는 역시 무리가 따른다. 따라서 키가 너무 크거나 너무 작다면 이용을 고려해봐야 한다. 또 장시간, 장거리는 가급적 타지 않는 게 좋다. 키 185cm인 필자의 경우 10km 이내 구간 이용 시 부담이 없었다. 새싹 따릉이는 체구가 작은 청소년과 어른을 위해 만든 모델이다. 휠 사이즈는 20인치, 무게도 2kg 가벼워졌다. 이용 가능 연령도 13세 이상부터로 낮아졌다.

따릉이 종류와 이용법

따릉이는 대여방식에 따라서 구분한다. 외관상 차이점은 기존 따릉이(LCD형)는 헤드튜브 부분에 흰색 LCD단말기가 붙어 있다. 잠금 장치 역시 이 단말기에 연결되어 있다. 뉴 따릉이(QR형)는 LCD모니터 단말기 대신 QR코드가 박혀 있는 검정색 단말기가 뒷바퀴에 잠금 장치와 함께 설치되어 있다. 뉴 따릉이는 2020년 3월부터 도입되었다. 뉴 따릉이는 기존 따릉이와 비교해서 대여와 반납이 간편해졌다. 이런 이유로 일부 LCD형 따릉이들도 QR형 따릉이로 개조되고 있다. LCD형 따릉이 이용법은 이용권 구매-대여 장소 선택-대여 번호 선택-대여 인증번호 입력-대여 순이다. 반면, QR형은 이용권 구매-대여 버튼 터치-QR코드 인식-대여 순이다. 반납 장소도 차이가 있다. QR형은 앱 상에서 녹색으로 보이는 기존 대여소와 오렌지색으로 보이는 QR형 대여소 양쪽 모두 반납이 가능하다. 하지만 LCD형은 녹색 LCD형 대여소에서만 대여/반납이 가능하다.

따릉이 이용요금

따릉이는 1회 대여 시 1시간과 2시간, 두 가지 중에서 하나를 선택해야 한다. 대여료는 일일권 기준 1시간 1,000원, 2시간 2,000원이다. 시간 초과 시 5분당 200원이 부과된다. 결제는 신용카드, 체크카드, 휴대폰 소액 결재, 카카오페이 등으로 할 수 있다. 시간초과 시에는 등록된 결제수단으로 추가요금이 부담된다. 자주 이용한다면 180일권 이상의 정기권을 구입하는 것이 경제적이다. 제로페이로 결제 시 일일권은 50%, 정기권은 30% 할인된다.

종류		1시간권	2시간권
정기권	7일권	3,000원	4,000원
	30일권	5,000원	7,000원
	180일권	15,000원	20,000원
	1년권	30,000원	40,000원
일일권		1,000원	2,000원
1회 대여 시 1시간/2시간 선택해 이용 가능. 시간 초과 시 5분당 200원 추가 부과			

따릉이 이용 꿀팁

정기권은 1회 사용시간이 정해져 있지만 1일 사용 횟수는 제한이 없다. 따라서 장시간 이용할 때는 중간에 한 번 반납했다 다시 대여하면 추가 요금이 부과되지 않는다. 2시간 정기권을 보유한 필자도 한양 도성 투어를 할 때 중간에 한 번 자전거를 반납했다가 다시 대여해 이용했다. 한양 도성 투어 시 중간에 자전거를 세워두고 궁궐을 다녀올 때는 '자가잠금' 기능을 이용하면 요긴하다. LCD형은 단말기 왼쪽 보조 잠금 장치를 뽑아서 오른쪽 잠금 홈에 꽂으면 된다. 해제 시에는 버튼을 누르고 비밀번호를 입력하면. QR형은 더 간단하다. 뒷바퀴에 잠금 장치를 내리면 잠긴다. 해제 시에는 따릉이 앱에서 자가잠금 해제 버튼을 누르면 된다. 다만 '자가잠금'은 반납이 아니라서 잠겨 있는 와중에도 시간이 계산된다. 장시간 자전거를 세워둬야 한다면 반납 후 다시 대여하는 것이 좋다.

》》 송파구 일대는 초기 백제의 수도 위례성이 있던 곳으로 알려졌다. 송파구를 자전거로 한 바퀴 돌아보면 한성백제 유적이 아주 많이 존재한다는 사실에 새삼 놀라게 된다. 지금은 공원이 된 백제의 유적을 찾아다니며 2,000년 세월을 뛰어넘어 대화를 나눠보자.

난이도	40점	코스 주행거리	13km(하)
		상승 고도	44m(하)
		최대 경사도	5% 이하(하)
		칼로리 소모량	653kcal

코스 접근성	16km or 0km (한강자전거길과 연결 따릉이 이용 가능)	한강자전거길 16km 반포대교 ──────────── 천호역

소요시간	4시간 53분 (반나절 코스)	가는 길 자전거 1시간 3분 총 1시간 3분	코스주행 2시간 58분	오는 길 자전거 52분 총 52분

01-3 서울 도심 코스

백제의 유산을 찾아 송파 한바퀴

송파 백제 문화유적 투어 | 송파구

종로와 중구 일대가 조선 왕조 600년 자취가 남아 있는 곳이라면 송파구는 2,000년 전 백제의 흔적을 간직하고 있는 땅이다. 삼국시대 비옥한 한강 유역은 고구려, 백제, 신라의 세력 각축장이었다. 삼국이 번갈아가며 이 지역을 차지했었지만 가장 오랫동안 뿌리를 내렸던 것은 백제였다. 기원 전 18년에서 서기 475년까지 약 500년 동안 백제는 수도를 한성에 두고 번영을 누렸다. 송파구 안에는 그 흔적들이 고스란히 남아 있다. 한성백제시대 왕궁으로 추정되는 풍납토성과 그 외성으로 추정되는 몽촌토성, 그리고 백제 왕실의 무덤으로 추정되는 방이동, 석촌동의 고분들이 바로 그것이다.

송파구는 백제의 유적지를 돌아보는 '한성백제왕도길'이라는 코스를 만들어 놓았다. 이 코스의 전체 거리는 12km. 걸어서 다 돌아보기에는 부담스럽다. 하지만 자전거가 있다면 부담없이 돌아볼 수 있다. 특히 송파구는 대부분 언덕이 없는 평지지형이다. 여기에 사통팔달 자전거 도로망도 잘 갖춰져 있어 자전거로 여행하기에 아주 좋은 환경이다.

한성백제왕도길 자전거 여행의 출발은 풍납근린공원이다. 공원에 들어서면 제일 먼저 초지로 뒤덮힌 나지막한 언덕이 시야에 들어온다. 풍납토성 성

풍납토성을 따라 조성된 산책로.

벽이다. 돌을 쌓아 올려 세운 한양 도성의 성벽과 달리 흙을 쌓아 올린 성벽이라 있는 듯 없는 듯 존재감이 미미하다. 성벽이라기 보다 동네에 있는 녹색 공원 같다. 풍납토성 둘레는 3.5km로 추정되나 현재는 2.1km 정도가 주택가 사이에 남아 있다. 이곳에서는 한양 도성에서는 엄두도 못 낼 성벽 길 라이딩을 느긋하게 즐길 수 있다.

풍납토성 남쪽 끝에 도달하면 몽촌토성이 있는 올림픽공원으로 진입한다. 흙으로 쌓아 올린 몽촌토성 역시 어디가 성곽이고 어디가 언덕인지 구분이 잘 가지 않는다. 대신 드넓은 공원 안쪽은 보행자와 자전거의 천국이다. 공원 안에는 9곳의 명소가 있다. 숨은 그림 찾듯 올림픽공원 9경을 찾아 다니는 것도 이곳 라이딩의 빼놓을 수 없는 재미다.

공원을 빠져나와 석촌호수로 방향을 잡는다. 한성백제왕도길은 방이동 고분으로 이어지지만, 내친 걸음에 석촌호수도 한바퀴 돌고가면 좋다. 석촌호수를 지나 마지막 목적지인 석촌동 고분군에 도착하면 4기의 봉분을 볼 수 있다. 이 가운데 가장 규모가 큰 3호 고분은 근초고왕의 무덤으로 추정된다.

① 근초고왕릉으로 추정되는 3호 고분. ② 올림픽공원 만남의 광장. ③ 풍납토성을 따라 조성되어 있는 산책로.

천호대교
강변북로
풍납시장 고객지원센터
Start
천호역
길동역
경당지구
풍납전통시장
강동역
강변역
올림픽대교
8호선
한강
둔촌역
올림픽대로
올림픽대로 남단사거리
5호선
성내천 자전거길 합류
잠실대교
나홀로나무
88호수
잠실나루역
올림픽공원
몽촌토성역
2호선
평화광장
올림픽공원역
남2문
잠실역
롯데월드타워
한성백제왕도길
올림픽선수촌
1단지아파트
석촌호수
롯데월드
방이역
송파구
방이동고분군
Finish
석촌역
석촌동고분군
송파역

경당지구
남단사거리
평화광장
잠실역
석촌동고분군
석촌역
200(m)
100
0
1.0
2.0
3.0
4.0
5.0
6.0
7.0
8.0
9.0
10.0
11.0
12.0
13.0
(km)

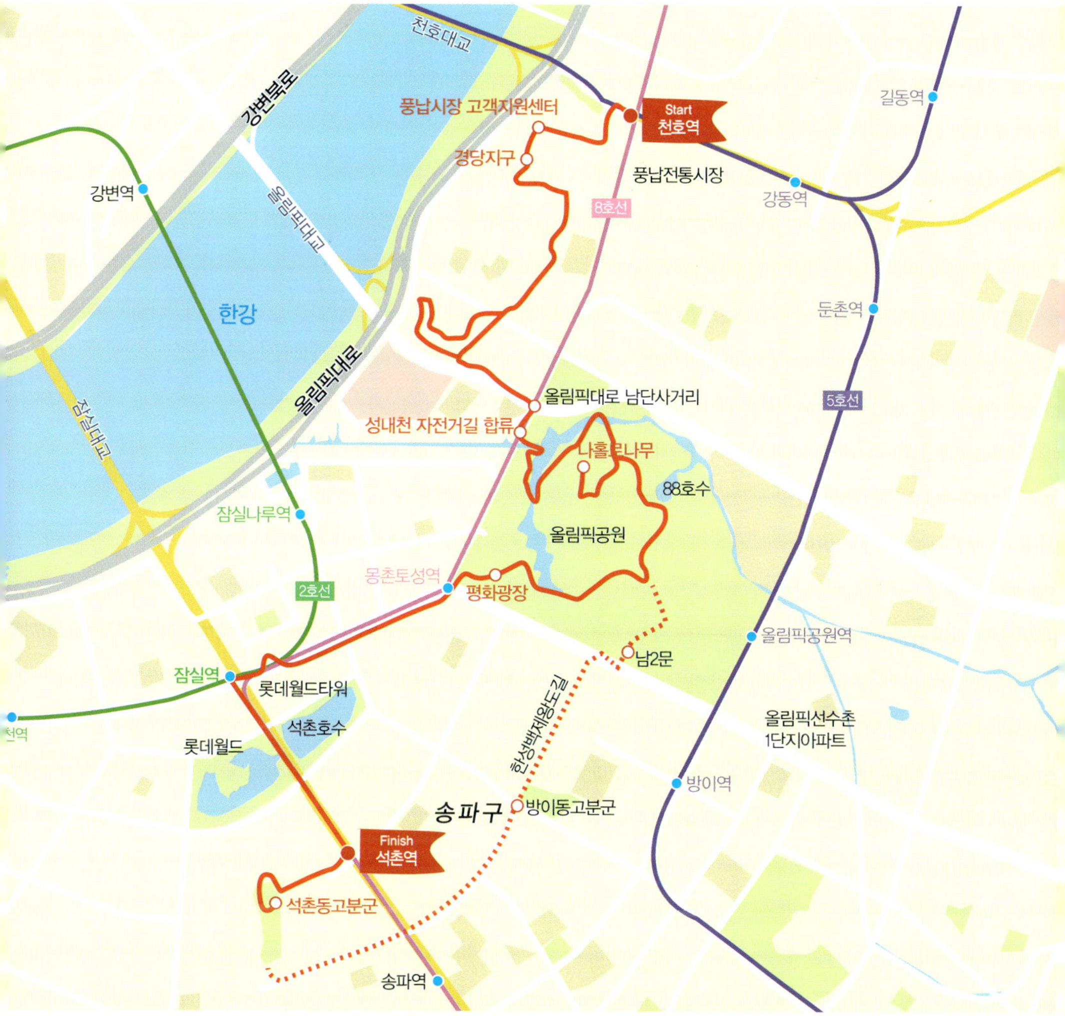

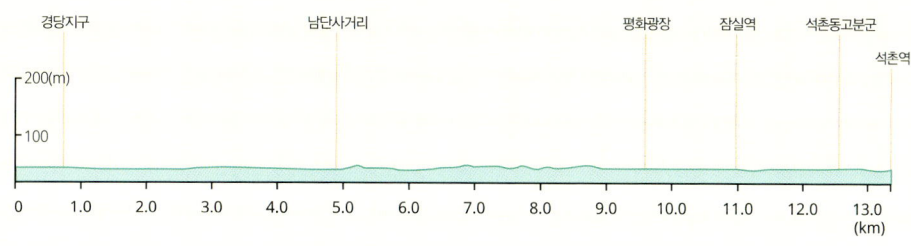

① 올림픽공원의 포토 스팟 '나 홀로 나무'. ② 풍납토성 주변의 골목길과 롯데타워.

코스 접근

풍납토성에서 가장 가까운 지하철역은 천호역과 강동구청역이다. 한성백제왕도길은 풍납토성에서 시작해 남진하는 코스라 천호역을 출발점으로 삼으면 좋다. 따릉이는 천호역 10번 출구에 있는 1264번 대여소를 출발점으로 삼으면 된다. 종료지점은 석촌역 8번 출구에 있는 2636번 따릉이 대여소로 잡는다. 본인 소유 자전거를 이용한다면 한강자전거길로 접근한다. 반포대교에서 천호역까지 거리는 16km, 소요 시간은 1시간 가량이다. 한강자전거길 광진교 하단에서 빠져나오면 된다.

코스 가이드

천호역 8번 출구에서 시작해 풍납근린공원으로 이동한다. 토성은 군데 군데 끊겨 있다. 그 중에서 서측 성벽 구간이 온전한 형태로 남아 있다. 첫번째 목적지는 경당지구로 삼는다. 풍납시장을 통과해서 달리면 주택가 한복판에 위치한 경당지구에 도착한다. 한적한 근린공원처럼 보이지만 이곳은 백제의 유물이 대량 발견된 유적지다. 우물터, 구덩이, 건물터 등이 남아 있다. 이곳에서 골목을 돌아다니다 보면 신축공사를 하다가 지하에 묻혀 있던 유적이 발견되어 공사가 중단된 곳들을 어렵지 않게 볼 수 있다. 성곽 안쪽 주택가도 상황은 대략 비슷하다.

풍납초등학교 인근부터 성곽길이 온전하게 연결된다. 성벽 바깥쪽으로 보행자가 통행할 수 있는 비포장 산책로가 만들어져 있다. 바로 옆이 초지로 되어 있지만 길을 벗어나 성벽 쪽으로 자전거를 타고 오르는 행위는 문화재보호법에 의해서 처벌받을 수 있다. 토성 남단에 도착하면 올림픽대교 남단 사거리를 건너서 올림픽공원 안쪽으로 진입한다. 공원 안쪽에는 자전거도로와 보행자도로가 거미줄 같이 연결되어 있다. 별도의 코스를 따라 갈 필요 없이 내키는대로 자유롭게 둘러보면 된다. 공원 투어를 마치면 평화의 광장을 통해서 공원을 빠져 나온다. 그 다음 잠실역으로 이동한다. 석촌호수 하단에는 수변을 따라 보행로가 만들어져 있지만 자전거는 이 길로 진입할 수 없다. 자전거는 상단 도로를 따라서 호수 주변으로 이동해야 한다.

석촌역 사거리에서 좌회전 하면 석촌고분군에 도착한다. 자전거 통행은 금지다. 하차 후 내려서 끌고 들어가는 것은 괜찮다.

한성백제왕도길 : 자전거 코스를 계획할 때 참고한 건 기길 루트다. 총 거리는 11.4km가 된다. 오리지널 루트는 다음과 같다. 풍납토성 영상관–경당역사공원–풍납토성–몽촌토성–몽촌역사관–한성백제박물관–방이동 고분군–석촌동 고분군 순으로 연결된다. 이 책에서는 방이동 고분군을 들리지 않고 석촌호수를 거쳐 석촌동 고본군으로 가는 루트로 변경해 안내했다. 원 코스대로 답사하려면 올림픽공원에서 남2문으로 나와 방이초등학교 앞 '가락로'를 따라 방이동 고분군을 들렸다가 석촌동 고본군으로 가면 된다.

난이도

상승 고도를 논할 필요도 없는 평지구간이다. 단 한 곳의 오르막 구간도 없다. 초보자가 주행하기에도 부담 없는 코스다.

주의 구간

대부분의 구간을 좁은 마을 길과 인도에 설치된 보행자 도로를 통해서 이동한다. 공도 주행으로 인한 차량 스트레스는 없다. 다만 이 코스를 주행할 때는 항상 보행자를 주의해야 한다. 대로변도 인도 폭이 넓고 자전거 도로가 별도로 구분되어 있는 곳이 많아 자전거 타기에 부담 없다.

여행 정보

올림픽공원은 공원 내 가장 아름다운 장소 9곳을 뽑아 9경이라 부른다. 이곳은 사진작가협회에서 추천하는 사진촬영 명소들이다. 그 중 몽촌토성 안쪽 드넓은 잔디밭에 홀로 서있는 6경 '나 홀로 나무'는 그 독특한 분위기 탓에 각종 영화, 드라마의 배경으로 등장했다. 9경을 모두 돌아보려면 약 3.8km 거리를 이동해야 한다. 공원 관리소는 9경을 더욱 재미있게 둘러볼 수 있도록 스탬프 투어를 진행하고 있다. 참여 방법은 두 가지다. 공원안내센터(평화광장, 만남의광장)에서 지도를 수령한 뒤 스탬프를 찍거나 스마트폰에서 '올림픽공원' 앱을 다운받은 뒤 인증장소에 있는 QR코드를 찍는 것이다. 9경 스탬프 투어를 마치면 작은 기념품을 준다. (☎ 02-410-1114)

보급 및 식사

도심 한복판을 둘러보는 코스인 까닭에 식사나 보급에는 전혀 무리가 없다. 그 중에서도 특색 있는 지역 식당을 한곳 꼽으라면 **유천냉면본점**(☎ 0507-1400-6000)을 추천한다. 쫄깃한 면발의 칡냉면(9,000원)으로 유명한 곳인데 풍납동이 본점이다. 고기만두(5,000원)까지 추가하면 금상첨화다. 풍납토성 서측 성곽 인근에 있다.

① 올림픽공원 9경 가운데 하나인 조형 작품 '대화'. ② 유천냉면본점의 칡냉면.

>>> 서울의 진산 북한산을 향해 가는 자전거길이다. 강북을 관통해 물줄기가 끝나는 북한산 자락까지 간다. 도심을 관통하지만 북한산의 청명한 기운이 자전거길에 흐른다. 물가에 노니는 새 한 마리, 공원에 심어진 나무 한 그루에도 범상치 않은 기운이 감돈다. 아기공룡 둘리를 알고 있는 중년층이라면 더욱 재미있을 자전거길이다.

난이도	40점	코스 주행거리	22km(중)
		상승 고도	194m(하)
		최대 경사도	5% 이하(중)
		칼로리 소모량	957kcal

코스 접근성	19km or 0km (중랑천자전거길과 연결 따릉이 이용 가능)	한강자전거길 6km → 중랑천자전거길 13km 반포대교 ─── 용비교 ─── 석계역
소요시간	5시간 59분 (반나절 코스)	가는 길 자전거 1시간 10분 총 1시간 10분	코스주행 3시간 39분	오는 길 자전거 1시간 10분 총 1시간 10분

북한산 푸른 품을 향해 달린다
우이천자전거길 | 성북구·강북구

우이천은 북한산과 도봉산을 잇는 우이령에서 발원해 성북구 석관동에서 중랑천으로 합류하는 길이 8.51km 하천이다. 중랑천이 한강의 지천이니 우이천도 한강의 지천이다. 도심의 속살을 파고드는 지천을 달리는 것은 곧게 뻗은 한강자전거길을 달리는 것과는 조금 다른 재미가 있다. 마치 고속도로에서 벗어나 한적한 시골길을 달리는 듯한 감흥을 맛볼 수 있다.

한강으로 흘러드는 여러 지천 중에서도 우이천만이 간직하고 있는 특징이 몇 가지 있다. 그 중 하나는 청명함이다. 석계역에서 시작해 강북구와 도봉구의 경계를 따라 우이동을 향해 페달을 밟다보면 청명한 기운이 휘감는다. 이 청명함은 빼어난 자태의 북한산 인수봉과 도봉산 선인봉에서 나온다. 대기가 깨끗한 날 우이천을 달리면 마치 알프스 돌로미티를 향해 오르는 듯한 착각이 들 정도다.

우이천에서는 다른 지천에서 볼 수 없는 색다른 진객들도 만날 수 있다. 원앙새, 청둥오리, 왜가리 같은 새들도 이곳을 즐겨 찾는다. 물 속에서 한가로이 노니는 새들을 구경하며 물줄기를 따라서 오르다보면 재미있는 장소에 도착하게 된다. 아기공룡 둘리가 그려져 있는 벽화거리다. 우이천이 둘리와 무슨 상관이 있을까 의아할 수 있다. 이 벽화가 그려진 곳은 도봉구 쌍문동! 극 중 둘리가 사는 고길동의 집이 쌍문동에 있어 여기서 모티브를 얻어 벽화를 그렸다.

① 쌍문동에 있는 아기 공룡 둘리 벽화 거리. ② 우이천의 진객 원앙.

둘리가 빙하를 타고 한강에서 떠내려온 곳도 우이천이다. 따라서 이 일대는 둘리의 홈 타운인 셈이다.

자전거길은 덕성여대를 지나면서 끊긴다. 여기서 되돌려도 되지만 내친 걸음으로 삼양로를 따라 북한산 입구 북한산우이역까지 올라가자. 북한산우이역 지나면 나오는 우이동 로터리에서는 두 곳의 업힐이 기다리고 있다. 하나는 우이계곡을 따라서 우이령 입구까지 오르는 길이다. 다른 하나는 서울의 4대 업힐 중 하나로 꼽히는 도선사로 가는 길이다. 따릉이를 타고 왔다면 도선사는 불가능하다. 우이계곡을 따라서 어느 정도까지 올라가볼 수는 있다. 돌아올 때는 우이동의 명소 솔밭공원과 4.19민주묘역에 들렸다 인근 카페 거리에서 커피 한 잔 하면 청명한 강북기행의 알찬 마무리가 된다.

① 소나무가 울창한 솔밭공원. ② 4.19민주묘역에 있는 학생혁명기념탑.

우이령 탐방로 입구
도봉산
카페릴렉스
우이령계곡
도봉구
방학동
우이동
북한산우이역
방학역
마들역
7호선
4호선
상계동
중랑천자전거길
1호선
노원역
노원구
창동역
쌍문역
솔밭공원
덕성여자대학교
근화교(우이천자전거길 종점)
419민주묘지
419민주묘지
사거리
쌍문동
둘리벽화거리
샘터마루
창동
녹천역
중계역
419카페거리
수유역
인수동
하계역
월계역
강북구
번동
월계동
광운대역
삼양동
미아동
태릉입구역
Start/Finish
석계역
송천동
장위동
우이천-중랑천 합수부

200(m)
100
우이령 입구
우이역
휴식
근화교
4.19민주묘역
둘리벽화
석계역
0
2.0
4.0
6.0
8.0
10.0
12.0
14.0
16.0
18.0
20.0
22.0
24.0
(km)

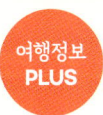

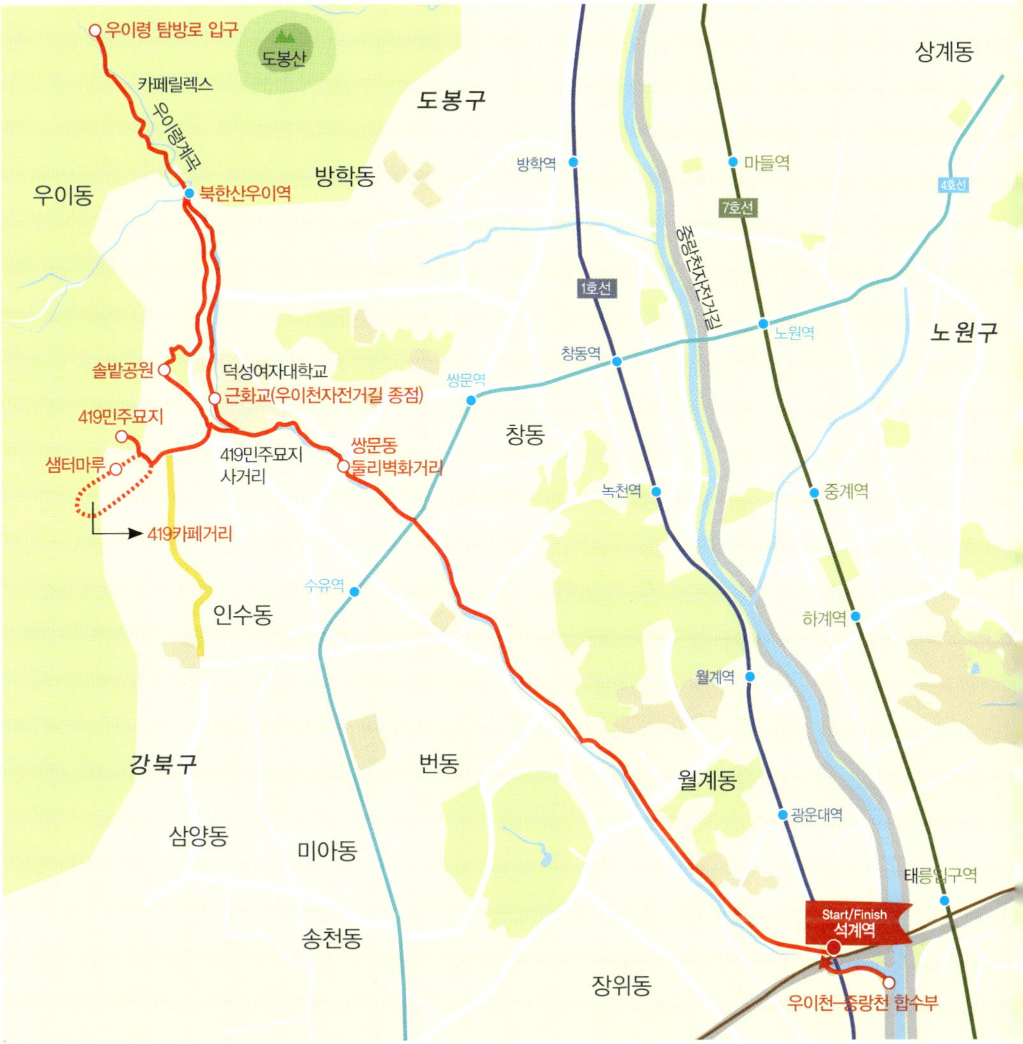

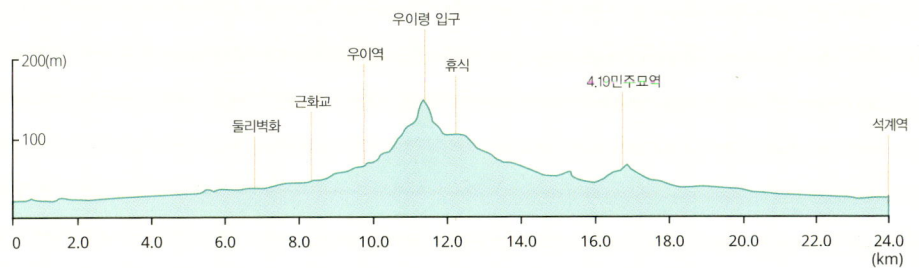

코스 접근

중랑천과 우이천 합수부에서 가장 가까운 지하철역은 1호선 석계역이다. 상류인 우이동 로터리에서 출발할 수도 있겠으나 북한산과 도봉산을 바라보며 라이딩 하는 맛이 있어 하류에서 출발하는 것을 추천한다. 따릉이 이용 시 석계역 문화공원 내 대여소를 이용하면 된다. 자가 자전거는 한강자전거길과 중랑천자전거길을 따라 가면 된다. 중랑천자전거길을 따라 올라오면 월릉교 직전 왼쪽에 우이천으로 진입하는 합수부와 만난다. 반포대교 기준 편도 19km, 소요시간은 1시간 10분이다.

코스 가이드

우이천은 석계역 주변에서 복개되어 있어, 석계역에서 출발하면 자전거도로 진입로가 바로 보이지 않는다. 문화공원과 공영주차장을 지나서 상류로 500m 정도 올라가면 우이천으로 난 자전거도로로 진입할 수 있다. 일단 자전거도로로 진입하면 길 찾을 필요 없이 무조건 직진하면 된다. 출발지에서 6km 지점이 도봉구 쌍문동이다. 이 구간이 둘리 벽화 거리다.

자전거도로는 우이천 양쪽에 모두 조성되어 있다. 왼쪽 길은 '수유교'에서 먼저 종료되고, 오른쪽 길은 덕성여대 정문 '근화교'에서 종료된다. 이곳부터 북한산우이역 거쳐 우이동 로터리까지는 우이천 옆 도로를 따라서 이동한다. 우이동 로터리를 지나면 우이동 먹거리촌으로 진입한다. 이곳부터는 하천 느낌이 사라지고 계곡 느낌이 난다. 계곡 주변으로는 식당과 카페들이 있다. 여기서 계속 올라가면 차량 출입이 통제되고 우이령 탐방로가 시작되는 탐방안내소에 도착한다. 여기부터 자동차는 물론 자전거도 진입할 수 없어 되돌아 나와야 한다.

난이도

우이천자전거길은 상승 고도가 194m가 나온다. 그러나 이 수치는 자전거길이 끝나는 곳에서 우이령 탐방로 입구까지 올라간 부분이 포함된 것이다. 우이동 로터리에서 되돌아 나온다면 상승 고도는 100m 이내다. 따라서 우이령 탐방로 입구까지 갈 계획이 아니라면 상승 고도는 크게 신경 쓸 필요가 없다. 또 고도표상으로는 경사가 가팔라 보이지만 자전거길을 달릴

북한산을 바라보며 달리는 우이천자전거길.

때는 거의 경사를 체감할 수 없는 완경사다. 따릉이로 달려도 무리가 없다.

주의 구간

다른 지천의 자전거길과 마찬가지로 우이천자전거길도 물리적인 구분 없이 보행자도로 바로 옆에 만들어져 있다. 항상 자전거도로를 침범하는 보행자를 주의해야 한다. 자전거길이 끝나는 곳에서 우이령 로터리까지 공도 주행 시에도 주의가 필요하다. 차량통행이 많은 곳은 아니지만 도로 폭이 좁다. 인도 역시 좁은 데다 별도의 자전거 통행로가 마련되어 있지 않다.

여행 정보

우이동까지 왔으면 자전거길에서 좀 벗어나더라도 둘러볼 곳들이 있다. 솔밭근린공원은 소나무 971 그루가 군락을 이루고 있는 도심 속 소나무공원이다. 자전거를 타고 들어갈 수는 없다. 끌고 들어가서 둘러보거나 외곽을 따라서 한 바퀴 돌아보는 것으로 만족해야 한다. 솔밭근린공원에서 1km 거리에 4.19민주묘지가 있다. 1960년 4.19혁명 당시 민주화를 위해서 몸 바친 290명의 영령을 모신 곳이다. 묘역 안에는 기념탑과 전시공간이 있다. 자전거는 주차장에 세워놓고 들어간다. 4.19묘역 입구에서 통일교육원에 이르는 길은 419카페거리로 불린다. 대형 프랜차이즈 커피숍부터 특색 있는 소규모 카페들이 모여 있다. 묘역을 둘러본 후에는 덕성여대 정문에 있는 '근화교'로 이동해서 우이천자전거길로 진입한다.

우이천 벚꽃 : 우이천은 벚꽃 길로도 유명하다. 2015년에는 올해의 서울 봄꽃길로 선정되기도 했다. 우이천을 따라 심어진 벚나무 가운데 일부는 4.19민주묘지 주변에 있던 것을 옮겨 심은 것이다. 4월 벚꽃 개화시기에는 유등 축제도 함께 열린다.

보급 및 식사

출발지인 석계역 1번 출구 주변에는 분식노점 거리가 형성되어 있다. 맛은 대동소이한데, 그 중 **오빠생각**이 가장 유명하다. 이 집은 오징어튀김(1개 1,000원) 성지로 알려졌다. 간단하게 끼니 때우기에 좋다. 우이동 로터리 지나 우이계곡으로 올라가면 먹거리촌이 형성되어 있다. 그 중 베이커리 **카페릴렉스**(☎ 010-9877-1829)는 계곡을 따라 넓은 야외 공간에 테이블이 마련되어 있어 잠시 쉬어가기 좋다.

① 먹거리촌이 있는 우이령 계곡으로 가는 길. ② 석계역 분식 노점 인기 메뉴 떡볶이와 튀김. ③ 야외 좌석이 좋은 카페 릴렉스.

>>> 수도권의 대표적인 장거리 일주 코스다. 70km에 달하는 이 코스를 무리 없이 소화해 낼 수 있다면 이제 웬만한 장거리 라이딩에 도전할 수 있는 기본적인 체력은 준비되었다고 볼 수 있다. 코스는 시계 방향으로 도는데, 인덕원사거리에서 길을 잘 찾아가야 한다.

난이도	60점	코스 주행거리	70km(상)
		상승 고도	137m(하)
		최대 경사도	10% 이하(중)
		칼로리 소모량	935kcal
코스 접근성	0km (출발지에서 바로 연결)		
소요시간	3시간 42분 (반나절 코스)	코스주행 3시간 42분	

01-5 서울 도심 코스

서울을 대표하는 장거리 일주 코스

하트 코스(안양천, 학의천, 양재천, 탄천)

| 서울시 · 안양시 · 과천시 · 성남시

하트 코스는 서울의 남부지역을 한 바퀴 돌아오는 대표적인 장거리 코스다. 종주코스 일색인 다른 자전거길과 달리 출발지로 돌아오는 일주 코스다. 코스의 모양이 하트 모양과 비슷하게 보인다고 해서 일명 하트 코스로 알려져 있다. 대부분의 자전거도로들은 한강, 그리고 한강과 연결된 지천의 물길을 따라서 만들어져 있다. 이런 코스를 종주하게 되면 목적지로 되돌아오기 위해 멀리 간만큼 많이 되돌아와야 한다. 그렇기 때문에 대부분 장거리 종주 라이딩을 할 경우에는 갈 때만 자전거로 라이딩을 하고 돌아올 때는 다른 교통수단을 이용(일명 점프)해서 되돌아오는 번거로움을 감수해야 할 때가 많다. 반면에 일주 코스는 출발점과 도착점이 같기 때문에 이미 달렸던 곳을 되돌아올 필요가 없다. 번거롭게 점프를 할 필요도 없어 종주코스와 비교해 여러 가지 장점이 있다. 그러나 섬 지역을 제외하면 내륙에서 이런 코스를 만나기가 쉽지 않다.

하트 코스는 서울과 수도권을 관통하는 70km에 달하는 장거리 코스임에도 불구하고 한강~탄천~양재천~학의천~안양천을 한 바퀴 돌아서 다시 한강으로 돌아오는 순환 코스이다. 물론 양재천과 학의천 연결구간이 끊어져 있어 완전하게 자전거길로 연결된 코스는 아니다. 이 구간에서는 대부분 초행길의 라이더들이 길을 잃고 헤매는 경우가 많아 길찾기에 각별히 주의를 기울여야 한다.

한강철교 부근의 한강자전거길과 63빌딩.

여행정보
PLUS

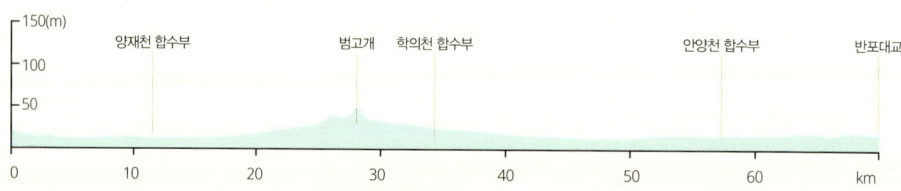

① 벚꽃이 핀 양재천. ② 안양천과 학의천이 만나는 쌍개울.

코스 가이드

하트 코스를 라이딩할 때 가능하면 시계 방향으로 도는 것이 좋다. 그 이유는 과천에서 인덕원사거리로 넘어가는 범고개를 지나갈 때 차량과 같은 우측으로 통행할 수 있기 때문이다. 반대쪽에서 넘어온다면 역주행을 하게 된다.

시계 방향으로 주행하면 잠실 부근에서 탄천과 한강이 만나는 합수부에 도달한다. 이곳에서 탄천으로 진입한다. 탄천을 따라 약 2km 내려오면 우측에 양재천 합수부가 있다. 양재천으로 진입한다. 양재천을 따라 과천까지 내려오면 과천중앙공원에서 자전거도로가 끊어진다. 여기서는 중앙로와 과천대로를 타고 정부종합청사를 지나서 인덕원사거리로 넘어간다.

인덕원사거리에 도착하면 횡단보도를 건너서 남쪽으로 직진한다. 500m가량 내려오면 학의천을 지나가는 인덕원교와 만나게 된다. 이곳에서 다리를 건너지 말고 우회전해서 하천길로 진입한다. 학의천에 진입한 뒤에는 직진한 다음 안양천을 만나 우회전해서 올라가다보면 다시 한강과 만나서 예쁜 하트 모양을 완성하게 된다.

난이도

과천~인덕원 사이의 범고개가 이 코스 최대의 업힐 구간이다. 그러나 급경사 없이 완만하게 넘어간다. 이곳을 제외하면 더 이상 업힐은 없다.

보급과 식사

인덕원과 과천 구간 사이에서는 자전거도로에서 조금 벗어나면 이름난 식당이 있다. 인덕원사거리에 있는 **에버그린**(☎ 031-425-4359, 안양시 동안구 관양동 1487-28)은 돈까스(9,500원)가 대표 메뉴다. 인덕원에서 과천으로 넘어가는 갈현삼거리 인근에 있는 **강릉동치미막국수**(☎ 02-503-1199, 경기도 과천시 문원동 488-4)는 시원한 동치미막국수(8,000원)가 유명하다. 과천~의왕간 고속화도로를 건너가는 길을 잘 찾아가야 한다.

코스 내비게이션

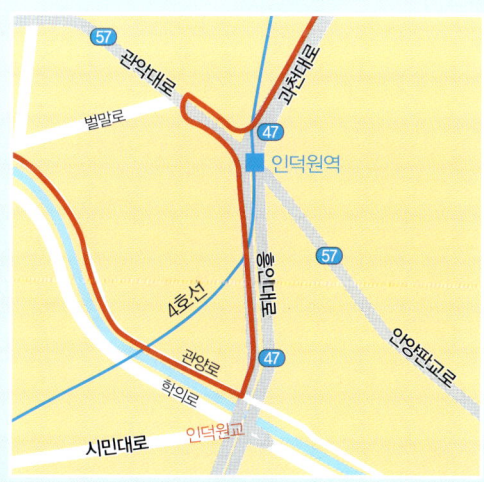

과천-인덕원 사이 자전거도로의 역주행 금지 표시

인덕원교를 만나면 우회전해서 학의천으로 진입한다.

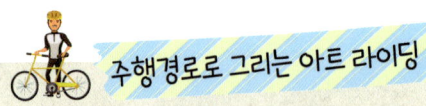

주행경로로 그리는 아트 라이딩

자전거 라이딩을 즐기다 보면 자신의 운동정보를 체계적으로 관리하고 싶은 욕구가 들것이다. GPS 속도계나 스마트폰의 어플을 이용하면 운동시간, 소모칼로리, 경로정보 등을 저장하고 관리할 수가 있다. 대표적인 어플로는 스트라바STRAVA, 리라이브RELIVE, 램블러RAMBLR 등이 있다. 이렇게 수집되는 정보 중 하나가 GPS 로그 형태로 저장되는 주행경로다. 구글이나 네이버 지도 상에 자전거를 타고 달렸던 길이 선으로 표시된다. 이렇게 만들어진 주행경로 가운데 특별한 모양을 하고 있는 것도 있고, 동호인들은 이 모양을 따라 코스 이름을 짓기도 한다. 하트 코스, 장화 코스, 가오리 코스가 그 좋은 예다. 이처럼 앱의 경로표시 기능을 이용해 자전거를 타며 지도상에 그림을 그리는 것을 아트 라이딩Art Riding이라 부른다. 아트 라이딩은 주로 스트라바 어플을 많이 사용해 스트라바 아트Strava Art로도 불린다. 해외에서는 '끄적거리다', '낙서'라는 뜻의 Doodle을 붙여 GPS Doodle로 알려져 있기도 하다.

자전거 타기 놀이가 예술이 되다

자전거 타기에 아트라는 거창한 이름을 붙였지만 아트 라이딩의 시작은 자전거 타는 사람들의 놀이문화였다. 자전거를 탄 주행경로를 하나의 문양이 되게 하고, 그 코스의 이름을 붙이는 놀이에서 비롯됐다. 일부 라이더 가운데는 특별한 모양을 만드는 자전거 타기 놀이를 예술의 경지로 끌어올리기도 했다. 이 가운데 GPSdoodles.com을 운영하는 스테판 룬트Stephen Lund는 이 분야

그림 A   그림 B

의 최고 전문가로 통한다. 캐나다 국적의 스테판 룬트는 자신이 거주하는 브리티쉬 콜럼비아주 밴쿠버 아일랜드를 무대로 아트 라이딩을 한다. 그가 구글 맵을 화폭 삼아 그린 자전거 헬멧을 쓴 사람(그림 A)은 27km를 달려서 그린 것이다. 공룡과 싸우는 듯한 그림(그림 B)은 무려 123km를 달려서 그린 것이다.

유명한 국내 아트 라이딩 코스

우리나라에도 유명한 아트 라이딩 코스들이 있다. 이 책에도 소개하고 있는 하트 코스(070p)와 장화 코스(294p)가 대표적이다. 그러나 두 코스는 지도에 하트와 장화를 그려 놓은 것이 코스가 된 것이 아니라 어찌 어찌 코스를 이어 달리다 보니 하트와 장화 모양이 되어버린 케이스다. 창작이라기보다는 자연발생적인 우연에 의해서 탄생한 코스다. 이와 달리 스누피 코스와 가오리 코스는 창작자의 의도가 개입된 코스라고 할 수 있다. 가오리 코스(그림 C)는 한강에서 출발해서 남한강자전거길-경춘선자전거길-왕숙천자전거길을 이어 달려 출발지로 되돌아오는 코스다. 코스 모양이 가오리 모양 같다고 해서 붙여진 이름이다. 가오리 코스가 초급이라면 스누피 코스(그림 D)는 중급 이상이다. 분원리 코스 인근의 길을 이어 붙여 만들었는데, 한 번의 라이딩으로 완성하기가 쉽지 않다. 이 외에도 한반도 모양의 한반도 코스 같이 일부 동호인들에 의해서 만들어지고 공유하면서 알려지는 코스도 있다.

그림 C   그림 D

아트 라이딩, 나만의 코스를 만들다

아트 라이딩은 누구나 시도할 수 있다. 위에 예로 든 코스를 달리는 것 외에 내가 코스를 설계해 달릴 수도 있다. 아트 라이딩이 놀이에서 시작된 개념이라 부담 가질 필요가 없다. 다만, 자기가 구상한 그림 대로 코스가 나오면 의외로 성취감이 있다. 아트 라이딩을 하려면 먼저 화폭이 될 배경지 선택이 중요하다. 자전거로 달리면서 그림을 그릴 수 있는 길이 있어야 하기 때문이다. 서울은 도로망이 격자형으로 촘촘하게 구축되어 있는 강남구 일대가 그림 그리기 좋은 장소로 선호된다. 2017년과 2018년에는 모 스포츠용품 회사 후원으로 서울에서 아트 라이딩 행사가 열렸다. 그림 E는 2017년 행사에서 대상을 차지한 구범모씨의 '남자. 여자. LOVE'라는 제목의 작품이다.

아트 라이딩 코스 만드는 법

아트 라이딩 코스를 만드는 방법은 크게 두 가지다. 첫 번째는 밑그림을 그려놓고 그 경로를 따라 주행하면서 주행로그를 완성하는 방법이다. 스트라바의 경우 PC 화면에서 '경로'라는 메뉴를 선택해서 미리 경로를 만들어볼 수 있다. 단 이 기능은 30일 무료 평가판 체험 이후에 1년에 59.99달러를 결제해야 사용할 수 있는 유료 옵션이다. 다른 하나는 구글 맵을 이용해 경로를 그린 다음 GPS기기에 업로드 하는 방법이다. 물론 밑그림 없이 바로 자전거를 타면서 그림을 그려 볼 수도 있다. 앱에서 지도 상 이동경로가 실시간으로 표시되기 때문에 본인이 붓이 된 느낌으로 지도상에 그림을 그리는 느낌을 준다. 한 가지 팁을 더 주자면 스트라바를 이용하면 완성된 2D 이미지가 남는다. 또 주행 시 리라이브앱을 동시에 사용하면 3D로 입체적인 동영상 이미지를 만들 수 있다.

그림 E

리라이브

스트라바

01-6 서울 도심 코스

서울 북쪽 지천 이어 달리기
창릉천 공릉천 순환 코스 | 고양시·파주시

≫ 서울 북부 지역의 대표적인 장거리 순환 코스다. 창릉천을 거슬러 가며 마주하는 북한산과 공릉천에서 노니는 철새가 한갓진 라이딩의 기쁨을 선사한다. 공릉천을 계속 따라가면 행주대교와 임진각을 잇는 평화누리자전거길과도 연결된다.

난이도	60점	코스 주행거리	72km(상)
		상승 고도	107m(하)
		최대 경사도	5% 이상(중)
		칼로리 소모량	1,598kcal
코스 접근성	19km (한강자전거길과 연결)	반포대교 ——— 한강자전거길 19km ——— 고양대덕생태공원	
소요시간	7시간 30분 (당일 코스)	가는 길 자전거 1시간 16분 총 1시간 16분	코스주행 4시간 58분	오는 길 자전거 1시간 16분 총 1시간 16분

하트 코스가 한강 남부 지역의 대표적인 일주 코스라면 창릉천과 공릉천을 잇는 자전거길은 북서부의 대표적인 순환 코스다. 두 코스는 공교롭게도 서로 쌍둥이 같이 닮았다. 70km의 장거리를 달려야 하고, 경사도가 거의 없는 평지 코스라는 점이 같다. 또 일부 구간은 자전거도로가 끊겨 길을 찾아가야 한다는 것도 같다. 다른 점은 남부 코스 주행로그가 하트 모양을 닮아 하트 코스라는 애칭이 붙었다는 점이다. 창릉천 공릉천 순환 코스는 별다른 형태를 띠지 않아 별칭이 없다. 동호인들은 창릉천 공릉천 순환 코스로 부른다.

창릉천은 북한산 사가막골 효자계곡에서 발원해 방화대교 북단에서 한강과 합류하는 22km 하천이다. 이 가운데 방화대교 북단 창릉교에서 덕수교까지 9.7km 구간에 자전거도로가 개통됐다. 공릉천은 양주시 장흥계곡에 발원해 파주시 승촌교 부근에서 한강과 합류한다. 하천 길이는 45km다.

방화대교 북단 한강 합수부에서 시작하는 창릉천자전거길은 정면에 병풍처럼 우뚝 선 북한산을 마주하며 달리는 기분이 좋다. 창릉 지나 삼송 신도시에 접어들면 북한산과 작별한다. 여기부터 새롭게 열린 1번 국도를 따라 작은 고개를 넘어 공릉천을 찾아간다.

고양 삼송에서 파주 금촌을 거쳐 이어지는 공릉천은 창릉천과 비하면 훨씬 자연적이고 인간미가 있다. 구불구불 이어지는 자전거길은 강을 건너기도 하고, 메타세콰이아 가로수가 있는 강둑을 달리기도 한다. 봉일천이 가까워지면 물 위에 한가롭게 떠 있는 철새도 볼 수 있다. 공릉천과 한강이 만나는 합수부까지 약 3km의 강둑 비포장길도 정겹다.

① 송강 정철 시비가 있는 송강시비공원. ② 삼송에서 봉일천 가는 공릉천자전거길의 메타세콰이아 가로수길.

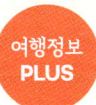

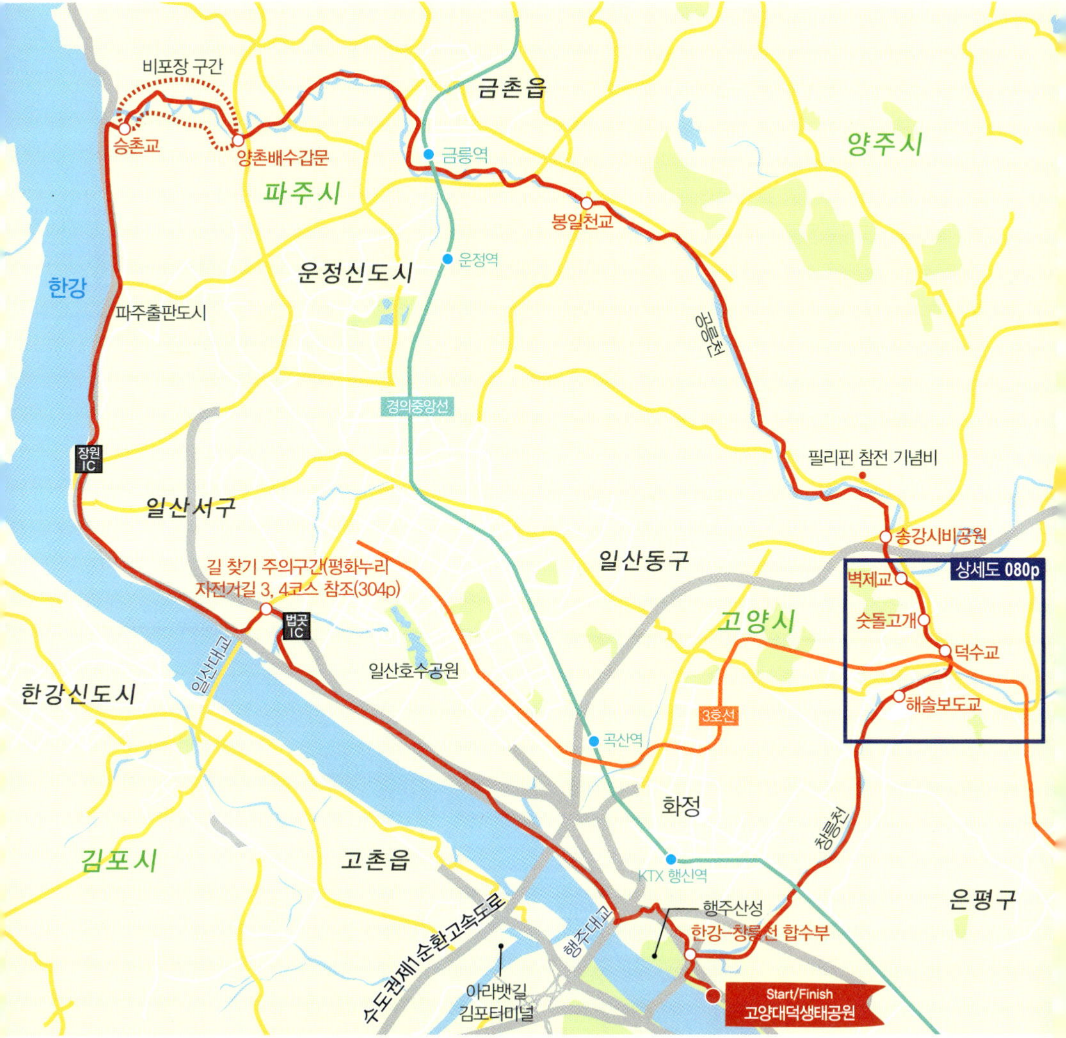
비포장 구간
승촌교
양촌배수갑문
금촌읍
금릉역
파주시
양주시
봉일천교
운정역
운정신도시
한강
파주출판도시
공릉천
경의중앙선
장원 IC
필리핀 참전 기념비
일산서구
송강시비공원
일산동구
상세도 080p
길 찾기 주의구간(평화누리 자전거길 3, 4코스 참조(304p)
벽제교
법곶 IC
고양시
숫돌고개
덕수교
일산대교
일산호수공원
한강신도시
해솔보도교
3호선
곡산역
화정
창릉천
김포시
고촌읍
KTX 행신역
은평구
수도권제1순환고속도로
행주산성
행주대교
한강-창릉천 합수부
아라뱃길 김포터미널
Start/Finish
고양대덕생태공원

200(m)
100
0
10.0
20.0
30.0
40.0
50.0
60.0
70.0
(km)
덕수교
송강공원
봉일천교
배수갑문
법곶IC
고양대덕 생태공원

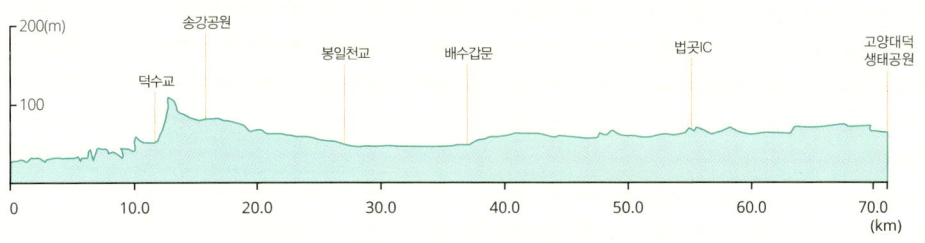

① 창릉천을 가로지르는 세솔보도교.
② 창릉천에서 공릉천으로 넘어가는 길목에 있는 숫돌고개생태다리.

코스 접근

창릉천자전거길은 한강자전거길에서 바로 연결된다. 창릉천 합수부까지는 반포대교에서 약 19km다. 창릉천 공릉천 순환 코스만 72km라서 출발지에서 왕복하면 100km가 넘는 장거리 코스가 된다. 창릉천 공릉천 순환 코스만 라이딩하고 싶다면 자동차로 점프하는 것이 방법이다. 출발지에서 가까운 한강고수부지에 고양대덕생태공원 주차장(주차비 무료)이 있다. 지하철은 경의중앙선 능곡역에 내려 찾아간다. 평화누리길로 돌아오는 코스가 부담스럽다면 금촌에서 빠져 금릉역에서 경의중앙선을 이용해도 된다.

코스 가이드

창릉천자전거길은 방화대교 북단에서 시작된다. 다리 밑 교각에서 한강자전거길과 갈라진다. 고양 방면 표지를 따라 좌회전 하면 행주산성 방향으로 가고, 창릉천자전거길은 북한산 창릉천 표지를 따라 직진하면 된다. 창릉천자전거길은 강을 건너다니며 조성되어 있다. 삼송 신도시에 진입하면 창릉천 오른편 둔치에도 자전거길이 보인다. 해솔 보도교에서 창릉천을 한 번 건너는 것이 좋다. 창릉천 오른쪽 자전거길이 좀 더 길게 연결되어 있어서다.

창릉천자전거길은 덕수교에서 끝난다. 덕수교를 건너 보행자 겸용 자전거도로를 따라 직진한다. 숫돌고개 생태다리를 지나면 벽제교에 닿는다. 다리를 건너기 전 오른쪽으로 난 샛길 쪽을 살펴보면 공릉천자전거길로 진입하는 입구를 찾을 수 있다. 이곳부터 공릉천을 따라 달린다. 송강시비공원을 지나면 메타세콰이어 가로수가 있는 강둑길을 따라 간다. 그 길을 따라 2.5km 내려가 원당교를 건너간다. 그 다음부터 공릉천자전거길이 끝나는 양촌배수갑문까지는 길 잃을 염려가 없다. 양촌배수갑문에서 한강 합수부 평화누리자전거길과 연결되는 승촌교까지 3km는 비포장 구간이다. 여기는 타이어 폭이 좁은 로드 자전거는 조금 부담스러울 수 있다. 한강 합수부에서 평화누리자전거길을 따라 남쪽 서울 방향으로 달리면 행주산성 지나 출발지였던 창릉천 합수부로 돌아온다. 평화누리자전거길은 북부권 자전거코스 참조(300p).

창릉천 공릉천 순환 신규 코스 : 창릉천자전거길은 2021년 상반기에 지축교까지 2.2km 구간이 연장된다. 이 구간이 개통되면 창릉천에서 공릉천을 연결하기가 한결 편리해진다. 최근 고양시 덕양구 지축동과 오금동을 잇는 일영로(371번 지방도) 양방향 800m 구간에 자전거 전용도로가 완공되었다. 이 길은 고양 지축 A-1블록 신혼희망타운을 관통해 오금상촌공원으로 이어진다. 오금상촌공원에서 오금천을 따라 내려가면 백제교 부근에서 공릉천과 만난다. 따라서 창릉천자전거길 덕수교~지축 구간이 완성되면 명실상부한 창릉천-오금천-공릉천 순환 코스가 완성된다.

난이도

창릉천 공릉천 순환 코스의 총 상승 고도는 107m다. 이는 전 구간이 오르막이 거의 없는 평지라는 뜻이다. 유일한 업힐은 덕수교와 벽제교 사이에 있는 숫돌고개다. 이 고개도 경사가 완만하고, 인도 구간도 넓어 초보자가 지나기에 무리가 없다. 다만, 공릉천자전거길이 끝나는 지점에서 한강 합수부로 이어진 3km의 비포장길은 로드 자전거는 조금 부담스럽다.

주의 구간

공릉천자전거길이 끝나는 양촌배수갑문에서 한강 합수부 인근 승촌교까지 3km는 비포장이다. MTB는 주행에 전혀 문제가 없다. 비포장이라도 짱돌이 굴러다니는 터프한 길은 아니다. 다만, 로드 자전거는 조심스럽게 주파하는 게 좋다. 특히, 타이어 폭이 아주 좁은 자전거는 시멘트 포장된 농로로 우회하는 게 안전하다.

여행 정보

삼송 신도시에서 오금천을 따라 공릉천으로 향하다보면 송강시비공원을 지난다. 이 공원은 조선시대 가사문학의 대가 송강 정철(1536~1593)을 기리는 곳이다. 송강은 부모상을 당하자 이곳 신원동에서 묘막을 짓고 시묘생활을 했다. 공원에는 송강의 시를 적은 시비 열두 기와 정자가 있다.

보급 및 식사

창릉천과 공릉천 순환 코스로 진입하면 식사나 보급을 해결할 곳이 마땅치 않다. 도심 구간을 주행하지만 식사를 해결하기 위해서는 코스를 이탈해야 하는 번거로움이 따른다. 그래도 삼송 신시가지를 지나는 창릉천변에 카페가 몇 곳 있다. 또 삼송역에도 식사를 할 수 있는 식당이 많다. 공릉천은 상황이 좀 더 안 좋다. 식사나 보급은 금촌 금릉역으로 나가야 한다. 공릉천과 평화누리길을 지나 순환 코스 종료지점인 행주산성에 오면 식당과 맛집이 많다.

한강 합수부에서 창릉천을 따라 가면 만나는 첫번째 다리.

≫ 여의천자전거길은 양재천과 탄천을 잇는 자전거길이다. 서울의 지천 자전거길 중에서 가장 아담하고 조용하다. 그러나 이 자전거길은 강남 라이더의 쉼터 구실을 톡톡히 한다. 이 길이 생기면서 양재천과 탄천을 잇는 순환 코스가 완성됐다.

난이도	60점	코스 주행거리	40km(중)
		상승 고도	154m(하)
		최대 경사도	5% 이상(중)
		칼로리 소모량	935kcal
코스 접근성	0km (한강자전거길에서 연결)		
소요시간	2시간 36분 (반나절 코스)	코스주행 2시간 36분	

강남 라이더들의 한적한 쉼터
양재천 여의천 탄천 순환 코스
| 서울시·성남시

서울 강남과 강북의 자전거길을 비교해보면 서로 대비되는 듯한 코스들이 있다. 70km 중장거리 코스에서는 남부의 하트 코스와 북부의 창릉천 공릉천 순환 코스가 비슷하다. 북한산과 도봉산을 향해 가는 강북 우이천자전거길은 청계산 자락을 달리는 강남 여의천자전거길과 분위기가 비슷하다.

여의천자전거길을 가장 잘 표현하는 단어는 한적함일 것이다. 여의천은 양재천을 한 번 거쳐 한강으로 흘러들어간다. 하천의 유량이나 폭은 아담하기 그지 없다. 징검다리 두세 개만 디디면 물길 반대쪽으로 넘어갈 수 있을 정도니 '천川'이라기 보다 '개울'이라는 말이 더 잘 어울린다. 여의천자전거길이 한적한 이유는 작은 하천이란 것 외에도 몇 가지가 더 있다. 우선 여의천은 그린벨트 지역을 통과해 보존이 잘 되어 있다. 또 경부고속도로로 인해 청계산자락과 분리되어 있어 덜 붐빈다.

여의천 길이는 4.8km에 불과하다. 이 짧은 구간을 '한적하다'는 이유만으로 찾아가기에는 라이딩 동기가 부족하다. 여의천자전거길이 지닌 진정한 가치는 양재천과 탄천자전거길을 연결해주는 징검다리 역할을 해주는 데 있다. 여의천자전거길이 양채천과 탄천을 이어주어 강남과 분당, 판교 지역 라이더들의 숨통을 틔워준다. 여의천을 지나 청계산자락을 넘어가면 판교. 여기서 금토천과 운중천을 거쳐 탄천자전거길로 접어든다. 고속도로 같이 쭉쭉 뻗은 탄천자전거길을 따라 분당과 성남공항을 거치면 출발지 탄천 합수부로 돌아오게 된다. 이렇게 하면 강남과 판교, 분당을 한 바퀴 돌아보는 40km 중거리 자전거 코스가 완성된다.

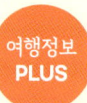

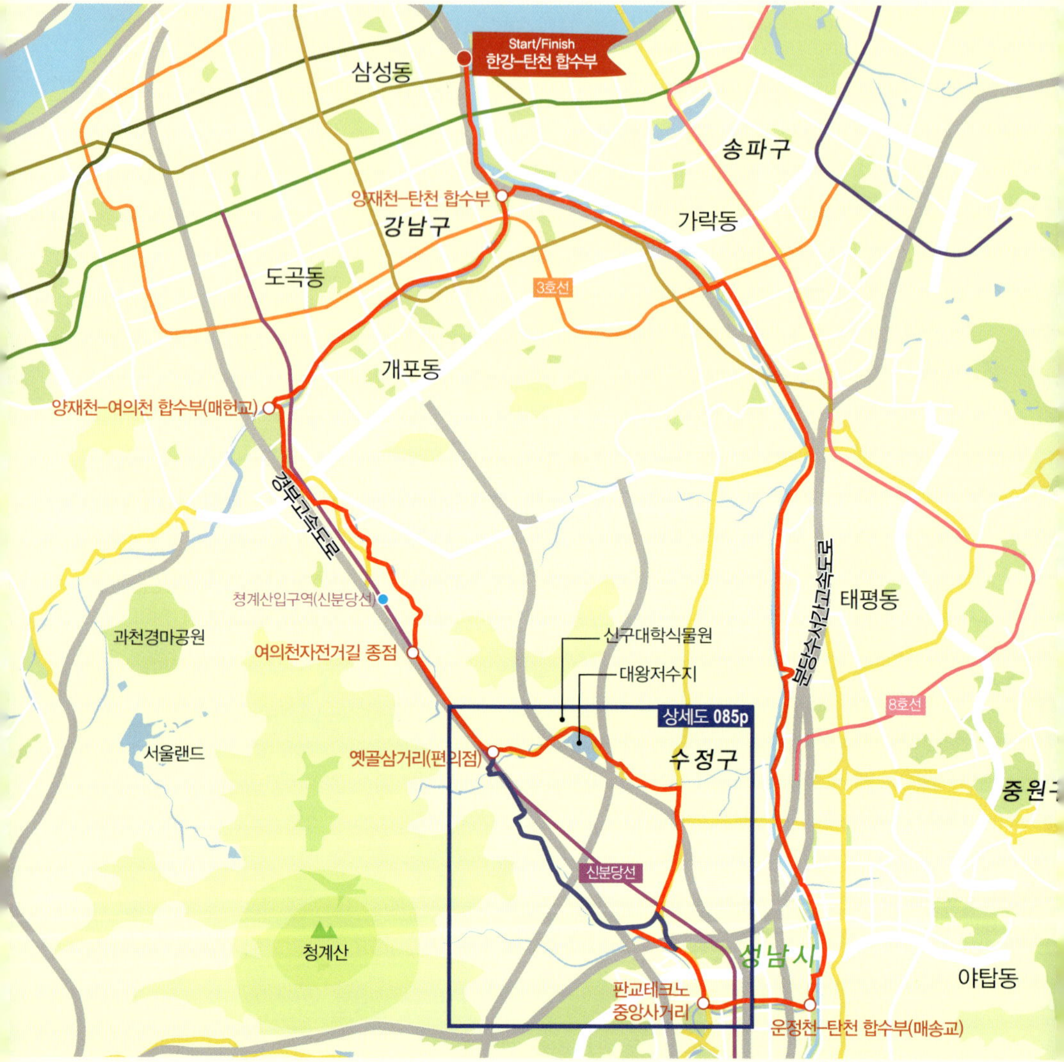
Start/Finish
한강-탄천 합수부
삼성동
송파구
양재천-탄천 합수부
강남구
가락동
도곡동
3호선
개포동
양재천-여의천 합수부(매헌교)
경부고속도로
청계산입구역(신분당선)
과천경마공원
여의천자전거길 종점
신구대학식물원
대왕저수지
분당수서간고속도로
태평동
8호선
상세도 085p
서울랜드
옛골삼거리(편의점)
수정구
중원구
신분당선
청계산
성남시
야탑동
판교테크노
중앙사거리
운정천-탄천 합수부(매송교)

옛골 삼거리
판교테크노
중앙 사거리
200(m)
여의천 합수부
탄천 합수부
한강-탄천 합수부
양재천 합수부
100
0
5.0
10.0
15.0
20.0
25.0
30.0
35.0
(km)

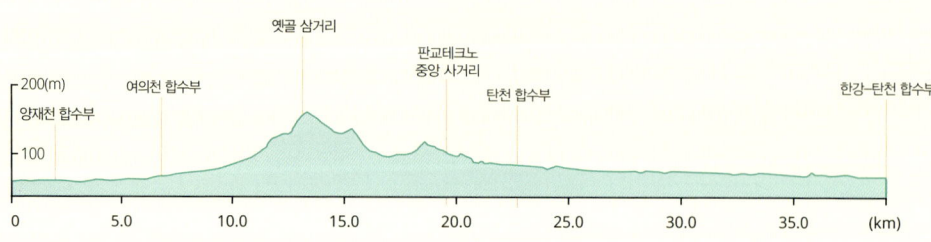

거대한 주상복합 아파트가 마주 보이는 양재천자전거길

코스 접근

한강자전거길에서 바로 연결된다. 순환 코스로 본다면 탄천 합수부가 시작점이자 종료지점이 된다. 반포대교에서 탄천 합수부까지는 9km거리다. 양재천과 여의천, 탄천 순환 코스 전체 길이는 약 40km 내외다. 초보도 무리없이 완주할 수 있다. 도로는 전 구간 포장되어 있으며, 자전거 전용도로는 약 80%다.

코스 가이드

탄천 합수부에서 탄천으로 진입해 남쪽으로 약 2km 내려가면 양재천 합수부에 도착한다. 이곳에서 양재천자전거길로 진입한다. 영동1교를 지나자마자 보행자 통행다리가 나온다. 이곳에서 다리를 건너 유턴하면 우측 매헌교 밑으로 여의천 합수부가 나온다. 우회선해서 여의천자전거길로 진입한다.

여의천자전거길은 청계산입구역을 지나면서 끊어진다. 하천에서 빠져 나와 청계산로로 진입하면 도로 좌측에 널찍하게 조성된 자전거길을 따라서 이동한다. 옛골삼거리에서 다시 자전거도로가 끊긴다. 옛골삼거리에서 직진이나 우회전, 어떤 길로 접어들어도 판교로 간다. 먼저 직진하는 경우를 살펴보자. 옛골삼거리에서 200m 직진하면 끊어졌던 자전거길이 다시 시작된다. 이 길은 신구대학교식물원과 상적동 먹거리촌을 지나간다. 대왕저수지를 오른쪽으로 끼고 달리다가 아파트 단지를 가로질러 대왕판교로와 만나게 된다. 대왕판교로는 왕복 12차선의 넓은 도로다. 인도에 자전거도로가 있다. 대왕판교로를 따라서 남쪽으로 달리면 판교테크노 중앙사거리에 도착한다. 이곳에서 금토천자전거길로 진입하면 운중천자전거길을 거쳐 탄천자전거길로 간다.

다음은 옛골삼거리에서 우회전 하는 코스다. 갈림길에서 '달래내로' 방향으로 우회전 해 300m쯤 가면 경부고속도로 교각 지나 작은 삼거리에 도착한다. 이곳에서 좌회전하면 왕복 2차선의 공도를 따른다. 공도지만 차량통행량이 부담스러운 수준은 아니다. 달래내고개라는 작은 언덕을 넘어가면 금토교 지나서 대왕판교로에 합류한다. 달래내고개를 넘어가는 길은 이지역 동호인들이 애용하는 코스다.

탄천자전거길 : 탄천은 용인시 기흥구 청덕동에서 발원해 성남시와 송파, 강남구를 거쳐 한강으로 합류되는 길이 35km의 하천이다. 중랑천자전거길이 서울에서 북쪽의 자전거길을 잇는 핵심이듯이 탄천자전거길 역시 남쪽의 자전거길을 잇는 대동맥 역할을 한다. 탄천자전거길은 현재 88CC가 있는 용인시 기흥구에서 끝난다. 그러나 앞으로 신갈천자전거길, 오산천자전거길 등과 연결해 최종적으로 경기도 남측 경계에 위치한 아산방조제까지 100km의 종주코스로 만들어진다. 평택호-한강자전거길로 명명된 이 자전거길은 2023년 개통을 목표로 하고 있다.

난이도
총 상승 고도는 154m. 전 구간이 오르막이 거의 없는 평지다. 고도표상으로는 옛골삼거리까지 오르막 구간으로 보이지만 실제 주행을 하면 체감하지 못할 정도로 미미한 경사다. 일부 구간 공도주행의 부담이 있는 점을 제외하면 초보자가 주행하기에도 부담 없다.

주의 구간
옛골삼거리에서 대왕판교로로 넘어가는 청계산로를 이용할 때 신구대학교식물원까지는 도로 오른쪽에만 차도에 안전봉으로 구분한 자전거도로가 있다. 횡단보도가 있는 식물원 정류장부터는 도로 양쪽에 자전거도로가 있다. 여기서 횡단보도를 건너 도로 왼쪽으로 주행하는 것이 좋다. 그 이유는 800m 전방 오른쪽으로 고속도로로 진출입하는 회전 교차로가 있기 때문이다. 회전 교차로에는 도로 오른쪽 자전거도로가 없어진다. 또 고속도로 출입하는 차량 주의가 필요하다.

보급 및 식사
옛골삼거리에 **GS25청계옛골점**이 있다. 라이딩 중간에 잠시 보급하기 좋은 위치다. 코스 경로 상에는 옛골과 상적동 먹거리촌에 음식점이 모여 있다. 여의천자전거길이 지나는 내곡동 끝자락에는 청룡마을이라는 주택단지가 있다. 이 조용한 마을 안쪽에 카페 몇 곳이 있는데, **세컨클락(☎ 02-594-7606)**은 여의천의 한가로운 분위기와 잘 어울리는 카페다. 마당에 야외자리가 있어 자전거에 신경을 덜 쓰고 쉬어갈 수 있다. 매장 안쪽 벽면에 다양한 그라인더들이 전시되어 있다.

① 자전거길이 널찍하게 만들어진 탄천자전거길. ② 여의천자전거길은 내곡동을 가로지른다 ③ 청룡마을 안에 있는 카페 세컨클락.

서울 4대 업힐 ❶
남산공원길 | 용산구

>> 봄, 여름, 가을, 겨울 사계절 내내, 주간, 야간 할 것 없이 365일 24시간 라이더들에게 사랑 받는 코스다. 약 6개월간의 공사와 자전거 통행이 금지될지도 모른다는 걱정 끝에 다시 돌아왔기에 더욱 소중하게 느껴지는 도심 속의 오아시스 같은 자전거길이다.

난이도	60점	코스 주행거리	15km(하)
		상승 고도	292m(중)
		최대 경사도	10% 이상(상)
		칼로리 소모량	681kcal
코스 접근성	0km (한강자전거길에서 바로 연결)		
소요시간	1시간 31분 (반나절 코스)	코스주행 1시간 31분	

남산공원길은 남산중턱을 따라서 한 바퀴 돌 수 있는 길이 6.6km의 순환도로다. 원래 왕복 2차선 도로였지만 남산공원 북측순환도로는 차량 및 자전거 통행이 불가한 보행자 전용도로로 바뀌었다. 국립극장에서 시작해서 팔각정으로 올라갔다 남산도서관으로 내려오는 약 3.3km의 남측도로가 편도 1차선의 일방통행길로 바뀌어 버스와 자전거의 출입이 가능하게 되었다.

남산공원길은 서울의 대표적인 업힐 코스로 북악스카이웨이와 함께 쌍벽을 이루는 곳이다. 국립극장에서 시작해 팔각정 휴게소를 찍고 다시 남산도서관으로 내려오는 것이 기본 루트지만, 코스로 접근하는 방법에 따라서 다양한 파생 코스가 존재한다.

순환도로에서는 남쪽의 한강과 강남 방향을 내려다보며 라이딩을 하게 되는데, 코스 중간중간 한눈에 들어오는 서울 풍경은 최고라고 할 수 있다. 공원길 양 옆으로는 소나무를 비롯해서 벚나무, 개나리 등이 울창하게 식재되어 있어서 봄에는 꽃길 라이딩도 즐길 수 있다. 이곳은 지대가 약간 높아 시내보다 일주일 정도 늦게 개화가 이루어진다. 특히, 남산순환도로는 녹음이 우거지고 기온이 올라가는 여름철에는 일몰 후 야간 라이딩을 즐기는 사람들로 붐빈다. 야간 라이딩을 하며 내려다보는 서울의 야경은 남산 코스가 선사하는 색다른 선물이다.

북악스카이웨이와 달리 남산공원길은 일방통행의 편도 1차선이다. 따라서 역주행을 하지 않기 위해서는 반드시 국립극장 쪽에서 시작해 남산도서관 쪽으로 내려가야 한다. 이후에는 남산순환도로를 타고 이동하게 된다.

남산공원 순환코스 곳곳에 있는 전망대. 한강과 서울을 조망하며 쉬어가기 좋다.

① 국립극장에서 시작되는 남산공원길 진입로의 모습. ② 남산공원길을 운행하는 순환전기버스. ③ ④ 벚꽃이 활짝 핀 남산공원길을 오르는 라이더들. 봄이 오면 남산공원길은 벚꽃과 개나리가 만발한다. ⑤ 여름철 신록이 우거진 남산공원길과 라이더.

여행정보 PLUS

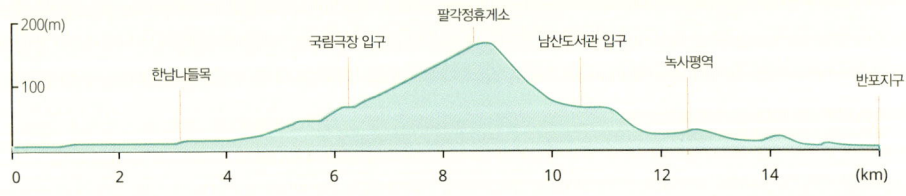

코스 내비게이션

| 반포대교 출발 0km |  ① 한남나들목 3km 잠수교 건너서 한강북단 자전거길을 따라가다 한남나들목으로 나간다. |  ② 한남오거리 3.56km 한남대로 좌측 인도를 따라서 남산 1호 터널 방면으로 주행한다. |

코스 접근

한강에서 출발한다면 반포대로와 한남대로 쪽에서 올라가는 코스를 주로 이용한다. 이태원과 하얏트호텔을 경유하는 반포대로 코스는 볼거리가 많지만 길을 찾아가기가 복잡하다. 반면 한남대로 쪽은 특별한 볼거리는 없지만 경사도가 완만하고 찾아가기가 조금 더 쉽다. 단, 한남대로 코스는 20~30m 가량 자전거길이 끊어져 계단을 이용해야 하는 곳이 있다. 한남대교 쪽에서 자전거도로를 이용해서 국립극장으로 접근할 때는 좌측으로 주행해야 한다. 좌측에만 인도와 함께 자전거도로가 만들어져 있다.

코스 가이드

한강에서 출발 잠수교를 건너 한남나들목으로 나와서 한남오거리까지 이동한다. 이후에는 한남대로 좌측의 자전거도로를 따라서 올라가게 되는데, 남산멘션아파트쪽으로 소월로를 건너가기 전에 잠시 짧은 계단 구간을 통과해야 한다. 이후에는 다시 인도에 만들어져 있는 자전거길을 따라 국립극장까지 이동한 뒤 남산공원길로 진입하게 된다.

난이도

업힐 코스지만 전반적인 경사도는 그렇게 높지 않다. 10%이하로 완만하게 올라가는데 국립극장 쪽 차단기에서부터 초반 100m 구간이 가장 경사도가 가파르다.

주의 구간

남산공원도로는 일반 승용차의 진입은 금지되지만 노선 전기버스와 외국인 관광객 탑승버스는 진입이 허용된다. 따라서 일방통행의 편도 1차선을 주행하다가 뒤에서 차량이 올라올 경우에는 잠시 보행자 구간으로 들어갔다 나오기를 반복해야 한다. 특히 전기버스의 경우 운행 소음이 상당히 작기 때문에 주의해야 한다. 내리막 구간은 곳곳에 과속방지턱이 설치되어 있다. 특히 타이어가 얇은 로드 자전거의 경우 감속해서 운행해야 한다. 참고로 남산공원도로 내의 자전거 제한속도는 시속 20km이다.

보급과 식사

코스가 짧아 남산 정상에 위치한 팔각정휴게소가 자연스럽게 휴식과 음료수를 마시는 쉼터 역할을 한다. 이곳 이외에도 남산순환도로를 타고 이태원, 해방촌, 경리단길 중 한 곳을 선택해서 출발지로 되돌아 올 수 있는데, 세 곳 모두 트렌디한 카페와 이국적인 음식점들이 많다. 하절기에 이곳에서 마시는 시원한 아이스 아메리카노는 라이딩을 더욱 즐겁게 해준다.

③ 남산맨션 맞은편 횡단보도 4.93km
자전거도로를 따라 계단구간을 통과한 뒤 횡단보도를 건너 좌회전

④ 국립극장 앞 6km
국립극장 진입 표지판이 보이면 좌회전

>> 서울의 대표적인 업힐 코스다. 오르막과 경관, 그리고 접근성이라는 삼박자가 잘 어우러졌다. 주변에 볼거리와 먹을거리가 풍부한 것도 매력이다.

난이도	60점	코스 주행거리	10km(상)
		상승 고도	302m(하)
		최대 경사도	10% 이상(중)
		칼로리 소모량	596kcal

코스 접근성	12km (반포대교에서 출발 시 0km)	3호선 지하철 12.3km 고속버스터미널 ─────── 경복궁역

소요시간	2시간 20분 (반나절 코스)	가는 길 전철 28분 총 28분	코스주행 1시간	오는 길 자전거 50분 총 50분

서울 4대 업힐 ❷
북악스카이웨이 | 종로구

북악스카이웨이는 서울의 진산 북악산 능선을 따라서 만들어진 관광도로다. 이 도로는 인왕산로와 만나는 자하문에서 시작되어 아리랑고개까지 연결되는데, 길이 10km 구간이 왕복 2차선 도로로 만들어져 있다. 남산순환도로와 함께 서울의 대표적인 드라이브 코스이자 라이더가 즐겨 찾는 인기 자전거 코스이기도 하다. 서울 중심에 있어 접근성이 좋은데다 경관이 좋은 탓에 밤낮 구분 없이 동호인과 자출족들이 라이딩을 즐기러 모여든다.

북악스카이웨이는 어느 쪽에서 진입하는가에 따라 다양한 파생 코스가 있다. 그 중에서 사직공원에서 진입하는 코스와 경복궁역에서 진입하는 코스가 많이 이용되고 있다. 사직공원에서 진입하면 인왕산로를 타고 창의문까지 올라가게 되는데, 주행거리는 약 2.5km다. 경복궁 쪽에서 올라올 때와 비교하면 거리는 비슷하지만 경사도가 조금 더 가파른 구간을 라이딩하게 된다. 사직동 방면에서 인왕산로를 따라 오르다보면 제일 처음 눈에 들어오는 것은 인왕산 호랑이상이다. 이곳에서 잠시 숨을 고른 언덕길은 창의문까지 업다운을 반복하며 이어진다. 창의문부터는 정상의 팔각정까지 2.8km의 오르막 구간이 길게 이어진다. 왕복 2차선 도로를 차량과 함께 주행해야 하는 곳이지만 쉴 새 없이 지나가는 라이더와 주변의 풍경 탓에 차량 스트레스는 크게 느껴지지 않는다.

팔각정에 도착하면 맞은편 평창동의 모습이 한눈에 들어온다. 이곳에서 잠시 숨을 돌린 다음 출발지였던 경복궁으로 다시 되돌아가거나 정릉의 아리랑고개로 넘어간다. 출발지였던 경복궁 쪽으로 되돌아 내려온다면 '창의문 900m'라는 표지판이 있는 샛길로 빠져나갈 수 있다. 이곳으로 들어서면 백석동길을 따라 부암동을 구경하며 내려올 수 있다.

① 정상 부근에 위치한 팔각정.
② 부암동계열사의 후라이드 치킨.

북악스카이웨이 업힐.

코스 접근

사직공원과 경복궁에서 출발할 때 가장 가까운 지하철역은 3호선 경복궁역이다. 한강에서 자전거로 접근할 때에는 한강~중랑천~청계천~보문천길~성심여대역~아리랑고개로 진입해 창의문에서 빠져나온 다음 상명여대~홍재천~한강으로 크게 돌기도 한다. 이 코스는 약 40km 거리다.

코스 가이드

경복궁 쪽에서 올라간다면 경복궁의 서쪽 담장을 따라가게 되는데, 중간에 있는 검문소에서 목적지를 물어보면 '창의문'이라고 대답하면 된다. 창의문을 지나서 우회전하면 북악스카이웨이와 만난다. 백석동길을 따라 올라가도 북악스카이웨이와 만난다. 지도에서 파란색 코스 참조.

난이도

사직공원 쪽에서 출발했을 때 초반 부분이 가파른 편이다. 창의문에서 팔각정까지는 급경사 없이 완만한 경사도의 업힐이 길게 이어진다.

보급과 식사

부암동계열사(☎ 02-391-3566, 종로구 부암동 258-3)는 서울의 유명 치킨집을 꼽을 때 빠지지 않고 들어가는 곳이다. 라이딩 뒤에 치맥을 즐기기 좋다. 후라이드 치킨 2만원. **산모퉁이카페**(☎ 02-391-4737, 종로구 부암동 97-5)는 드라마 〈커피 프린스〉의 촬영장소였다. 이곳에서 내려다보는 부암동의 모습은 일품이다.

인왕산로의 호랑이상.

>>> 업힐 연습을 위한 원형 트랙 같은 코스다. 주변 경관을 즐기는 라이딩보다는 업힐 기술을 늘리기 위한 운동장 같은 느낌이다. 하지만 라이딩을 하다 고개를 들면 언뜻 보이는 관악산 연주대와 노천광장 옆 드넓은 잔디밭은 기분을 상쾌하게 해준다.

난이도	50점	코스 주행거리	5.9km(하)
		상승 고도	175m(하)
		최대 경사도	10% 이하(상)
		칼로리 소모량	318kcal

코스 접근성	8.6km (대중교통 가능)	한강자전거길 6km → 지하철 1회 환승 5.6km 반포대교 ─ 동작역 ─ 낙성대역

소요시간	2시간 25분 (반나절 코스)	가는 길 자전거 12분 전철 32분 총 44분	코스주행 시계 방향 30분 시계 반대 방향 27분 총 57분	오는 길 전철 32분 자전거 12분 총 44분

서울 4대 업힐 ❸
서울대 순환도로 | 관악구

　서울에서 어느 정도 주변 경관이 좋으면서 차량통행이 적은 업힐 코스는 그렇게 많지 않다. 시내 주요 산 가운데 이 조건을 만족시키는 곳은 북악산의 북악스카이웨이와 남산의 남산공원길 정도다. 관악산 자락에 위치하고 있는 서울대 교내 순환도로도 유명 관광도로는 아니지만 이런 업힐 코스의 조건을 갖춘 곳 중 한 곳이다. 서울대는 관악산 북쪽 계곡을 따라서 길게 자리잡고 있다. 정문에서 학교의 가장 안쪽까지는 직선거리로 2km가 넘는다. 고저차도 150m에 이른다. 이곳을 기점으로 한 관악산 등산로도 여러 곳이 있어 주말이면 학생들뿐만 아니라 등산객들로 교정 안이 붐빈다. 최근에는 라이더도 등산객 못지 않게 많이 찾고 있다.

　서울대 순환도로는 일단 관악산이라는 큰 산을 끼고 있어 업힐 경사도가 최대 10%를 넘는 곳이 있다. 교내를 한 바퀴 도는 순환도로의 길이는 5km 정도. 결코 짧지 않은 거리라 주변에서 업힐을 타고 싶을 때 이곳을 찾게 된다. 더구나 교내 순환도로라 차량의 통행량이 적어 업힐 라이딩을 하는데 안성맞춤이다. 그러나 서울대 순환도로는 코스 자체가 아기자기하지는 않다. 구불구불 헤어핀을 만들며 재미있게 올라가는 업힐이 아니다. 전체 코스가 크게 타원을 그리는 까닭에 업힐도 굴곡 없이 한 번에 올라가고, 다운힐도 한 번에 쭉 내려와버리는 단조로움이 있다. 따라서 이곳을 찾는 라이더는 시계 방향으로 한 번, 시계 반대 방향으로 한 번, 마치 운동장을 돌듯이 반복적인 업다운을 하며 업힐 클라이밍 연습에 열중하는 모습을 많이 볼 수 있다.

서울대 후문에서 시계 방향으로 돌 때
만나게 되는 급경사 구간.

서울대입구역
Start
낙성대역
도림천 자전거길
서림동
낙성대동
2호선
남현동
미림여고 입구 교차로
낙성대공원
공도 or 인도 주행
관악구
Finish
서울대 정문
종합운동장
서울대 후문
신림동
관악산식물원
서울대학교
노천강당
제2공학관
관악산

250(m)
200
150
100
50
0
0.5
1
1.5
2
2.5
3
3.5
4
4.5
5
5.5
(km)
낙성대공원
서울대 후문
노천강당
제2공학관
서울대 정문

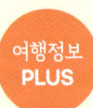

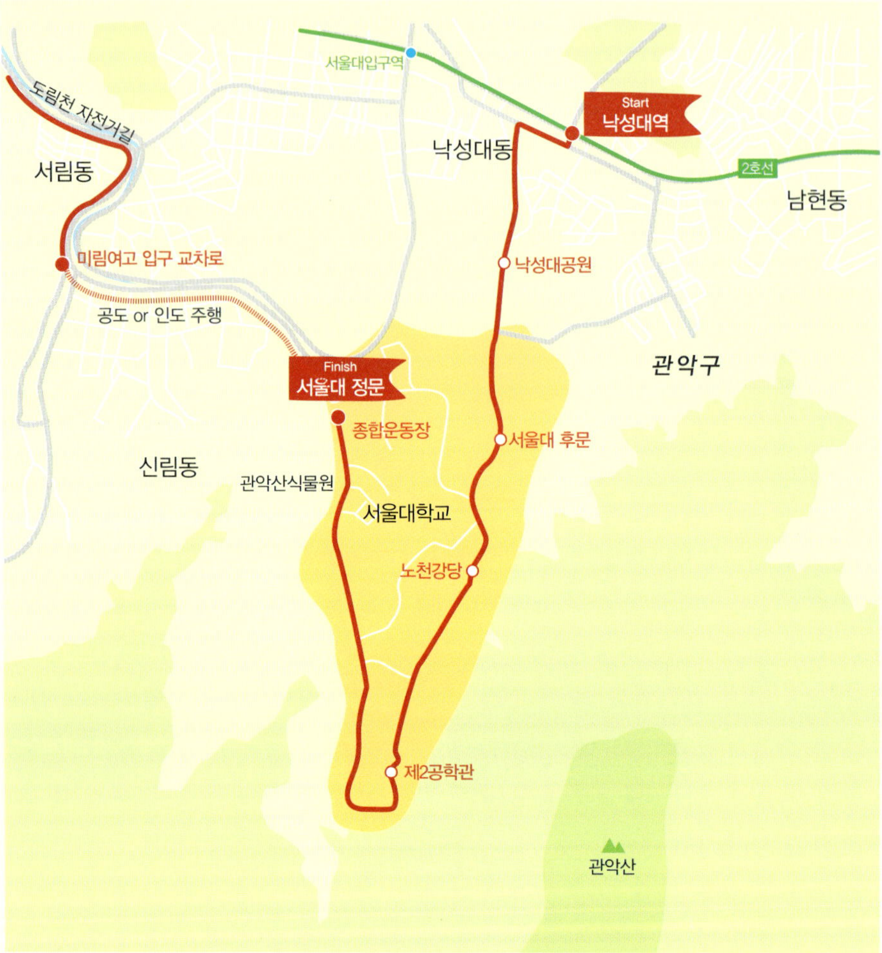

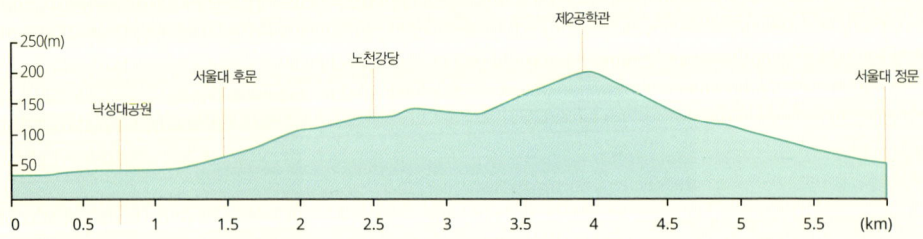

① 업힐 정상 부근의 경사도 표지판. ② 노천극장 옆 잔디광장. ③ 강감찬 장군이 태어난 낙성대공원.

코스 접근

서울대 정문쪽보다는 낙성대역에서 후문으로 올라가는 길이 차량통행도 적고, 인도의 자전거도로를 이용할 수 있어 좋다. 자가용을 이용할 때는 서울대 주차장을 이용할 수 있다. 주차요금은 최초 30분에 1,500원이며, 30분이 초과되면 10분당 500원의 요금이 부과된다. 안양천자전거길과 도림천자전거길을 따라가 서울대 정문 쪽으로 진입할 수도 있다. 단, 도림천자전거길은 서울대 정문까지 연결되지 않고 미림여고 입구 교차로에서 종료된다. 이곳에서 서울대 정문까지 1.6km 거리는 공도를 타거나 인도로 가야 한다.

코스 가이드

낙성대역에서 서울대 후문으로 완경사 구간을 올라와서 교내로 진입한 다음 첫 번째 만나는 삼거리에서 좌회전하면 시계 방향으로 한 바퀴 돌 수 있다. 어떤 방향으로 돌아도 상관없지만 시계 반대 방향으로 돌 때 보이는 주변 경관이 더 좋다.

난이도

업힐 정상 부근은 경사도 13%의 급한 오르막을 통과해야 한다. 난이도는 시계 방향보다 시계 반대 방향으로 도는 것이 경사도 세고 더 어렵다. 중간중간 과속방지턱이 있으니 다운힐 시 주의가 필요하다.

여행 정보

낙성대공원은 고려시대의 명장 강감찬 장군이 태어난 낙성대에 조성된 공원이다. 공원 안에는 강감찬 장군의 영정이 모셔져 있는 사당과 함께 3km에 달하는 산책로와 전통혼례식장인 관악예절원, 그리고 빨간색의 아담한 도서관도 있다.

보급 및 식사

낙성대역에서 후문으로 올라오는 길의 낙성대 현대아파트 맞은편에 고깃집과 식당이 모여 있다. **미도식당**(☎ 02-877-1114)은 최근 유명세를 타고 있는 정육식당이다. 고기를 구입하고 난 뒤 1인당 3,000원의 세팅비를 지불해야 한다.

>>> 서울의 대표 업힐을 꼽을 때 빠지지 않고 들어가는 코스다. 코스의 난이도는 단연 으뜸이다. 오르막길이 어느 정도 익숙한 라이더라면 한 번 도전해볼 만하다. 우이천자전거길과 연결해 코스를 짜도 좋다.

난이도	70점	코스 주행거리	6.3km(하)				
		상승 고도	274m(중)				
		최대 경사도	10% 이하(상)				
		칼로리 소모량	560kcal				
코스 접근성	27km (한강자전거길과 연결)	한강자전거길 6km		중랑천자전거길 13km		우이천자전거길 8km	
		반포대교	용비교		석계역		북한산우이역
소요시간	4시간 5분 (반나절 코스)	가는 길 자전거 1시간 29분 총 1시간 29분		코스주행 1시간 07분		오는 길 자전거 1시간 29분 총 1시간 29분	

01-11 서울 도심 코스

서울 4대 업힐 ④
도선사 | 강북구

보통 맛집을 이야기할 때 '3대'를 많이 쓴다. 떡볶이 3대 맛집, 족발 3대 맛집 이렇게 부른다. 때로 5대나 7대까지 범위를 확장하기도 하지만 가장 명료하게 기억되는 것은 3위까지의 순위다. '3대'를 기준으로 하면 대부분 1,2위까지는 이론의 여지가 없다. 반면 3위부터는 의견이 갈린다. 서울에서 업힐 타기 좋은 코스 3곳을 꼽을 때도 북악스카이웨이와 남산을 포함하는 것에는 모두 동의한다. 하지만 3위는 의견이 갈린다. 3위는 서울대와 도선사가 팽팽하다. 어쨌든 도선사 코스가 3등인지 4등인지 확실하지 않지만 서울의 대표적인 업힐 코스라는 데는 의심의 여지가 없다.

서울의 유명 업힐 코스의 맛은 각기 다르다. 코스가 가장 긴 북악스카이웨이는 부족함 없이 풍족하게 퍼주는 인심 좋은 맛집이다. 풍광이 멋있는 남산은 사진 찍기 좋은 뷰 맛집이다. 반면 도선사는 눈물이 찔끔 날만큼 아주 매운 맛집이다. 오르막 코스의 길이는 편도 3km로 짧다. 하지만 경사가 아주 세다. 작은 고추가 맵듯이 한 번 오르고 나면 허벅지가 얼얼할 정도로 강한 여운을 남긴다. 이런 이유로 동호인들은 '통곡의 벽'이라 부르기도 한다.

북한산우이역 사거리에서 출발하는 도선사 코스 초입은 완만하다. 그러나 선운각으로 길이 나뉘는 삼거리부터 매운 맛으로 바뀐다. 10%가 넘어가는 급경사가 시작되는 것이다. 이곳부터 도로를 따라서 담장이 있는데, 인근 기도원에서 담벼락에 '만민의 기도처, 통곡의 벽'이라는 안내판을 붙였다. '통곡의 벽'이란 별명은 여기서 나왔.

이곳부터 오르막길은 정말 인정사정 봐주지 않는다. 한 번의 쉴 틈도 주지 않고 라이더를 압박한다. 특히 백운대 매표소 주차장을 앞두고는 체감 경사도가 15%를 넘는다. 과연 서울 최강의 업힐 답다.

단풍이 물든 도선사 업힐.

여행정보 PLUS

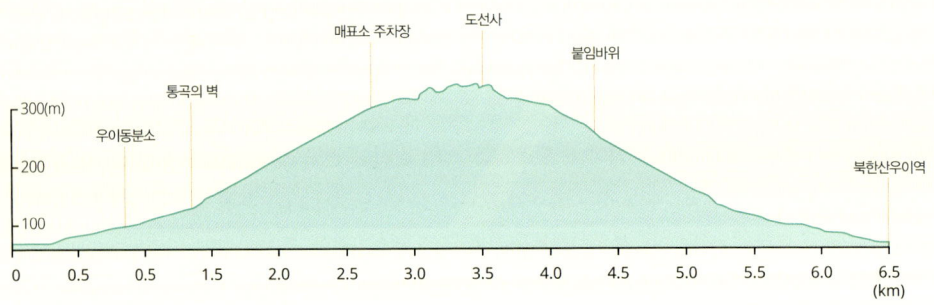

코스 접근

북한산 등산기점인 우이동에 북한산우이역이 있지만 라이더는 이용할 수 없다. 우이신설선이 자전거를 휴대하고 이용할 수 없는 경전철이기 때문이다. 일반 자전거는 물론 접이식 자전거 반입도 금지. 지하철을 이용해 접근하려면 4호선 쌍문역과 1호선 방학역을 이용한다. 자전거를 타고 간다면 한강~중랑천~우이천 자전거길을 이용한다. 북한산우이역까지는 반포대교 기준 편도 27km 거리다. 왕복 54km에 도선사 업힐 코스 6km를 더하면 60km짜리 알찬 코스가 된다. 자가용으로 점프한다면 우이신설 도시철도 차량기지 맞은편 주차장을 이용한다. 요금은 5분에 200원, 1시간에 2,400원이다. 북한산우이역~도선사 코스는 전구간 포장도로이며, 안내표시는 따로 없다. 자전거 전용도로도 없다.

코스 가이드

북한산우이역 사거리에서 삼양로173길로 진입한다. 네파와 노스페이스 매장 사이 길이다. 자전거도로는 없다. 차도를 이용한다. 700m 직진하면 국립공원 우이분소를 지난다. 여기서 다시 700m를 더 가면 선운각으로 갈라지는 작은 삼거리다. 오른쪽 도선사 방면

① 강한 업힐이 계속되는 붙임바위 구간. ② 업힐 종점에 있는 백운대 매표소 주차장 로터리. ③ 신라 말 도선국사가 창건한 도선사 경내.

으로 간다. 이곳부터 '통곡의 벽'으로 불리는 구간이다.(이곳이 통곡의 벽으로 불리게 된 결정적인 역할을 했던 할렐루야기도원의 안내표시는 현재 철거되어 보이지 않는다.) 이곳부터 외길이다. 붙임바위를 지나 백운대 매표소 주차장까지 가면 오르막길은 얼추 마무리 된다. 그러나 마지막 관문 도선사까지 약 300m가 남았다. 이곳을 마저 올라야 도선사 업힐이 마무리 된다. 일주문 지나 경내 입구까지는 자전거로 주행이 가능하다. 경내는 자전거를 세워놓고 둘러봐야 한다.

난이도

도선사까지 총 상승 고도는 274m다. 북한산우이역 사거리에서 도선사까지 거리는 3km. 이 가운데 통곡의 벽에서 백운대 매표소 주차장까지 1.5km 구간이 가장 가파르다. 거리는 짧지만 10%가 넘는 경사를 지속적으로 올라가야 하기 때문에 상당한 체력과 테크닉을 필요로 한다. 특히 매표소 직전에 마주하는 체감 경사도 15% 구간은 라이딩을 포기하고 싶을 정도로 가파르다.

주의 구간

도선사로 진입하는 삼양로173길 초입은 주말이면 북한산 백운대 오르는 등산객들로 혼잡하다. 130번, 109번 버스 종점도 이곳에 있다. 따라서 이 구간은 빠르게 통과하는 것이 좋다. 도선사까지 공도를 주행하지만 차량 스트레스가 크지는 않다. 이 도로를 주로 운행하는 차량은 등산객들을 실어나르는 택시다.

여행 정보

도선사 : 신라말기 승려 도선이 창건한 사찰이다. 도선국사는 이곳의 산세가 천년 뒤 불법을 다시 일으킬 것을 예견하고 절을 세웠다고 한다. 경내에 암벽을 깎아 만든 마애관음보살상(서울시 유형문화재 34호)이 있다. 절에서는 동쪽으로 도봉구와 노원구 일대 전경이 시원스럽게 조망된다.

붙임바위 : 통곡의 벽에서 도선사로 오르다보면 커다란 바위가 있다. 이 바위는 이곳에 도로가 나기 전부터 등산객들이나 신도들이 쉬어가던 곳이다. '붙임바위'라는 이름은 이 바위에 작은 돌을 떨어지지 않게 얹어놓고 소원을 빌면 그 소원이 이루어진다고 해서 비롯됐다.

보급 및 식사

북한산우이역 일대는 북한산 등산객들을 대상으로 하는 식당이 많다. 우이령길 입구 우이동 먹거리마을로 가도 된다. 또 4.19민주묘역 주변에도 카페와 이름난 맛집이 많다. 우이천자전거길을 이용할 요량이면 강북청소년수련관 근처에 있는 **샘터마루**(☎02-902-6456)를 찾아가보자. 라이더 사이에 유명한 이 집은 육개장을 주력으로 식사류 몇가지만 판매하는데, 모두 가격이 5,000원이다. 가격이 저렴하지만 맛도 좋다. 식당 앞을 흐르는 대동천도 운치가 넘친다.

02
-자전거 여행 바이블-
동부권 코스

>> 옛 철길을 이용한 자전거길의 매력을 아낌없이 보여주는 코스다. 서울 시내를 벗어난 라이더가 첫 번째로 만나는 남한강자전거길의 가장 화려한 구간이다.

난이도	40점	코스 주행거리	36km(중)
		상승 고도	242m(하)
		최대 경사도	5% 이하(하)
		칼로리 소모량	1,280kcal

코스 접근성	27km (대중교통 가능)	한강자전거길 4.1km → 중앙선 전철 23km
		반포대교 — 옥수역 — 덕소역

소요시간	4시간 50분 (당일 코스)	가는 길 자전거 16분 전철 48분 총 1시간 4분	코스주행 2시간 30분	오는 길 전철 1시간 21분 자전거 16분 총 1시간 37분

서울을 벗어난 라이더의 첫 경험
남한강자전거길 | 남양주시·양평군

덕소에서 양평역에 이르는 36km 구간의 남한강자전거길은 서울 외곽의 자전거길 중에서 가장 인기 있는 코스 중 한 곳이다. 특히 팔당에서 시작해 능내를 거쳐 양수리 철교를 건너가는 구간은 남한강자전거길의 하이라이트라고 할 수 있다. 남한강자전거길로 넘어가기 위해 자동차 사이를 위태롭게 넘어가던 팔당대교에 자전거도로가 만들어지면서 이 구간을 찾는 사람들은 더욱 늘어났다.

예전에는 팔당대교가 한강자전거길의 동쪽 끝이었기에 이곳에서 방향을 돌려 왔던 길을 되돌아갔다. 하지만 이제는 새로운 길이 시작되는 출발점으로 바뀌었다. 한강자전거길에서 바로 연결되고, 중앙선 전철을 이용해 바로 점프도 가능하기 때문이다. 특히 이 길은 자전거 라이더들이 서울 경계를 벗어나서 장거리 여행을 처음 경험하는 구간이다. 그 기대치를 알아주듯이 팔당에서 시작되는 옛 철길을 이용한 자전거도로는 아주 매력적으로 만들어져 있다. 철길 위에 자전거길을 만들어서 바로 옆으로 달리는 6번 국도보다 높은 곳에 자전거도로가 있는데, 이것은 굉장히 큰 의미가 있다. 한강과 지천에서는 자전거를 타고 차량과 같거나 혹은 더 낮은 곳을 달렸다. 반면 이곳에서는 더 높은 곳을 달리게 되어 일단 시야가 시원하게 탁 트인다. 첫 번째로 만나는 봉안터널을 지나 능내리로 접어들면 터널을 통과하자마자 드넓은 팔당호의 모습이 눈 앞에 드라마틱하게 펼쳐진다.

자전거길은 잠시 뒤 폐쇄된 능내역에 들렸다가 양수리에 도착해서 자전거길로 바뀐 옛 양수철교를 건너간다. 여기까지가 남한강자전거길의 가장 화려한 구간이다. 양수역을 지나면 자전거길은 중간중간 여러 곳의 터널을 통과하면서 중앙선 전철 구간을 나란히 달려 양평역에 도착하게 된다.

여행정보 PLUS

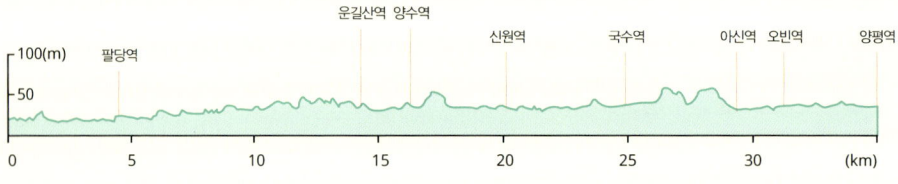

코스 접근

한강에서 자전거길로 접근이 가능하다. 반포대교에서 출발한다면 팔당역까지 약 31km 거리를 추가로 라이딩해야 한다. 이 경우 양평까지 총 67km를 라이딩하고 전철로 복귀한다. 전철로 점프한다면 덕소역이나 팔당역에서 라이딩을 시작한다. 양평역으로 점프한 뒤에 반대 방향으로 내려오는 방법도 있다. 휴일 오후라면 전철로 귀경할 인파를 피해서 시도해볼 만한 방법이다. 일단 출발할 때나 되돌아올 때 덕소역을 이용하는 것이 좋다. 출발할 때는 서울에서 덕소역까지만 운행하는 열차가 많기 때문이다. 반대로 덕소에서 출발해서 서울로 들어가는 열차도 있기 때문에 주말이나 공휴일 같이 복잡한 시기에는 인파를 피해서 움직일 수 있다는 장점이 있다.

코스 가이드

덕소에서 출발해서 양평까지 간 다음 전철을 타고 되돌아오거나 아니면 양평까지 전철로 이동한 뒤 덕소까지 라이딩을 즐기는 코스다. 자전거길을 따라서 중간에 인접한 전철역이 곳곳에 있어 상황에 따라서 어느 곳에서라도 가까운 역으로 이동해서 코스인, 코스아웃 할 수 있다. 남한강자전거길과 인접한 중앙선 기차역은 팔당역-운길산역-양수역-신원역-국수역-아신역-오빈역-양평역이다.

①운길산역에서 양수역으로 가는 옛 북한강 철교. ②자전거길로 변신한 옛 철도 터널. ③이제는 기차가 운행하지 않는 능내역.

난이도

업힐이 거의 없는 평지구간이다. 초보자도 부담 없이 라이딩할 수 있는 무난한 코스다. 단 주말의 인파와 자전거길을 따라서 트레킹하는 도보여행자를 주의한다.

자전거 대여

능내역 자전거대여소에서 1, 2, 3인용 자전거와 아동용 자전거를 대여할 수 있다. 자전거 대여료는 1인용 1시간에 4,000원, 종일 1만2,000원이다. 2인용은 1시간에 8,000원, 종일 2만4,000원이다. 팔당역 부근에도 자전거 대여점이 모여 있다. 대여점에서는 일반 자전거는 물론이고, MTB와 로드 자전거도 빌려 탈 수 있다.

보급 및 식사

양수리는 자전거길이 만들어지기 이전에도 서울 근교 관광지로 유명했던 곳이다. 코스 곳곳에 많은 음식점이 포진해 있다. 자전거 코스 바로 옆 공터에는 인근 마을의 부녀회에서 운영하는 간이주점도 곳곳에서 성업 중이다. 코스를 벗어나지 않고 국수 같은 가벼운 식사에 막걸리 한잔 나누기에 좋다. 능내역 바로 맞은편에 있는 **추억의역전집**(☎ 031-576-8243, 경기 남양주시 조안면 다산로 526번길 25-74)은 도토리묵(1만원), 부추전(8,000원)를 파는데, 잠시 요기하기 좋은 곳이다.

≫ 남의 동네 구경하기에 이만큼 좋은 자전거길이 또 있을까? 물길 따라 만들어진 자전거길과 달리 옛 철길을 따라 가는 자전거길은 마을과 마을, 도시 구석구석을 파고 들며 달린다. 그 철길에 스민 아련한 옛 추억과 함께. 최근 경춘선자전거길 마지막 구간으로 개통한 '경춘선 숲길'은 자전거 동호인이라면 꼭 한 번 가봐야 할 명소가 되었다.

난이도	60점	코스주행거리	36km(중)
		상승 고도	259m(중)
		최대 경사도	5% 이상(중)
		칼로리 소모량	993kcal

코스 접근성	53km (북한강자전거길에서 연결)	한강자전거길 4km → 경의중앙선·경춘선 전철 17개 정류장 46km → 북한강자전거길 3km 반포대교 옥수역 상봉역(환승) 대성리역 샛터삼거리 인증센터

소요시간	6시간 54분 (당일 코스)	가는 길 자전거 16분 전철 1시간 28분 자전거 13분 총 1시간 57분	코스주행 3시간 37분	오는 길 전철 1시간 20분 총 1시간 20분

경춘선 옛 철길을 달린다
경춘선자전거길 | 남양주시·서울시

경춘선자전거길은 2010년 운행이 중단된 경춘선 선로를 따라서 조성된 자전거길이다. 출발지는 광운대역이며, 마석역을 거쳐 춘천역까지 연결되는 노선이다. 운길산역에서 출발해 춘천까지 연결되는 북한강자전거길과는 샛터삼거리인증센터에서 만난다. 2015년 마석역에서 구리시 갈매역 구간이 개통되었고, 2019년 갈매역~광운대역 구간이 완공되면서 전 구간이 연결되었다.

경춘선자전거길이 개통되면서 서울 북동부 지역에서 강원도로 연결되는 접근성이 획기적으로 개선되었다. 강북3구를 비롯해 의정부 지역 동호인들도 중랑천자전거길을 따라 이동한 뒤에 경춘선자전거길을 타고 춘천으로 진출할 수 있게 된 것이다. 그 덕분에 북한강자전거길과 경춘선자전거길이 합류하는 샛터삼거리인증센터는 자전거 여행의 요지로 라이더들로 북적거린다.

경춘선자전거길은 남양주시를 동에서 서로 가로지른다. 마석역을 필두로 천마산역과 평내호평역 그리고 금곡, 사릉, 퇴계원, 별내역을 거쳐 서울로 진입한다. 남한강과 나란히 달리는 경의중앙선 철길을 따라 조성된 남한강자전거길과 달리 이 코스는 북한강 수변 경관이 보이지 않는다. 대신 사람들이 거주하는 철길 주변 마을의 속살을 파고들며 달린다. 읍내를 가로지르는 데크 다리를 통과하기도 하고 터널도 통과한다. 산책 나온 주민들과 자전거길을 공유하기도 한다. 도심을 벗어나 적막강산 같은 종주 코스를 달리는 것과는 전혀 다른 분위기다.

별내역을 지나면 서울로 진입한다. 이곳부터 광운대역까지 6km 구간은 별도로 '경춘선 숲길'로 불린다. 서울 도심을 관통하는 이 길은 짧지만 가장 늦게 연결된 구간이다. 속도를 내어 달리기보다는 새롭게 조성된 공원을 구경하며 천천히 둘러보자. 화랑대 옛 역사는 과거의 풍경을 재현해놓은 전시공간으로 바뀌었다. 과거 춘천 가는 열차가 수도 없이 건너 다녔을 경춘선 철교를 건너면 옛 철길을 따라 달렸던 라이딩은 마무리 된다.

여행정보 PLUS

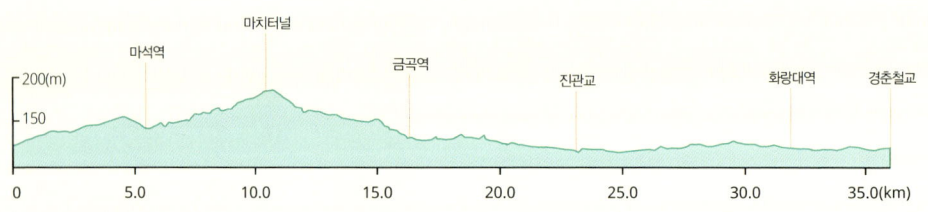

춘천 가는 옛 철길에 만든 경춘선자전거길.

*일부 동호인들은 2012년 먼저 개통한 북한강자전거길과 경춘선자전거길을 혼동하기도 한다. 경춘선자전거길은 광운대역에서 춘천역까지가 맞다. 하지만 이 책에서는 혼선을 피하기 위해 북한강자전거길과 중복 노선을 제외한 샛터삼거리에서 광운대역까지 36km 노선으로 정의한다.

태릉 인근의 울창한 가로수 사이로 난 경춘선 자전거길.

코스 접근

IN : 경춘선자전거길 출발지인 샛터삼거리인증센터에서 가장 가까운 전철역은 대성리역이다. 옥수역에서 출발하면 경의중앙선을 타고 가 상봉역에서 경춘선으로 환승한다. 옥수역 출발 기준 1시간 가량 걸린다. 대성리역에서 샛터삼거리인증센터까지는 약 3km 거리다. 대성리역에서 나와 남쪽으로 170m 이동하면 왼쪽으로 북한강자전거길과 연결되는 샛길로 진입하게 된다. 자전거길을 따라 남하하면 인증센터에 닿는다. 서울에서 자전거로 이동한다면 한강자전거길–남한강자전거길–북한강자전거길 순으로 달린다. 반포대교 기준 편도 약 55km 거리다.

OUT : 종료지점인 경춘철교에서 중랑천자전거길로 엘리베이터를 통해 바로 연결된다. 반포대교까지 거리는 약 20km, 1시간 20분 가량 소요된다. 1호선으로 점프한다면 광운대 전철역으로 이동한다. 7호선과 9호선 환승역인 태릉입구역도 가까운 거리에 있다.

코스 가이드

샛터삼거리인증센터에서 횡단보도를 건너 직진한다. 왼쪽 길은 운길산역으로 연결되는 북한강자전거길이다. 자전거도로가 마석까지 길게 이어진다. 마석역 인근은 공중에 떠 있는 데크 길을 따라서 통과한다.

사릉역을 지나면 왕숙천자전거길과 만나는데, 이곳이 조금 헷갈린다. 진관교 옆에 보행자 데크 다리가 있다. 하지만 이 다리를 건너지 말고 좌회전 해서 왕숙천자전거길로 진입한다. 1km 정도 남쪽으로 내려오면 사로교 지나서 하천을 건너 보행자 다리와 만난다. 이 다리를 건너 우회전 한 뒤 퇴계원교에서 왕숙천자전거길에서 빠져 나온다. 이곳부터는 '경춘북로' 인도 쪽에 조성된 보행자 겸용 자전거도로를 따라서 이동한다.

경춘선자전거길 최고의 업힐 구간인 마치터널.

별내역을 지나면 다시 경춘선자전거길로 진입하게 된다. 경춘선 숲길이 시작되는 지점까지 이동하는 중간에 약 400m의 비포장 구간을 지난다. 경춘선 숲길은 태릉과 화랑대역, 공릉동을 관통해 중랑천을 가로지르는 경춘철교를 건너 광운대역 인근 녹천중학교에서 종료된다. 경춘선자전거길은 아주 짧은 비포장구간이 있지만 전 구간 포장도로라고 해도 무방하다. 자전거 전용도로는 90%이며, 안내표시가 되어 있다.

난이도

총 상승 고도는 259m. 천마산역과 평내호평역 사이 마치터널 구간이 최대 오르막이다. 오르막길이 1km 정도 이어지는데, 경사도는 5% 내외로 자전거 타기에 부담스러운 수준은 아니다. 정상의 터널을 지나면 종착지까지 아주 완만한 내리막길을 따라 달린다. 초급자도 충분히 도전해볼 만한 코스다.

주의 구간

경춘선자전거길 개통 직후 마석역 인근에서 길 찾기가 어려웠는데 데크 다리가 놓이면서 개선되었다. 그래도 여전히 마석역 직전 자전거도로에서 빠져 나오는 내리막 구간은 주의가 필요하다. 거의 대부분 코스가 자전거 전용도로라 초보자가 주행하기에도 부담 없다. 종료지점인 화랑대역~경춘철교 구간은 보행자길과 자전거길이 분리되어 있지만 인근 주민들의 통행량이 많아 보행자가 자전거길을 침범하는 일이 많다. 이 구간은 속도를 줄여서 지난다.

여행 정보

경춘선자전길에 속한 **경춘선 숲길**은 볼 게 많다. **화랑대역**은 가장 늦게까지 열차가 운행했던 서울의 마지막 간이역이었다. 2010년 운영을 중단하기 전까지는 하루에 7회 무궁화호 열차가 정차했다. 1939년 개통 당시 이름은 태릉역이었으나 인근 육군사

①경춘철교 건너면 연결되는 중랑천자전거길. ②전시관으로 새롭게 단장된 화랑대역. ③화랑대역 인근에 전시되어 있는 노면열차. ④공릉동 국수골목의 잔치국수.

관학교의 별칭인 '화랑대'로 개명했다. 현재 역사는 전시관으로 운영되고 있다. 역사 주변에는 세계 각국에서 들여온 증기기관차와 노면전차들이 전시되어 있다. 역사 주변을 전등으로 장식해 저녁에는 '노원불빛정원'으로 변신하기도 한다. **경춘철교**는 중랑천을 사이에 두고 월계동과 공릉동을 연결하는 너비 6m, 길이 176.5m의 철교다. 1939년부터 2010년까지 71년 동안 경춘선 기차가 이 철교를 건너 서울과 춘천을 오갔다. 옛 경춘선을 상징하는 대표적인 시설물로 근대문화유산으로 지정되었다. 지금은 보행교로 탈바꿈했다.

보급 및 식사

도심 구간을 오가던 철길을 따라 자전거길이 조성되어 보급이나 식사를 해결하기에 전혀 부담이 없다. 특히 공릉동 도깨비 시장 인근은 연남동 센트럴파크 같이 카페와 음식점이 모여 있어 '공트럴파크'로 불린다. 자전거 라이더가 가장 부담 없이 즐기는 음식 가운데 하나가 국수다. 이곳에 왔다면 **공릉동 국수골목**에 한 번 들러보자. 국수골목은 공릉초등학교 인근 동일로 173번길 주변이다. 주변이 한적하고 도로가 상대적으로 넓은 탓에 택시기사들을 상대하던 음식점들이 모여 있던 골목이다. 지금도 국수집이 몇 곳 있는데, **복가네소문난멸치국수**(☎02-973-4337)가 터줏대감이다. 멸치국수(4,000원)가 대표 메뉴로 집에서 담근 파장이 맛의 비결이다. 저녁 6시까지 영업한다. 부근에 맛집을 한 곳 더 꼽으라면 **닭한마리본점**(☎02-972-7459)을 추천한다. 평일에도 대기가 발생할 정도 인기다. 닭 한마리 2만1,000원.

≫ 남한강의 또 다른 모습을 볼 수 있는 자전거 코스다. 342번 도로는 강추, 45번과 88번 도로는 비추! 차량을 이용해서 점프하지 않는다면 어느 정도 일반 도로 주행 경험이 있는 라이더에게 추천한다.

난이도	60점	코스 주행거리	62km(중)		
		상승 고도	508m(중)		
		최대 경사도	10% 이하(중)		
		칼로리 소모량	2,534kcal		
코스 접근성	33km (대중교통 가능)	한강자전거길 4.3km → 중앙선 전철 28km 반포대교 옥수역 팔당역			
소요시간	6시간 30분 (당일 코스)	가는 길 자전거 17분 전철 44분 총 1시간 11분		코스주행 4시간 10분	오는 길 전철 44분 자전거 17분 총 1시간 11분

드라이브 명소에서 자전거 라이딩의 명소로
분원리 코스 | 하남시·광주시

　일명 분원리 코스는 남한강자전거길의 맞은편 남측 강변의 342번 지방도를 따라 달리는 코스를 말한다. 광주시 남종면 분원리를 통과한다고 해서 분원리 코스로 동호인들 사이에 널리 알려져 있다. 분원리는 남한강을 사이에 두고 남양주시 능내리와 마주보고 있다. 이곳은 두물머리에서 만난 남한강과 북한강이 다시 경안천과 합류되는 지점에 있어 강폭이 넓고 주변 경관이 수려해서 예전부터 드라이브 코스로 유명했던 곳이다. 같은 남한강 물줄기를 따라 만들어진 도로이지만 북단의 남한강자전거길과 남단 분원리 코스의 분위기는 많이 다르다. 남한강자전거길이 잘 닦여진 고속도로 같은 느낌이라면 이곳은 옛 지방도로의 분위기를 간직하고 있다. 일부 구간에 자전거도로가 만들어져 있지만 주로 일반 도로를 주행하기 때문에 주말이면 MTB보다는 로드 자전거를 타는 라이더들을 많이 볼 수 있다.

　분원리 코스는 퇴촌 초입에서 남한강변의 342번 지방도를 따라 달리다가 다시 88번 지방도와 만나는 운심교까지 약 18km 구간을 이야기 한다. 하지만 출발지와 도착지를 어디로 정하는가에 따라서 다양한 파생 코스가 존재한다. 매력적인 자전거 코스지만 이곳까지 도착하는 도로 사정은 그렇게 호락호락하지 않다. 팔당댐부터는 자전거길이 끊어져 45번 국도를 이용해서 도마삼거리까지 주행해야 한다. 좁은 1차선 구간을 차량과 함께 교행하기 때문에 안전에 각별히 신경이 쓰이는 구간이다. 하지만 일단 342번 도로로 접어들면 분위기는 확 바뀐다. 차량 통행량은 줄어들고, 한적한 도로가 남한강을 따라서 이어진다. 귀여리로 접어들면 일반 도로 옆으로 자전거길이 만들어져 있는데, 이곳을 이용하면 낙타등 업힐을 피해서 좀 더 강변에 붙은 평지구간을 달릴 수 있다. 돌아올 때 88번 지방도를 타고 온다면 염치고개를 넘어가야 한다.

여행정보 PLUS

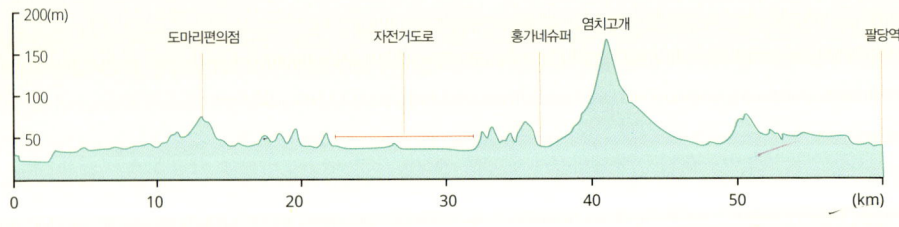

분원리에서 귀여지구로 넘어가는 다리.

코스 접근

분원리 코스는 자전거와 전철을 이용해서 접근할 수 있다. 반포대교를 출발해서 팔당까지 자전거로 이동 시에는 편도 30km, 왕복 60km를 추가로 라이딩해야 한다. 전철을 이용할 때는 팔당역에서 하차한 뒤 팔당대교를 건너서 코스로 접근한다. 옥수역에서 출발 시 환승 없이 14개 정거장을 지나가며 약 45분 소요된다.

코스 가이드

가장 일반적인 구간은 팔당역에서 출발해서 팔당대교를 건넌 다음 분원리와 귀여리를 거쳐서 염치고개를 넘어 퇴촌면을 통해서 되돌아 나오는 코스(붉은색 표시)다. 염치고개를 넘어 퇴촌으로 되돌아오지 않고 88번 지방도를 타고 양평역까지 넘어가는 코스(주황색 표시)도 많이 이용하며, 강하교를 건너서 항금리까지 올라가서 한 바퀴 돌아 나오는 일명 항금리 코스(보라색 표시)가 추가되기도 한다.

난이도

88번 지방도를 따라 염치고개를 넘어가는 구간이 최대 난코스이다. 완경사의 업힐이 약 3km에 걸쳐서 길게 이어진다. 342번 지방도는 업다운이 반복되는 구간이 있는데, 자전거도로를 주행하면 2/3정도 피해갈 수 있다. 45번 국도와 88번 지방도를 주행할 때는 교행하는 차량으로 인한 스트레스를 감안해야 한다. 양평역으로 넘어갈 때는 해발 97m, 항금리 코스 라이딩 시에는 270m 높이의 상승 고도를 추가로 넘어가야 한다.

보급 및 식사

도마삼거리 인근 도마리편의점, **홍가네슈퍼**가 라이더들이 주로 이용하는 매점이다. **미사리밀빛초계국수**(☎ 031-795-0330, 경기도 하남시 덕풍동 38-3)는 한강자전거길에서 올라오거나 내려갈 때 자전거족들이 즐겨 찾는 국수집이다. 얼음이 동동 뜬 시원한 초계국수(9,000원)가 일품이다. 45번 국도변에 있는 **강마을다람쥐**(☎ 031-762-5574, 경기도 광주시 남종면 삼성리 299-2)는 도토리 전문 음식점으로 도토리비빔국수(1만원)가 유명하다. 식사시간에는 대기시간이 긴 편. 많이 허기진다면 염치고개 너머에 있는 **털보셀프바베큐**(☎ 031-765-8395, 경기도 광주시 퇴촌면 석둔길45)를 추천한다.

① 342번 도로와 나란히 달리는 자전거길. ② 강마을다람쥐의 도토리비빔국수. ③ 미사리밀빛초계국수.

>>> 서울 근교에 풍경 좋기로 손꼽히는 코스다. 단, 이 풍경을 즐기기 위해서는 업힐 세 곳을 넘어가야 한다. 수도권 인근이지만 인적이 드문 오지의 분위기를 느낄 수 있는 곳이다. 일반 도로를 주행하지만 차량 스트레스는 별로 없다.

난이도	70점	코스 주행거리	46km(중)
		상승 고도	745m(상)
		최대 경사도	10% 이하(상)
		칼로리 소모량	2,099kcal

코스 접근성	41km (대중교통 가능)	한강자전거길 4.1km → 중앙선 전철 37km
		반포대교 — 옥수역 — 양수역

소요시간	5시간 30분 (당일 코스)	가는 길 자전거 16분 전철 1시간 총 1시간 16분	코스주행 3시간	오는 길 전철 1시간 자전거 16분 총 1시간 16분

수려하고 한적한 산 속
명달리 코스 | 양평군

명달리 코스는 경기도 양평군 서종면에 있는 명달리를 지나가는 자전거 코스를 일컫는다. 산 속에 위치한 이곳을 지나가기 위해서는 정배리에서 시작되는 명달고개를 넘어가야 한다. 일반적으로 양수역에서 출발해 양서면과 서종면의 산악지대를 지나가게 되는데, 기봉, 가마봉 같은 해발 600m급의 봉우리를 끼고 있는 고개들을 넘는다. 명달리 코스에는 총 세 개의 고개가 있는데, 벗고개, 서후고개, 그리고 명달고개다. 경사도가 10%에 육박하는 세 곳의 고개를 넘어가야해서 체력소모가 만만치 않다.

명달리 코스는 모두 왕복 2차선의 포장도로다. 자동차와 함께 주행해야 하는 부담이 있지만 통행량은 그렇게 많지 않은 편이다. 다른 곳의 일반 도로 주행 시 받는 차량 스트레스보다는 적은 편이다. 이곳 역시 양수역에서 출발하기 때문에 도심에서의 접근성이 좋다. 무엇보다도 산과 계곡을 넘나드는 코스답게 주변의 경관이 수려하다. 벗고개 넘어 서후고개 인근에 가까워질 때면 이곳이 양수리 인근이 맞나 싶을 정도로 산세는 깊어지고 주변은 고요해진다. 이런 이유로 주말이면 서울 근교를 라이딩하는 자전거 동호인들로 항상 붐빈다. 특히, 임도 라이딩이 불가능한 로드 자전거로 임도 라이딩을 하는 듯한 강한 업힐을 경험할 수 있어 로드 자전거를 타는 라이더들에게도 사랑받는 코스다.

업힐 구간은 모두 만만치 않다. 특히 명달고개 업힐이 가장 길다. 하지만 이곳에서 내려다보는 주변의 풍경은 아주 멋있다. 고개를 하나씩 넘어갈 때마다 북한강변 쪽으로 빠져나갈 수 있어 자신의 수준에 맞게 난이도를 조절하며 라이딩을 즐길 수 있다.

여행정보 PLUS

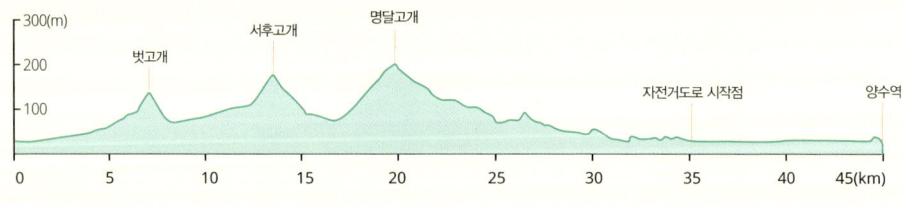

코스 내비게이션

①

②

양수역 출발 0km

수능삼거리 8.65km
벗고개터널을 넘어 내려오다가
삼거리에서 우회전(정배리, 서후리 방면)

서후 1리 버스정류장 11.91km
서정로와 우합류한 뒤 오르막
반대 방향으로 내려간다.

① 명달고개 업힐 중간 헤어핀 구간. ② 벗고개 정상의 터널. 50m정도의 짧은 터널을 통과하면 내리막이 시작된다. ③ 명달리 코스 옆을 흐르는 하천. 하절기에는 물놀이 하기 좋은 곳이다.

코스 접근

옥수역에서 중앙선을 이용해서 양수역까지 한 번에 도착할 수 있다. 1시간 소요. 양수역에 도착하면 역을 마주보고 우측 철로 아랫길로 이동한 다음 우회전해서 하천과 나란히 있는 목왕로를 따라서 라이딩 한다. 자가용으로 접근할 때는 양수역 공용 주차장을 이용하거나 역 정면에서 600m 떨어진 곳에 있는 양서문화 체육공원 주차장을 이용하면 된다.

코스 가이드

양수역에서 출발해서 시계 반대 방향으로 부용리~수능리~서후리~정배리 순서대로 주행하게 된다. 따로 코스 안내표시가 없기 때문에 도로와 만나는 교차지점에서 길을 잘 찾아가야 한다. 명달고개를 넘어간 이후 만나게 되는 명달삼거리와 노문삼거리에서는 모두 좌회전한다.

난이도

벗고개, 서후고개, 명달고개 순서대로 해발고도가 높아진다. 세 곳 모두 최대 경사도는 10%를 넘어간다. 명달고개 업힐은 약 3km로 가장 길지만, 위에서 내려다보이는 주변 경관은 가장 멋있다.

보급 및 식사

일반적으로 명달리 코스 라이딩 시 식사나 뒤풀이는 라이딩을 끝내고 양수역이나 운길산역에서 하게 된다. 운길산역에서 운길산 등산로 입구까지 음식점들이 많이 몰려 있다. 양수리생태공원 인근에 있는 **돼지마을 순대국밥**(☎ 031-774-1188, 경기도 양평군 양서면 북한강로 14-1)은 순대국밥(8,000원)이 먹을 만하다.

③ 정배삼거리 15.79km
서후고개를 넘어 내려와서
정배삼거리에서 좌회전(서울,서종 방면)

④ 화서로 합류지점 정배리정류장 17.18km
우측으로 화서 이항로 선생
생가 표지판이 보이면 우회전

>>> 로드 자전거에 입문했다면 반드시 한 번은 거쳐야 하는 코스다. 양평군과 가평군에 걸친 다섯 고개를 넘는 코스로, 상승 고도가 1,200m 가까이 된다. 반복되는 업힐과 다운힐, 차량과 함께 하는 공도 주행까지, 끊임없이 라이더의 능력을 테스트 한다. 이 코스만 완주하면 어디든 갈 수 있다.

난이도	70점		
		코스 주행거리	57km(중)
		상승 고도	1,173m(상)
		최대 경사도	10% 이하(상)
		칼로리 소모량	2,430kcal
코스 접근성	41km (대중교통 가능 남한강자전거길과 연결)	한강자전거길 4.1km / 반포대교 — 옥수역	중앙선 전철 16개 정거장 37km / 옥수역 — 양수역
소요시간	6시간 59분 (당일 코스)	가는 길 자전거 16분 전철 1시간 **총 1시간 16분**	코스주행 4시간 23분

오는 길
전철 1시간
자전거 16분
총 1시간 20분

수도권 대표 업힐
동부5고개 | 양평군·가평군

자전거 타는 것이 어느 정도 익숙해지면 평지만 달려서는 성에 차지 않는 순간이 온다. 코스 안에 어느 정도 업힐과 다운힐 구간이 있어야 자전거 타는 맛이 난다. 초보자나 일반인이 보기에는 사서 고생을 하는 것처럼 보이기도 한다. 라이더들이 힘들게 오르막을 오르는 이유를 자세하게 설명하자면 너무 장황해진다. 그냥 산악인이 산이 있어 산에 오르듯이 라이더도 언덕이 있어 언덕을 오를 뿐이다. 분명한 것은 업힐은 아주 힘든 일이지만 사서 고생을 감수할 만큼 충분한 가치가 있다는 것이다.

자전거 코스 가운데 업힐만 이어붙여 만든 곳이 있다. 앞서 소개한 명달리 코스를 비롯해 이번에 소개하는 동부5고개도 이런 코스에 해당한다. 동부5고개는 처음 동부3고개로 시작했다. 동호인들이 가평군과 양평군에 걸쳐 있는 고개 3개를 넘어다니다가 두 개를 더 이어 5고개를 만들었다. 동부5고개는 9고개로, 다시 15고개에서 22고개를 넘어 32고개까지 등장했다. 32고개의 경우 라이딩 거리만 255km에 달한다. 그러나 도전욕에 불타는 라이더들은 여기에 만족하지 않을 것이다. 앞으로 몇 고개까지 등장할지 기대된다.

벗고개를 넘어가면서 시작되는 동부고개 시리즈는 분명 수도권에서 가장 유명한 업힐 코스다. 라이더라면 한 번은 도전해봐야 할 코스다. 다만, 코스는 주행거리와 상승 고도를 고려해 자기 수준에 맞게 선택한다.

① 첫번째 오르막 벗고개터널. ② 네번째 오르막 정상 다락재의 프리스턴 밸리 골프장 입구.

여행정보
PLUS

― + ― 동부5고개
――― 동부3고개

① 다락재로 향하는 오르막길. ② 명달리고개 정상으로 향하는 오르막길.

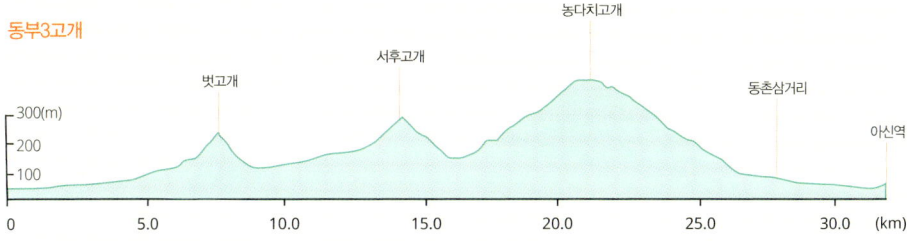

코스 접근

양수역까지 접근은 명달리 코스와 동일하다(128p 참조).

코스 가이드

동부5고개 출발지와 코스 초반은 앞서 소개한 명달리 코스와 동일하다. 출발지는 양수역이며, 벗고개, 서후고개, 명달고개를 순서대로 넘어간다. 동부5개 길은 노문삼거리에서 갈라진다. 명달리 코스는 노문삼거리에서 좌회전해 북한강을 따라 가 출발지였던 양수역으로 되돌아 간다. 반면, 동부5고개 코스는 노문삼거리에서 우회전해 4번째 고개인 다락재를 향해 간다. '다락재로'를 따라 약 2.5km 오르면 오른쪽으로 프린스턴밸리 골프장으로 들어가는 삼거리에 닿는다. 이곳이 다락재 정상이다. 여기서 골프장 쪽으로 우회전한다. 이 길은 골프장 정문을 지나 골프장을 횡단한다. 다시 '유명로'로 진입할 때까지는 차량 통행이 거의 없어 한적하게 라이딩을 즐길 수 있는 구간이다. 다락재로를 빠져나오면 벽계천과 나란히 달리는 유명로를 따라서 이동하게 된다.

유명산삼거리에 도착하면 다섯번째 업힐 선어치고개(일명 유명산고개)를 넘어가는 가장 긴 오르막길이 시작된다. 37번 국도를 따라 고개를 넘어가면 동촌삼거리에 도착한다. 이곳에서 우회전 하면 아신리로 진입한다. 사탄천을 따라 내려가면 종착지인 아신역에 닿는다. 동부5고개 코스는 전 구간 포장도로이며, 안내 표시는 별도로 없다. 전 구간 공도를 이용한다.

난이도

동부5고개 총 상승 고도는 1,173m다. 이 책에 소개된 코스 중에서 상승 고도가 가장 높다. 명달리 코스의 상승 고도에 다락재와 선어치고개 오르막이 추가되었기 때문이다. 다락재는 이전 고개들과 비교해 무난한 편이다. 선어치고개는 높이도 가장 높고, 오르막도 가장 길다. 다만 급격한 경사가 있는 벗고개와 서후고개에 비하면 오르막길이 완만하다.

주의 구간

동부5고개는 모두 공도를 이용한다. 하지만 과거와 비교해 몇 가지 변화가 생겼다. 워낙 많은 자전거 동호인들이 찾다 보니 도로에 코스 안내표시를 해놨다. 또 양평군과 지역 자전거 연맹에서 동부5고개 라이딩 에티켓 캠페인도 진행하고 있다. 이 캠페인의 첫번째 슬로건은 '도로에서는 일렬로'다. 이는 굴곡진 도로를 차와 함께 이용하기 때문에 서로를 배려해서 안전 라이딩을 하자는 취지다. 특히, 급회전 구간이나 다운힐을 할 때는 자신의 실력에 맞게, 충분히 제어할 수 있는 안전속도를 유지하며 라이딩을 해야 한다.

보급 및 식사

선재마켓(가평군 설악면 유명로 625-8)은 다섯번째 고개인 선어치고개를 오르는 길목인 유명산삼거리에 있는 매점이다. 마지막 업힐을 앞두고 한숨 돌리기 좋은 장소라 동호인들이 애용한다. **중미산막국수**(☎ 031-773-1834)는 미식가들이 즐겨 찾는 맛집이다. 물막국수(9,000원)와 편육(2만원)이 맛있다.

① 서후고개로 향하는 오르막길. ② 라이더의 쉼터 선재마켓. ③ 미식가 사이에 소문난 중미산막국수의 막국수.

동쪽에는 동부5고개, 서쪽에는 송추5고개!

동부5고개가 있다면 서부5고개도 있지 않을까? 이런 궁금증을 가질만도 하다. 수도권 서부에도 업힐을 모은 코스가 있다. 서부권의 대표적인 업힐 코스는 송추3고개와 5고개 코스를 꼽는다. 송추5고개는 은평구 연신내역에서 시작해 소머리, 말머리, 소사고개, 송추cc, 뒷박고개를 넘어간다. 상승 고도는 900m 이상이다. 동부5고개 상승 고도와 얼추 맞먹는다. 송추5고개는 동부5고개와 마찬가지로 공도를 주행한다. 다만, 한적한 동부5고개 코스와 달리 송추5고개 코스는 차량 통행량이 많아 훨씬 피곤하다. 송추5고개 코스는 단독 라이딩보다는 동호회 차원의 단체 라이딩을 추천한다. 또 차량 통행이 적은 휴일 오전에 라이딩 하는 것이 좋다.

동부5고개의 미니 버전
동부3고개

난이도	70점	코스 주행거리	31km(중)
		상승 고도	779m(중)
		최대 경사도	10% 이상(상)
		칼로리 소모량	1,468kcal

① 첫번째 오르막 서후고개 정상 터널.
② 코스 곳곳에서 볼 수 있는 라이딩 에티켓 캠페인.

동부3고개 코스는 동부5고개 단축 버전이다. 동부5고개와 비교하면 명달리고개, 다락재가 생략된 코스다. 이것 말고도 5고개와 3고개 코스의 차이점이 하나 더 있다. 먼저 고개의 지명을 명확하게 알아둘 필요가 있다. 유명산삼거리에서 선어치고개를 넘어 아신역으로 갈 때 동호인들은 뭉뚱그려서 유명산고개라고 한다. 그러나 엄밀히 따지면 유명산고개는 선어치고개-중미산삼거리-농다치고개 순이다. 즉, 고개를 두 번 넘어가는 것이다. 동부3고개는 선어치고개를 오르지 않고 중미산삼거리로 곧장 간다. 상승 고도가 1,173m였던 동부5고개와 비교하면 난이도는 2/3 수준이다. 상승 고도 745m의 명달리 코스와 난이도가 비슷하다.

명달리 코스는 출발지였던 양수역으로 되돌아간다. 하지만 동부3고개 코스는 아신역에서 라이딩을 종료한다. 벗고개, 서후고개까지는 코스가 동일하고, 정배삼거리에서 갈라진다. 명달리고개로 오르는 대신 정배계곡을 따라서 중미산삼거리로 올라간다. 계곡을 따라 고개를 오르는 것이 명달리고개 업힐과 다르다. 여름에는 시원한 계곡 물소리를 들으며 오를 수 있다. 하지만 난이도는 명달리고개보다 더 세다. 명달리고개 코스가 좌우로 커브를 틀면서 중간 중간 쉴 틈을 주는 반면 중미산길은 몇 번 커브를 틀지 않고 중미산삼거리까지 단번에 치고 올라가기 때문이다. 중미산삼거리부터 아신역까지는 동부5고개 코스와 동일하다. 농다치고개를 넘어 37번 국도 '마유산로'를 따라 내리막을 달린 다음 동촌삼거리에서 우회전해 아신역으로 간다.

① 노면에 그려져 있는 동부5고개 코스 안내 표시. ② 동부5고개 출발지 양수역. ③ 농다치고개 정상에 있는 포장마차 산들바람.

난이도&주의 구간

동부3고개는 벗고개, 서후고개, 농다치고개 3곳의 고개를 넘는다. 이 가운데 약 4.5km 거리의 농다치고개 구간이 최대 난코스다. 동부3고개 코스 역시 전 구간 공도를 주행하게 된다. 정배삼거리에서 중미산삼거리에 이르는 '중미산로' 구간은 차량 통행이 거의 없는 한적한 도로다. 하지만 도로 주변에 수목이 많아 자동차 운전자의 시야가 넓지 않다. 또 도로 폭이 좁고 커브 구간도 다수 있어 라이딩 시 주의가 필요하다.

보급 및 식사

중미산삼거리를 지나 농다치고개 정상에 도착하면 도로 좌우에 간이매점 몇 곳이 있다. 선어치고개 포장 마차촌보다는 한적한 분위기다. 그 중 양평한화콘도로 내려가는 임도 초입에 있는 **산들바람**(☎ 010-8285-6927)은 현지인들이 즐겨 찾는 집이다. 더운 여름에는 열무국수(5,000원), 서늘해지는 계절에는 바지락칼국수(7,000원)가 인기다.

오르막 끝판왕 설매재 너머 만나는 안식의 계곡
유명산산악자전거길 | 양평군·가평군

≫ 수도권 업힐 코스 가운데 악명 높은 곳 중 하나다. 오지 느낌이 물씬 풍기는 어비계곡과 탁 트인 경관의 유명산 활공장을 보려면 오르막 끝판왕이라 불리는 설매재를 넘어가야 한다. 이 고개를 넘어야 꿀맛 같은 어비계곡과 탁 트인 유명산의 품에 들 수 있다. 중급자 이상 라이더에게 추천한다.

난이도	90점	코스 주행거리	36km(중)
		상승 고도	898m(상)
		최대 경사도	10% 이상(상)
		칼로리 소모량	1,822kcal

코스 접근성	52km (대중교통 가능 남한강자전거길과 연결)	한강자전거길 4km → 중앙선 전철 19개 정거장 48km 반포대교 — 옥수역 — 아신역 자전거 55km

소요시간	7시간 48분 (당일 코스)	가는 길 자전거 16분 전철 1시간 10분 총 1시간 26분	코스주행 4시간 56분	오는 길 전철 1시간 10분 자전거 16분 총 1시간 26분

양평군 동쪽은 유명산과 용문산, 중미산 등 높은 산군이 자리한 산악지대다. 특히, 용문산과 유명산, 어비산 사이에 있는 어비계곡은 강원도 오지보다 더한 깊은 산골이다. 물 맑기로 소문한 곳이지만, 이곳으로 가려면 험하기로 소문난 설매재를 넘거나 가평에서 계곡을 따라 가야 한다.

설매재는 동호인들 사이에서 두 번은 달리기 싫은 악명 높은 업힐로 유명하다. 설매재 정상 고도는 해발 600m. 그렇게 높은 편은 아니다. 그런데도 이 코스가 악명 높은 것은 라이더의 정신력을 사정없이 무너뜨리기 때문이다. 완경사로 시작되는 설매재 오르막길 초반은 경쾌하다. 그러나 고개를 향해 갈수록 설매재는 악마의 본능을 드러낸다. 일반적인 오르막길은 커브를 그리며 일정한 경사도를 유지한 채 정상으로 향한다. 하지만 설매재는 다르다. 정상이 가까워질수록 급경사로 변한다 업힐을 시작할 때 1%였던 경사가 3%, 5%로 점점 높아지다 7부 능선 부근에서 10%를 넘어간다. 이곳까지 오르면 누구라도 라이딩을 포기하고 끌바를 하고 싶어진다. 산악 자전거에 비해 상대적으로 기어비가 촘촘하지 못한 로드 자전거는 더욱 그렇다.

이처럼 악명 높은 길이지만 그 끝은 달콤하다. 탁 트인 호방한 경치를 즐길 수 있는 유명산 활공장과 물고기가 날아다닌다 해서 어비魚飛라는 이름이 붙여진 계곡으로 갈 수 있기 때문이다. 비단처럼 매끄럽게 포장된 도로를 내려와 어비계곡에 잠시 발을 담그면 극한의 언덕에서 사투를 벌였던 기억은 눈 녹듯이 사라져버린다. 그러나 이대로 끝나면 얼마나 좋을까! 아신역 출발지로 되돌아가려면 다시 해발 500m의 선어치고개를 넘어야 한다. 그러나 지레 겁먹지는 말자. 선어치고개는 설매재에 비해 한결 쉽다. 이미 극한의 고개를 넘어 왔기 때문에 어렵지 않게 갈 수 있다.

① 강원도 계곡 만큼 깊고 고요한 어비계곡. ② 선어치고개에서 한화콘도로 연결되는 임도.

여행정보 PLUS

① 설매재로 가는 출발지 아신역. ② 맑은 물이 흐르는 어비계곡. ③ 유명산 활공장으로 진입하는 임도 입구.

코스 접근

설매재를 넘어 어비계곡으로 가는 가장 가까운 전철역은 경의중앙선 아신역이다. 반포대교에서 출발한다면 한강자전거길과 바로 연결되는 경의중앙선 라인 옥수역에서 탑승하는 것이 편리하다. 옥수역에서 아신역까지는 19개 역을 지나고, 시간은 1시간 10분 걸린다. 자가용으로 이동 시에는 아신역 주차장(30분 500원, 1일 4,000원)을 이용한다. 한강자전거길과 남한강자전거길을 거쳐 아신역까지 자전거로 갈 수도 있다. 반포대교 기준 편도 55km 거리다. 중급 이상 라이더라면 당일 코스로 도전할 만하다. 설매재~어비계곡~선어치고개를 돌아오는 코스는 전 구간 공도를 주행한다. 대부분 포장도로다. 어비계곡 구간에 짧은 비포장길이 있지만 로드 자전거로도 충분히 가능하다.

코스 가이드

아신역을 등 지고 왼쪽으로 간다. 고읍로를 따라 옥천읍내로 진입한다. 사탄천 오른쪽으로 난 길을 따라가 백련사거리를 건너 직진한다. 백련사거리 왼쪽 굴다리를 이용하면 신호대기 없이 우회해 갈 수 있다. 백련사거리를 지나면서는 용천로를 따라 설매재로 오르게 된다. 아신역에서 8km 지점에 있는 카페 쏠비알을 지나면서 도로가 가팔라진다. 이곳에서 1km를 더 올라가면 설매재자연휴양림 입구다. 설매재자연휴양림부터 도로 경사가 조금 완만해진다. 아신역에서 설매재까지 거리는 11km.

설매재 정상은 배넘이고개로도 불린다. 고개를 지나 800m쯤 가면 작은 삼거리와 만난다. 유명산산악자전거길 안내표시를 따라서 좌회전한다. 이곳에서 2.4km를 내려가면 어비계곡과 만난다. 좌회전해서 어비계곡을 따라 간다. 계곡을 빠져나오면 유명산삼거리에 도달한다. 이곳에서 좌회전해 37번 국도 유명산로를 따라 선어치고개로 향한다. 유명산삼거리에서 선어치고개까지 오르막길은 4km 거리다. 선어치고개에서 1.7km 가면 중미산삼거리다. 중미산삼거리를 지나자마자 오른쪽에 식당이 있다. 이곳부터 양평군에서 안내하는 산악자전거길 임도가 시작된다. MTB 자전거라면 이 임도를 따라가도 된다. 임도를 따라 2km 내려가면 양평한화콘도가 나온다. 여기서 도로를 따라 내려가면 다시 37번 국도와 만난다. 37번 국도 동촌삼거리에서 우회전, 옥천 읍내를 거쳐 아신역으로 되돌아 간다.

설매재 넘어 어비계곡으로 가는 길.

부르는 이름이 다양한 어비계곡 코스

어비계곡 코스를 부르는 이름은 다양하다. 설매재를 넘어간다고 해서 설매재 업힐 코스로 부르기도 하고, 어비산자락의 계곡을 따라 간다고 해서 어비계곡 코스로 부르기도 한다. 또 설매재 정상에서 유명산 정상 부근에 있는 패러글라이딩 활공장까지 다녀올 수 있어 활공장 코스로도 불린다. 양평군에서는 설매재와 어비계곡을 이어 달리는 이 길을 '유명산산악자전거길'이라 이름 붙였다. 그러나 거의 대부분 구간이 포장되어 있어 로드 자전거로도 주파할 수 있다.

난이도

총 상승 고도는 900m에 이른다. 설매재와 선어치, 두 고개를 넘는데, 높이는 각각 600m와 500m다. 두 고개 가운데 설매재를 넘는 게 만만치 않다. 이 책에 소개된 자전거길 가운데 난이도가 가장 높다. 여기에 설매재 정상에서 활공장까지 다녀오면 상승 고도는 1,000m를 훌쩍 넘는다. 따라서 업힐에 충분히 경험이 있는 중급 이상의 라이더들이 도전하면 좋다.

주의 구간

전 구간 공도를 주행한다. 출발지 아신역에서 설매재까지는 일반 차량 통행이 거의 없다. 다만 유명산 정상 활공장을 오가는 트럭들이 자주 오르내리기 때문에 방심은 금물이다. 설매재 정상에서 어비계곡을 거쳐 유명산삼거리까지 내려오는 구간은 거의 무인지경이다. 주행하기 가장 편하다. 선어치고개를 오르는 37번 국도는 차량 통행이 상대적으로 많다. 하지만 편도 2차선 오르막길인데다 곳곳에 과속방지턱이 있어 큰 스트레스 없이 달릴 수 있다. 양평군 산악 자전거 안내표지에는 중미산삼거리를 지나서 양평한화콘도 방향 임도로 진입하도록 안내한다. 2020년 9월 답사 시에는 장기간 지속된 장마로 임도 상태가 아주 나빴다. 패인 곳이 많아 자전거 주행이 불가능할 지경이었다. 임도 종료지점인 양평한화콘도는 아예 임도 진입을 차단하고 있었다. 사전에 확인 후 진입하자.

보급 및 식사

코스 주변이 중미산과 유명산을 비롯한 관광지라 식당과 카페가 곳곳에 있다. 설매재 정상 부근에 있는 **배너미고개산장**은 라면과 파전 같은 간단한 음식과 생수와 음료를 판매한다. 다른 매점보다 두 배 비싸지만 정상 부근에서 갈증과 허기를 해결할 수 있는 유일한 장소다. 카드 불가. 어비계곡 주변에는 장작불에 솥뚜껑을 올려 닭도리탕을 끓여먹는 솥뚜껑 닭도리탕집이 많다. 이 가운데 **민기남씨네**(가평군 설악면 유명로 654-57, ☎ 031-585-3386)가 이곳 터줏대감 중 한 곳이다. 닭도리탕 1인분 2만5,000원이다. 매일 18:00까지 영업한다. 선어치고개 정상에는 포장마차 몇 곳이 있다. 외진 곳이지만 찾는 이들이 제법 많다. **선어치고개집**(☎ 010-5320-2062)은 TV 연예 예능프로 '하트시그널'에 등장하면서 유명세를 타고 있다. 감자전(1만2,000원)과 다슬기 칼국수(8,000원)가 대표메뉴다.

라이더의 쉼터 선어치고개집.

사방팔방 탁월한 조망
활공장 코스

난이도	60점	코스 주행거리	7.5km(하)
		상승 고도	218m(중)
		최대 경사도	10% 이상(상)
		칼로리 소모량	618kcal

① 설매재에서 유명산 활공장으로 가는 임도. ② 탁월한 조망의 유명산 활공장 전경.

사투를 벌이며 설매재 정상에 서고 나면 망설여진다. 어비계곡으로 그냥 내려갈 것인가, 아니면 유명산 페러글라이딩 활공장까지 찍고 갈 것인가 고민하게 된다. 유명산 활공장의 탁 트인 시원한 조망이 보고싶은데, 다시 올라갈 생각하니 끔찍한 것이다. 그래도 아직 힘이 남았다면 유명산 활공장에 도전해보자. 고생한 보람을 느낄 것이다.

설매재 정상에 도착하면 간이 식당 옆으로 차단기가 설치되어 있는 임도 입구가 보인다. 여기가 활공장과 유명산 정상으로 가는 임도 시작점이다. 차단기가 있는 이유는 이곳부터 정상까지의 임야가 사유지라서다. 활공장을 드나드는 업체 차량은 미리 허가를 받아 출입이 가능하지만, 일반 차량은 통과할 수 없다. 단, 등산객이나 자전거는 출입이 가능하다.

설매재에서 유명산 활공장까지는 편도 3.5km다. 활공장에서 정상까지는 다시 500m를 더 올라간다. 임도는 매끈하다. 패러글라이딩 업체 트럭들이 수시로 들락거리기 때문이다. 설매재가 유명산 7부 능선에 있어 활공장으로 가는 임도에서 바라보이는 주변 경관은 막힘 없이 사방이 뚫려 있다. 길은 복잡하지 않다. 외길을 따라 가는데, 3km 지점에 삼거리가 나온다. 이곳에서 우회전 하면 된다. 삼거리를 통과하면 사방이 트인 초지로 접어든다. 임도는 유명산 남사면을 따라서 오르게 되어 있다. 발 아래로 옥천면은 물론이고 멀리 서울 시내까지 조망된다. 서울 근교 임도에서는 보기 힘든 탁 트인 전망이 일품이다. 계속 가파른 경사지를 따라 오르면 활공장에 도착한다. 유명산 정상은 이곳에서 500m 더 올라가야 하지만 활공장에서 바라보는 경관만으로 충분하다.

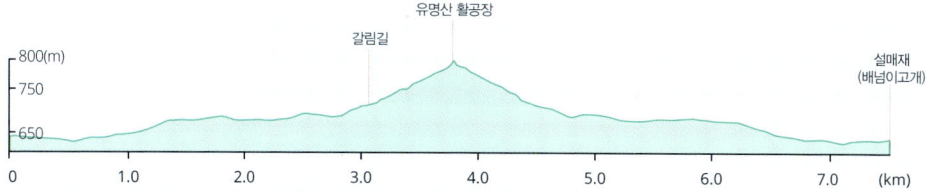

난이도

편도 3.5km의 짧은 구간이지만 상승 고도는 200m가 넘는다. 특히 초반에 완만했던 경사도는 활공장에 가까워질수록 가팔라진다. 설매재 업힐과 비슷한 구조다. 활공장 정상 부근 경사도는 10%가 넘는다. 끌바 없이 오르기는 상당히 어렵다.

주의 구간

유명산 활공장 가는 임도는 첩첩산중에 있지만 레포츠를 즐기는 사람들로 꽤나 부산하다. 유명산 정상으로 가는 등산객과 활공장 인근에서 백패킹을 하려는 캠퍼, 패러글라이딩 고객을 싣고 올라오는 트럭들로 붐빈다. 종종 사발이라 부르는 사륜오토바이(ATV)도 출현한다. 가장 주의해야 할 것은 패러글라이더들을 태우고 오는 1톤 트럭이다. 임도가 좁은 편이라 트럭을 만나면 안전에 유의한다. 특히, 임도 삼거리 직전에 유난히 좁은 굴곡진 길이 있어 주의를 요한다.

활공장에서 백패킹 하기

유명산은 접근성이 좋아 퇴근박지 명소로 알려져 있다. 활공장을 비롯한 유명산 정상 일대 경관이 워낙 좋아 인기가 많다. 백패커들은 대부분 설매재 주변에 주차하고 임도를 걸어서 이동한다. 텐트는 유명산 정상이나 활공장 주변에 친다. 활공장 주변에 자리를 잡을 경우 가급적 늦은 시간에 텐트를 치는 것이 좋다. 트럭들이 들락거려 번잡스럽고, 종종 업체와 트러블이 생기기도 한다.

패러글라이딩 체험

활공장에서 바람에 몸을 싣고 내려가는 패러글라이더들을 보면 나도 한 번쯤 타보고 싶다는 생각이 든다. 이곳에서는 원한다면 체험비행을 할 수 있다. 유명산에는 체험비행을 해주는 패러글라이딩 업체가 여럿 있다. 초보자도 강사와 함께 텐덤비행을 하며 하늘을 나는 즐거움을 맛볼 수 있다.

① 유명산 활공장으로 이어진 임도. ② 유명산 활공장 정상부의 임도와 하늘로 날아오른 패러글라이더.

>>> 한낮에 자전거 타기 부담스러운 여름 시즌에 추천하는 자전거 코스다. 이 코스를 따라 라이딩 하면서 물놀이를 하고 나면 여름 내내 생각나게 될 것이다. 산 좋고 물 맑은 양평 계곡의 품격이 궁금하다면 용문사계곡을 추천한다.

난이도	40점	코스 주행거리	21km(하)
		상승 고도	275m(중)
		최대 경사도	5% 이상(중)
		칼로리 소모량	987kcal
코스 접근성	66km (대중교통 가능)	한강자전거길 4km → 중앙선 전철 23개 정거장 62km 반포대교 — 옥수역 — 용문역	
소요시간	6시간 24분 (당일 코스)	가는 길 자전거 16분 전철 1시간 31분 **총 1시간 47분**	코스주행 2시간 50분	오는 길 전철 1시간 31분 자전거 16분 **총 1시간 47분**

양평 계곡의 품격에 반하다
용문사계곡 | 양평군

　무더운 여름은 자전거 타기가 쉽지 않다. 그늘 한 점 없는 자전거길은 작렬하는 태양에 바스러질 것만 같고, 아스팔트에서는 숨막히는 복사열이 올라온다. 이처럼 무더운 여름에 자전거를 타는 방법은 두 가지가 있다. 하나는 태양이 지고 난 다음 야간에 라이딩을 하는 것이다. 여름철 한강자전거길이 낮보다 저녁에 더 혼잡한 이유다. 또 다른 방법은 시원한 물가로 라이딩 코스를 잡는 것이다. 라이딩 후 계곡에 발을 담그거나 풍덩 빠져 물놀이를 하고 나면 더위가 멀리 달아난다.

　양평 용문사계곡은 물놀이 라이딩을 즐기기 좋은 곳 가운데 하나다. 계곡 근처까지 전철로 점프가 가능한데다 계곡까지 거리가 10km에 불과하다. 여름철은 라이딩보다 물놀이에 방점이 찍혀 있는 까닭에 라이딩 거리가 너무 길어도 힘들다. 용문사계곡 하이라이트는 관광단지 매표소에서 대웅전까지 이어지는 1km 구간이다. 사찰로 진입하는 계곡답게 주변 분위기가 매우 단정하다. 말끔하게 아스팔트로 포장된 길은 천천히 완경사를 이루며 사찰까지 이어져 있다.

　울창한 숲속에 파묻힌 용문사계곡은 물이 맑고 수량도 풍부하다. 계곡 반대쪽 노견에는 작은 수로를 만들어 물줄기가 흘러가게 만들어 놓았다. 양쪽으로 물이 흐르는 이 길을 달리면 마치 음이온 샤워를 하는 듯하다. 자전거를 타고 천천히 달려도 좋고 걸어도 좋다. 왁자지껄 물장구를 치기보다는 잠시 쉬어 가며 열기를 잠재우는 휴식의 시간을 갖는다. 계곡 초입에 물놀이장이 여럿 있지만 더 올라갈수록 좋은 자리가 나온다. 계곡 끝까지 부담 없이 올라가 볼 수 있다는 것도 이곳까지 굳이 자전거를 타고 온 이유이기도 하다.

신점리
Finish
중원폭포
중원폭포
계곡 구간
도보 이동
Finish
용문사
상단 주차장
하단 주차장
계곡 구간
자전거 이동
용문산관광단지 매표소
오천리
중원1리 마을회관
용문산터널
오촌교
조현리
양평군
조현초등학교
덕촌교
덕촌리
광탄리
마룡교차로
금곡리
송현리
월산리
6
농협하나로마트
Start
용문역

250(m)
150
하나로마트
마룡교차로
덕촌교
오천교
매표소
용문사
0
1.0
2.0
3.0
4.0
5.0
6.0
7.0
8.0
9.0
(km)

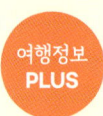

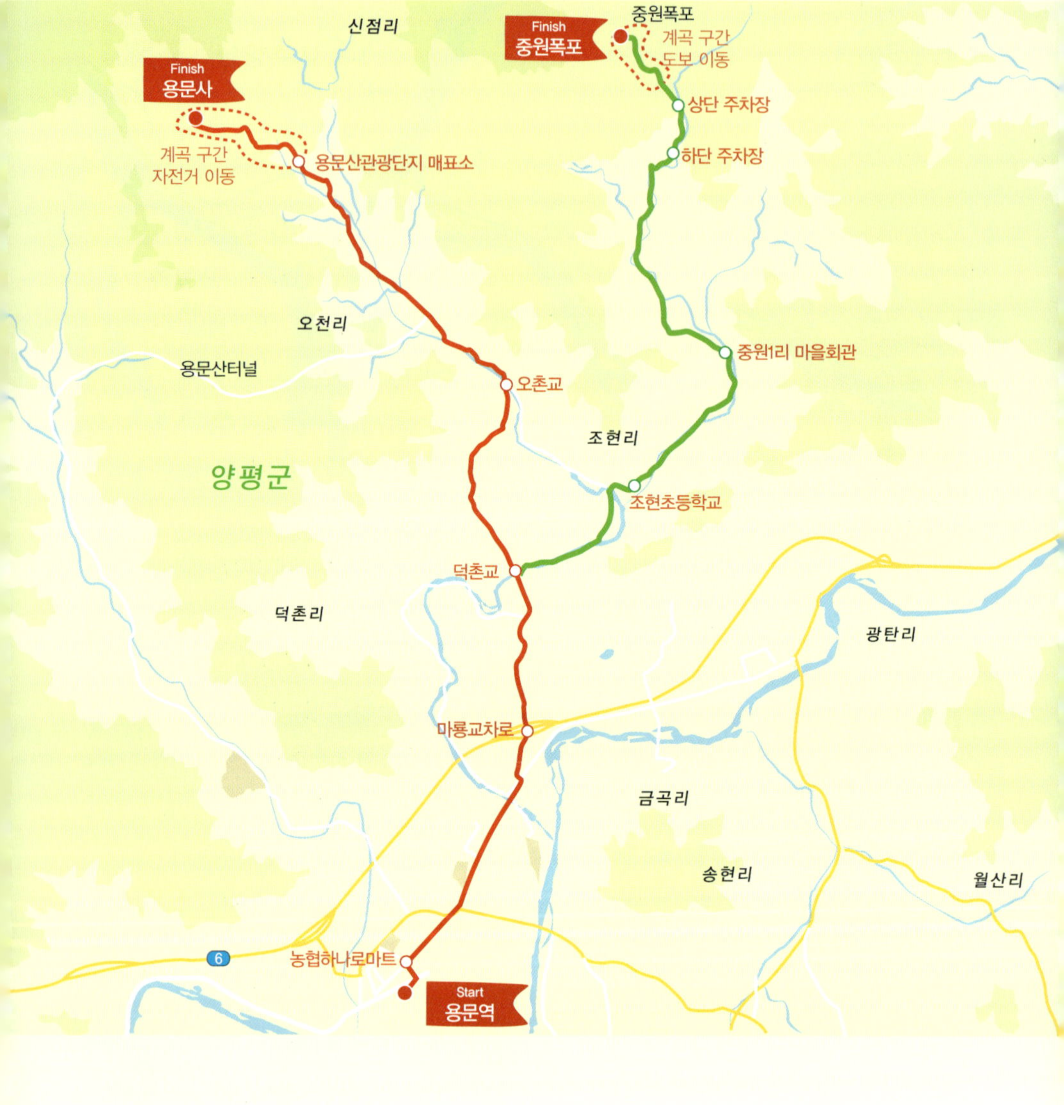

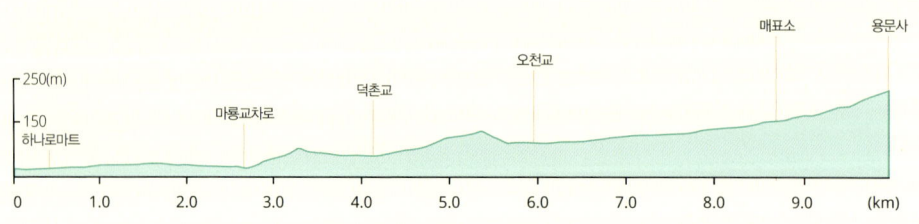

① 용문산 관광지 입구. ② 용문산 관광지 초입에 위치한 물놀이장. ③ 맑은 물이 흘러가는 용문사계곡 풍경.

물놀이와 라이딩은 찰떡 궁합!

여름철 물놀이는 라이딩과 찰떡궁합이다. 우선 자전거를 타고 가면 교통체증을 피할 수 있다. 수도권의 계곡은 전철로 점프할 수 있어 서울 탈출(?)이 쉽다. 뜨거운 삼복더위에는 비좁은 계곡 주변이 밀려드는 차량으로 주차장이 된다. 이 때 자전거를 타고 차량 사이를 유유자적 빠져나가는 기분은 타 본 사람만 안다. 게다가 주차도 걱정할 필요가 없다. 시원한 물놀이도 바로 할 수 있다. 목적지로 달리면서 충분히 예열이 되어 있어 따로 준비운동을 할 필요가 없다. 물 잘 빠지고 통기성 좋은 자전거복은 그 자체가 물놀이 복장이다. 이처럼 여름철 자전거 라이딩은 계곡 물놀이와 찰떡 궁합이다.

① 용문사로 오르는 진입로.
② 신라 의상대사가 심었다는 전설이 있는 용문사 은행나무.
③ 자전거 코스의 출발지인 용문역.
④ 용문사 일주문.

코스 접근

용문사계곡에서 가장 가까운 전철역은 경의중앙선 용문역이다. 반포대교에서 출발한다면 한강자전거길과 바로 연결되는 경의중앙선 옥수역에서 탑승하는 것이 편리하다. 옥수역에서 용문산역까지는 23개역을 거치며, 1시간 30분 가량 소요된다. 자가용으로 이동 시에는 용문역 1공영주차장(☎ 031-771-5827)을 이용하는 것이 좋다. 주차요금은 30분 500원, 1시간 1,100원이다. 용문천년시장 주차장도 용문역에서 가깝다. 주차요금은 10분 200원이며, 최초 1시간은 무료다. 무인주차장이라 카드결제만 가능하다. 용문사까지는 전 구간 포장도로이며, 자전거 전용도로는 40%쯤 된다.

코스 가이드

용문역에서 1번 혹은 2번 출구로 나온다. 역을 등지고 직진한다. 농협이 있는 첫번째 사거리에서 우회전해서 용문로를 따라서 달린다. 600m 정도 가면 회전 교차로가 나온다. 이곳에서 좌회전한다. 이후 마룡교차로에서 굴다리를 지나 직진한다. 언덕을 넘어가면 덕촌교다. 용문산관광단지로 가려면 직진한다. 중원계곡은 이곳에서 우회전한다. 직진해서 북쪽으로 올라가면 용문산관광단지에 도착한다.

주차장을 지나 식당가를 따라 올라가면 매표소가 나온다. 성인 입장료는 2,500원이다. 국립공원과 달리 자전거 출입이 가능하고, 반려견도 동반할 수 있다. 매표소를 통과하면 친환경농업박물관을 지나서 용문사로 오르는 계곡길이 시작된다. 박물관 인근에도 물놀이장이 있다. 하지만 그늘이 없다. 대신 평탄화가 되어 있어 아이들을 동반한 가족에게는 좋은 장소다. 매표소부터 1km 정도 계곡이 이어지는데, 위로 올라갈수록 인적이 드물어 프라이빗한 자리를 차지할 수 있다. 중간에 매점도 있고, 사찰 초입에는 전통다원도 있다.

난이도

용문역에서 용문사까지는 왕복 20km, 상승 고도는 275m다. 평소라면 부담 없는 코스지만 삼복더위에는 좀 다를 수 있다. 용문사를 향해 지속적으로 고도가 상승하지만 체험할 수 있는 업힐은 두 곳 정도다. 마룡교 차로 지나 만나는 600m 거리의 오르막이 가장 가파르게 느껴진다. 공도 주행의 부담을 제외하면 초보자도 무리 없는 코스다.

주의 구간

전 구간 공도를 주행해야 한다. 자전거도로가 조성되어 있지만 계속 이어지지 못하고 끊어졌다 이어지기를 반복한다. 자전거도로도 인도에 보행자 겸용으로 조성되어 있어 로드 자전거는 불편함이 있다. 이처럼 자전거도로가 조금 부실해도 첫번째 업힐 구간은 인도를 이용하자. 교차로에서 빠져 나오는 차량도 많고, 도로 폭도 좁기 때문이다.

여행 정보

용문사 은행나무 : 용문사에서 가장 눈에 띄는 것은 천연기념물 30호로 지정된 용문사 은행나무다. 이 나무의 나이는 1,100살로 추정된다. 높이는 42m에 달한다. 늙은 은행나무임에도 불구하고 매년 350kg정도의 열매를 맺는다고 한다. 용문사 은행나무는 신라시대 의상대사가 짚고 다니던 지팡이를 꽂았더니 뿌리를 내려 나무가 되었다는 전설이 전해진다. 용문사에서 용문산 정상으로 가는 등산로가 시작된다. 사찰에서 정상까지는 약 3.4km의 거리다.

용문5일장 : 용문에는 상설시장인 용문천년시장과 별도로 매월 5일, 10일 오일장이 선다. 용문역 맞은편 도로변에 500m 정도 장이 들어서는데, 규모가 꽤 큰 편이다. 용문산을 끼고 있어 봄에는 산나물, 가을에는 버섯이 많이 보인다. 여느 장터와 다름없이 순대, 통닭, 튀김, 부침개 등 먹거리도 다양하다. 오일장 열리는 날 라이딩을 한다면 이곳에서 주전부리할 것을 미리 구입해 가는 것도 좋겠다.

보급 및 식사

용문산관광단지 진입로 주변으로 식당가가 형성되어 있다. 그 중 **중앙식당**(☎031-773-3422)이 음식을 잘한다. 대표메뉴는 더덕산채정식(1인 1만4,000원). 해물파전(1만5,000원)도 맛있다. 이곳 식당들은 야외에 자리가 마련되어 있어 코로나 시대에도 부담 없이 이용할 수 있다. 야외 자리는 반려동물도 동반할 수 있다. 용문사계곡을 따라 식당은 물론 베이커리와 카페도 많다. **구름정원제빵소**(☎031-773-0722)는 야외에 잘 가꿔진 정원이 있어 쉬어 가기 좋다. 아메리카노 5,000원.

① 중앙식당의 파전. ② 야외 좌석이 있는 용문사계곡 식당가. ③ 쉬어가기 좋은 구름정원제빵소.

폭포를 만나러 가는 길
중원계곡

난이도	40점	코스 주행거리	22km(하)
		상승 고도	174m(하)
		최대 경사도	5% 이상(중)
		칼로리 소모량	880kcal

① 중원계곡으로 가는 진입 도로. ② 중원계곡에서 더위를 식히는 피서객들.

    용문사계곡과 쌍벽을 이루는 여름철 물놀이 라이딩 명소다. 용문사계곡과는 불과 8km 떨어져 있다. 해발 800m의 용문산 중턱에서 흘러내린 물줄기가 만든 계곡은 웅장하지는 않지만 주변의 산세와 조화를 이뤘다. 특히, 10m 높이의 폭포에서 떨어지는 물보라가 더위를 씻어준다. 중원계곡과 용문사계곡은 이웃한 계곡이지만 느낌은 많이 다르다. 사찰을 끼고 있는 용문사계곡이 단정하게 정돈되어 차분한 분위기라면, 중원계곡은 작은 행락지 느낌이 물씬 풍긴다. 이곳에서는 계곡에서 물장구도 치고 좀 떠들썩 하게 놀아도 될 것 같다.

    중원계곡은 진입로가 좁고 주차할 곳도 별로 없다. 계곡 초입에 작은 주차장이 있지만 성수기 피서객을 감당하기에는 역부족이다. 계곡을 따라서 1km 정도 도로가 나있던 용문산과 달리 이곳은 주차장에서 길이 끝난다. 자전거도 주차장 인근에 세워두고 걸어서 계곡까지 가야 한다. 주차장에서 계곡을 따라 700m 올라가면 중원폭포가 나온다. 폭포 높이는 10m가 채 안되며, 물줄기는 3단으로 떨어져 내린다. 낙수지점에는 제법 깊은 소가 만들어져 있다. 이 소는 한때 물놀이 장소로 유명했다. 폭포에서 다이빙을 하며 담력을 과시하던 사람들로 폭포 주변은 항상 붐볐었다. 그러나 인사사고가 발생해 2020년 8월부터 폭포 주변은 접근이 차단되었다. 이제 더는 중원폭포에서 다이빙하는 간 큰 피서객을 볼 수는 없다. 하지만 그 덕분에 피서객으로 붐비던 폭포와 소의 모습을 온전하게 감상할 수 있게 됐다. 맑은 옥빛이 감도는 아담한 소는 여전히 입수를 거부하기 힘들만큼 매혹적이다.

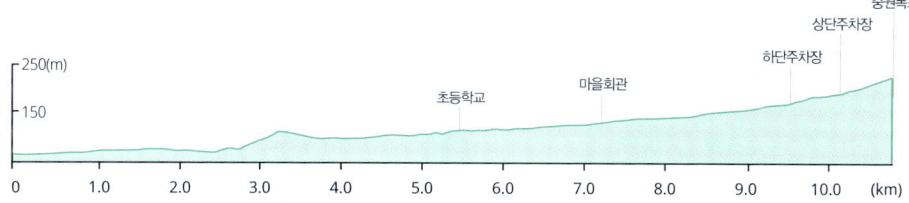

코스 가이드

용문역에서 중원계곡까지 왕복 22km. 용문역에서 덕촌교까지 이동경로는 용문사계곡과 동일하다. 중원계곡은 덕촌교를 건너 우회전 한 뒤 하천 옆 도로를 따라간다. 덕촌교에서 2.5km 정도 가면 편의점이 있다. 이 근처에서 유일한 편의점이다. 곧이어 중원1리 마을회관이 있는 삼거리에 도착하는데, 이곳에서 다리를 건너지 말고 좌회전해 중원산로를 따라 가면 하단 주차장에 도착한다. 이곳에서 500m 더 올라가면 상단 주차장이 있다. 포장도로는 상단 주차장에서 끝난다. 이곳에 자전거를 세워두고 등산로를 따라 700m 정도 올라가면 중원폭포에 도착한다.

난이도 & 주의 구간

도보로 중원폭포까지 이동하는 것을 포함해서 총 상승 고도는 174m다. 이 중 자전거로 접근할 수 있는 주차장까지 상승 고도는 137m에 불과하다. 용문사계곡 코스보다 라이딩 하기에 훨씬 편하다. 초보자도 부담 없다. 일반 공도를 주행하지만 용문사계곡 코스보다 오가는 차량이 적어 한적한 편이다. 덕촌교를 지나면 차량 통행이 거의 없다. 중원폭포까지 다녀오려면 자전거를 두고 가야 한다. 자전거 도난이 신경 쓰인다면 잠금 장치를 준비하는 것이 좋다.

보급 및 식사

상단 주차장에 매점이 한 곳 있다. 편의점과 비교해 판매하는 물품이 다양하지 않다. 카드도 사용할 수 없다. 마지막 편의점에서 구매해 가는 게 좋다. 자전거 코스에 있는 **용문산농장쌈밥마을**(☎ 031-771-8389)은 TV예능프로 수요미식회에 출연하면서 유명세를 탄 곳이다. 대표메뉴는 제육쌈밥(1만3,000원). 농장에서 직접 생산한 신선한 채소를 마음껏 먹을 수 있다.

① 에메랄드빛이 도는 중원계곡의 맑은 물. ② 중원계곡을 거슬러 올라가는 라이더. ③ 용문산농장쌈밥마을의 쌈밥정식.

>>> 수도권에서 캠핑과 라이딩을 함께 즐길 수 있는 최고의 휴양림 가운데 하나다. 짙은 숲 그늘이 드리운 임도는 끝도 없이 이어졌다. 원하면 온종일 임도 라이딩도 가능하다. 강원도 산골보다 깊은 수도권 최고의 오지다.

난이도	60점	코스 주행거리	18km(하)
		상승 고도	456m(중)
		최대 경사도	10% 이상(상)
		칼로리 소모량	837kcal
코스 접근성	87km	반포대교 ———————— 자가용 87km ———————— 산음자연휴양림	
소요시간	5시간 24분 (당일 가능, 1박2일 추천)	가는 길 자가용 1시간 36분	코스주행 2시간 12분	오는 길 자가용 1시간 36분

02-1 동부권 코스

초록이 물씬한 울창한 산그늘
산음자연휴양림 | 양평군

    산음자연휴양림은 양평군 깊은 산 속에 있다. 경기도의 휴양림은 나지막한 산봉우리로 둘러싸인 고즈넉한 분위기를 생각하기 쉽다. 하지만 산음자연휴양림에 가면 그런 생각이 여지없이 깨져버린다. 강원도 백두대간 한복판으로 들어온 것 같이 산세가 깊고 산림이 울창하기 때문이다.

    산음자연휴양림의 깊은 산세는 이름에서도 알 수 있다. 산음山陰은 '산의 그늘'이라는 뜻이다. 일반적으로 휴양림 작명 시 주변 산의 이름을 붙인다. 하지만 이곳은 별도로 '산의 그늘'이란 뜻을 가진 이름을 지었다. 이것만으로도 이곳이 얼마나 산림이 울창한지 충분히 짐작할 수 있을 것이다. 사실 이곳은 행정구역 상 경기도 양평군에 포함되어 있지만 강원도에 더 가깝다고 봐야 한다. 산음자연휴양림은 강원도 홍천군의 경계에 있는데, 사방이 용문산, 소리산, 중미산, 단월산으로 꽁꽁 막혀 있다. 단월면에서 가려면 험한 고개를 넘거나 아주 깊은 계곡으로 난 길을 따라가야 하는, 경기도의 오지라 할 수 있다.

    산의 품이 넓으면 계곡이 깊은 것이 당연지사. 산음자연휴양림은 휴양림을 가로지르는 계곡이 깊고 수량도 풍부하다. 나무그늘이 좋아 여름이면 계곡을 따라 자리잡은 야영장이 캠퍼들로 붐빈다. 겨울에도 인근에 비발디파크 스키장이 있어서 휴양림 이용객이 많은, 사계절 내내 붐비는 휴양림 중 한 곳이다.

① 휴양림을 따라 흐르는 계곡. ② 계곡을 따라 길게 야영데크를 배치한 제2야영장.

여행정보 PLUS

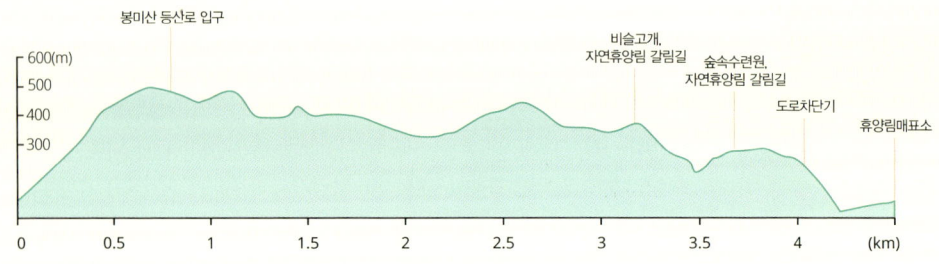

코스 내비게이션

산음자연휴양림 출발 0km

봉미산 코스 연결부 갈림길 1.6km
휴양림 내부 도로를 타고 업힐을 오르다
첫번째 갈림길에서 좌회전

봉미산 등산로 입구 2.5km
업힐 정상 지점, 봉미산 등산로
입구에서 계속 직진

코스 접근
대중교통은 불편하다. 자가용이 편리하다. 서울춘천고속도로를 이용해 설악IC로 나온다. 설악IC에서 휴양림까지는 40분 소요. 고속도로 이용료는 편도 4,600원이다.

코스 가이드
산음자연휴양림은 수많은 봉우리로 둘러싸여 있는 곳이다보니 봉미산에서 소리산을 순환하는 임도와 일반도로를 연결한 63km의 단월면 MTB코스가 만들어져 있다. 이 코스가 너무 길어서 부담스럽다면 휴양림을 중심으로 한 바퀴 돌아오는 18km의 순환 코스를 타면 된다. 너무 짧지도, 또 길지도 않은 탓에 한 바퀴 돌아보기에 좋은 코스다.

휴양림 입구에서 출발해 순환임도와 만나는 봉미산 입구의 임도 삼거리까지는 꽤 긴 업힐이 이어진다. 계곡을 끼고 굽이굽이 휘어진 임도를 따라 올라가다 보면 어느새 인적은 없어지고 깊은 산 속 한복판으로 들어온 것을 느끼게 된다.

삼거리부터는 7부 능선 부근에 만들어진 봉미산~소리산 임도 코스를 따라 달리게 되는데, 이때부터 울창한 산림 속에서 업다운을 반복해 꽤나 재미있는 구간이 시작된다. 심심할 겨를 없이 임도 라이딩을 즐기다 보면 어느덧 다시 산음자연휴양림으로 나가는 이정표와 만난다. 휴양림을 순환하는 짧은 코스를 돌려면 이곳에서 나간다. 풀 코스를 완주하려면 비솔고개를 향해서 직진하면 된다.

산음자연휴양림에는 2곳의 야영장이 있다. 이 가운데 제2야영장은 계곡을 따라 길게 이어진 침엽수림 사이에 야영데크가 설치되어 있다.

난이도
휴양림 입구에서 시작과 동시에 봉미산 등산로 입구까지 약 2.5km 구간 동안 경사도 10%를 넘나드는 업힐이 계속해서 이어진다. 이곳부터 비솔고개 갈림길까지는 부담이 없는 업다운이 이어지며, 숲속수련원 갈림길부터 포장도로까지는 다운힐이 이어진다.

보급 및 식사
휴양림은 경기도에 있지만 생각보다 훨씬 외진 곳에 위치하고 있다. 반경 10km 이내에 장볼 곳이 마땅치 않아 식음료는 미리 준비해야 된다. 70번과 341번 지방도 교차로인 덕수삼거리에 있는 편의점이 마지막 상점이다. 6번 국도변에 위치한 **머무름**(☎ 031-774-7137, 경기도 단월면 봉상리 443)의 막국수(8,000원)가 소문났다.

③ 휴양림 갈림길 12.5km
표지판을 따라 산음자연휴양림 방면으로 좌회전

④ 숲속수련원 갈림길 13.4km
숲속수련원으로 진입하지 말고 좌회전

>>> 명불허전! 춘천에서 강촌, 가평, 청평, 대성리 등 서울 근교의 대표적인 나들이 명소를 따라 내려온다. 파노라마 같은 코스라 라이딩 내내 조금도 지루할 틈이 없다. 인증제 시행 자전거 코스 중에 가장 높은 점수를 주고 싶은 구간이다.

난이도	60점	코스 주행거리	78km(상)
		상승 고도	238m(하)
		최대 경사도	5% 이하(하)
		칼로리 소모량	1,280kcal
코스 접근성	103km (대중교통 가능)	한강자전거길 5.1km → 중앙선 16.9km → 경춘선 전철 81km 반포대교 — 용산역 — 상봉역 환승 — 춘천역 ITX 직통	
소요시간	9시간 46분 (ITX 이용 시 8시간 36분)	가는 길 자전거 20분 전철 2시간 16분 총 2시간 36분	코스주행 5시간 51분	오는 길 전철 1시간 1분 자전거 18분 총 1시간 19분

'춘천 가는 기차' 타고 가는 낭만 드라이브
북한강자전거길 | 가평군·남양주시

춘천에서 시작해서 북한강을 따라 두물머리까지 이어지는 이 길은 자전거길이 만들어지기 오래 전부터 이미 자전거 동호인들에게 널리 사랑 받아온 코스다. 서울 주변에서 당일치기 라이딩을 한다면 가장 먼저 손꼽는 곳 중 한 곳이다. 이곳에 자전거 전용도로가 만들어지면서 더 이상 갈림길에서 헷갈리고, 옆을 지나가는 자동차를 신경 쓰며 달릴 일이 없어졌다. 이제는 초보자도 마음놓고 달릴 수 있는 코스가 된 것이다.

북한강자전거길을 라이딩하기 위해 춘천까지 점프한다면 가장 유용한 교통수단은 단연 청춘 ITX다. 점프를 할 때 기차가 자동차를 이용하는 것보다 불편한 경우가 많다. 하지만 북한강자전거길을 달릴 때는 예외다. 춘천행 청춘 ITX급행 열차는 자동차보다 빠르고 편리하다. 일반적으로 시점과 종점이 다른 종주여행의 경우에 자가용 대신 대중교통수단을 이용한다. 만약 전철로 접근이 가능하다면 금상첨화라고 할 수 있다. 그런데 목적지가 춘천이라면 조금 이야기가 달라진다. 옥수역에서 출발했을 경우 상봉역에서 한 번 환승을 해야 하고 26개 정류장을 지나서 2시간이 넘게 걸려 도착한다. 반면 ITX는 환승 없이 직행으로 운영되는 까닭에 용산에서 1시간 10분 만에 춘천역에 도착한다. 게다가 연중 사용할 수 있는 자전거 전용 거치대도 설치되어 있어 춘천을 시점으로 하는 자전거 여행 시에 아주 유용하다.

춘천역에 내려 강바람을 맞으며 의암호를 따라 올라가 신매대교를 건너가면 북한강자전거길의 시발점인 신매대교인증센터가 나온다. 기존 호반을 따라 달리는 도로와 나란히 자전거길이 만들어져 있어 의암호 한가운데 떠 있는 중도와 붕어섬을 바라보며 달린다. 호수의 풍경은 언제나 고요하고 평온하다.

의암댐을 빠져 나온 자전거길은 강촌으로 향한다. 의암댐을 지나면 북한강 둔치를 따라 자전거길이 나 있다. 자전거길은 강촌을 앞두고 강을 건너간다. 자전거길은 강촌에서 P턴을 그리며 북한강 왼쪽 둔치를 따라 내려간다. 강변 풍경이 아주 운치 있는 구간이다. 이어서 자전거길은 경강대교를 건너 가평으로 들어선다. 자전거도로 옆으로 보이는 자라섬오토캠핑장에서는 휴일 오전을 즐기는 캠퍼들의 느긋한 분위기를 느낄 수 있다.

춘천에서 가평까지 오는 동안 변변한 언덕이 없던 북한강자전거길은 가평읍을 지나면서 상천고개를 앞두고 업힐이 시작된다. 북한강자전거길 최대의 업힐 구간이다. 과거에는 상천고개를 넘어가기 위해서 옛길을 따라 굽이굽이 감아 올라갔지만 최근 정상 부근에 색현터널이 만들어지면서 이제는 길고 완만한 오르막길로 바뀌었다. 경사도는 완만하지만 긴 업힐이라 조금 힘들게 느껴지는 구간이다. 이곳을 지나면 더 이상의 오르막은 나오지 않는다.

청평 시내에서 다리를 건넌 후 다시 북한강을 따라 달린다. 청평에서 대성리로 이어지는 길도 운치가 있다. 경춘선자전거길과 만나는 샛터삼거리인증센터를 지나면 자전거길은 도로와 나란히 달린다. 남한강과 만나는 양수리 두물머리를 앞두고는 다시 한강 둔치를 따라 자전거길이 나 있다.

① 의암댐 부근 자전거도로. ② 춘천호에 있는 소양강처녀상. ③ 북한강자전거길의 시발점인 신매대교인증센터. ④ 가평 쪽에서 바라본 색현터널 입구.

신매대교인증센터
애니메이션
박물관
Start
춘천역
춘천시
남춘천역
김유정역
경춘선
강촌교
강촌역
굴봉산역
경강대교
인증센터
자라섬
남이섬
가평군
가평읍
연인산
대금산
75
45
37
상천고개 업힐구간
색현터널
아침고요수목원
상천역
호명산
청평역
축령산
98
391
서울양양고속도로
강촌
IC
남춘천
IC
60
대성리역
샛터삼거리인증센터
남양주시
경춘선자전거길
설악
IC
서종
IC
86
70
494
홍천군
양평군
운길산역
Finish
밝은광장인증센터

색현터널
신매대교인증센터
강촌교
경강대교인증센터
샛터삼거리인증센터
운길산역
밝은광장인증센터
150(m)
100
0
10
20
30
40
50
60
70

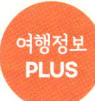

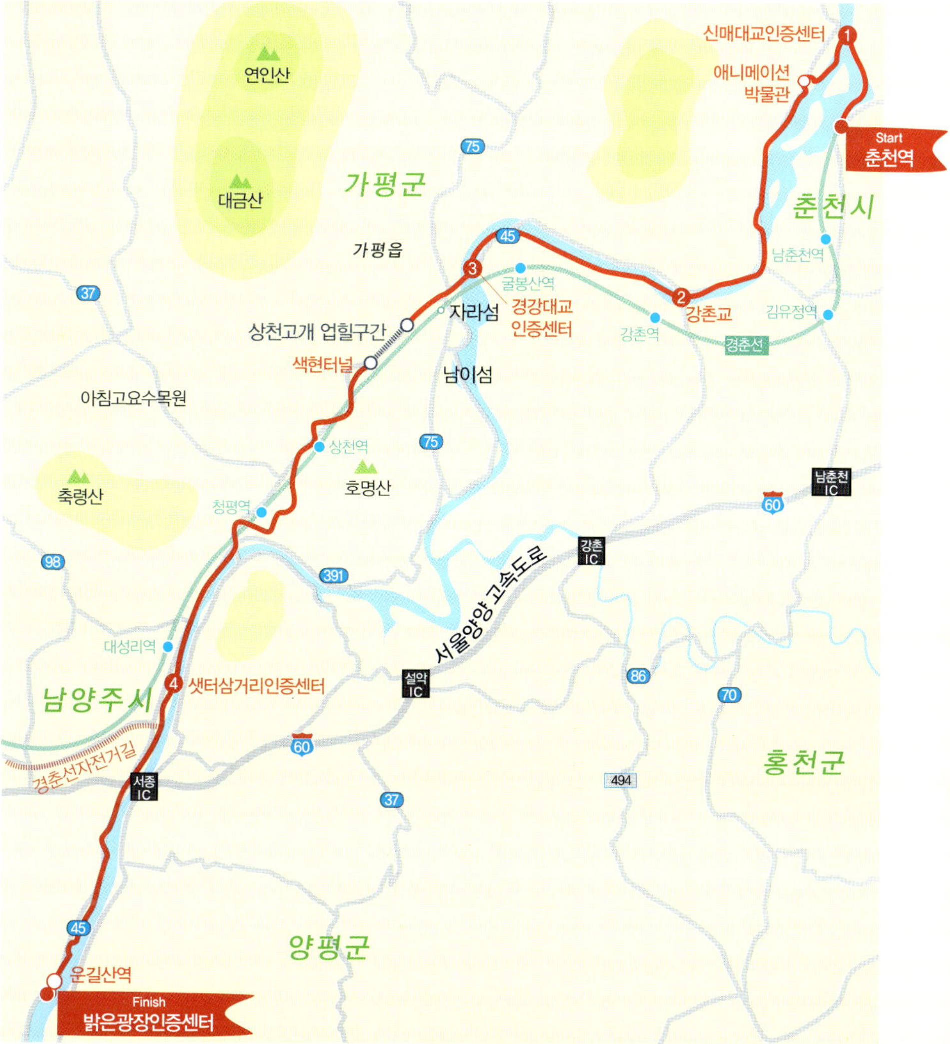

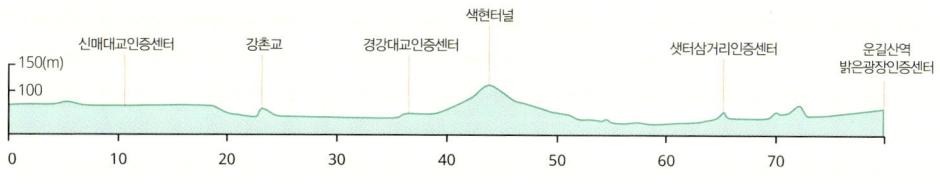

코스 접근

청춘 ITX : 용산-옥수(1일 3회 정차)-왕십리(1일 3회 정차)-청량리-상봉-퇴계원-사릉-평내-마석-청평-가평-강촌-남춘천-춘천을 연결하는 급행열차다. 용산에서 춘천까지 요금은 성인 편도 기준 9,800원이지만 상시할인이 적용되어 8,300원에 이용할 수 있다. 총 8량의 객차 중 맨 앞과 뒤 객차에 각각 4대까지 자전거를 실을 수 있는 거치대가 있다. 인터넷이나 모바일로 매표시 좌석옵션에서 선택하면 된다. 자전거 이용료는 없다.

전철 : 옥수역에서 출발 시 중앙선으로 상봉역까지 이동 후 경춘선으로 환승한다. 26개역을 거치며, 소요시간은 2시간 10분이다. 요금은 성인 편도 3,050원이다.

고속버스 : 강남고속버스터미널에서 춘천터미널까지 수시로 운행된다. 성인 편도 8,000원. 동서울터미널과 잠실역에서도 출발한다.

자가용 : 서울에서 경춘고속도로를 이용해 남춘천IC로 나온다. 고속도로 이용료는 편도 6,200원.

코스 가이드

북한강자전거길은 신매대교인증센터부터 밝은광장인증센터에 이르는 약 71km의 자전거길이다. 춘천역에서 신매대교까지는 약 7km 거리다. 신매대교, 강촌교, 그리고 경강교까지 모두 세 번 다리를 건너가게

① 청춘ITX 객차의 자전거 거치. ② 전철의 자전거 거치.

코스 내비게이션

춘천역 출발
춘천역을 마주보고
우측 방향(북쪽)으로 진행

① **신매대교 5.9km**
북한강자전거길을 따라 북진하다
신매대교를 건너 좌회전

② **강촌대교 23.8km**
강촌대교를 건너서 하단의 자전거도로
연결부를 만날 때까지 직진 후 유턴

되는데, 이때 코스에서 이탈하지 않도록 주의할 필요가 있다. 춘천역에서 신매대교까지는 공지로를 따라 소양2교를 건너 북쪽으로 올라가다 만나는 춘천인형극장 옆의 신매대교를 건너가야 한다.

신매대교, 경강교, 샛터삼거리, 밝은광장에서 인증도장을 찍을 수 있다. 이중에서 운길산역 앞에 있는 밝은광장인증센터(유인)에서 종주인증을 받을 수 있다. 단, 오후 6시에는 업무가 종료된다.

난이도

업힐이 거의 없는 평이한 코스다. 단, 상천고개를 넘어가는 색현터널이 북한강자전거길 최대의 업힐 구간이다. 가평 방면에서 약 3km의 완경사길이 길게 이어진다. 경사도는 5% 미만이지만 길게 이어지는 탓에 기어조작이 서툰 초보자들에게는 오히려 급경사보다 힘들게 느껴질 수도 있다.

보급 및 식사

북한강자전거길은 지방의 자전거 종주 노선과 달리 강촌역, 가평역, 청평역, 대성리역을 연결하는 경춘선 열차노선과 나란히 연결되어 있어 라이딩 도중 보급과 식사를 해결하는 데 어려움이 없다. 신매대교인증센터 지나 의암댐으로 내려오다보면 애니메이션박물관과 만나게 되는데, 이곳 1층에 카페가 있다. 넓은 잔디밭과 그 앞으로 마주 보이는 의암호의 경치가 꽤나 멋있다. 라이딩 중간 커피 한 잔의 여유를 즐겨보자.

① 굴봉산역에 정차중인 청춘 ITX열차. ② 춘천호에 있는 소양강 스카이워크.. ③ 춘천애니메이션박물관 앞의 넓은 잔디밭.

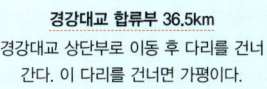

③ 경강대교 합류부 36.5km
경강대교 상단부로 이동 후 다리를 건너간다. 이 다리를 건너면 가평이다.

④ 샛터삼거리인증센터 65km
샛터삼거리인증센터에서 좌회전, 직진하면 경춘선자전거길이다.

⑤ 밝은광장 79 km (종료)

≫ 환상의 드라이브 코스를 달리는 자전거 코스다. 강변을 달리는 수변 구간과 오르막 구간이 적당히 섞여 있어 지루할 틈이 없다. 완만한 오르막길과 탁 트인 주변 경관, 그리고 아기자기한 카페 풍경이 업힐의 피곤함을 덜어준다.

난이도	70점	코스 주행거리	38km(중)
		상승 고도	586m(중)
		최대 경사도	5% 이상(중)
		칼로리 소모량	1,430kcal
코스 접근성	57km (북한강자전거길에서 연결)	한강자전거길 4km → 중앙선/경춘선 전철 18개 정거장 53km 반포대교　옥수역　상봉역 환승　　　　청평역	
소요시간	7시간 12분 (당일 코스)	가는 길 자전거 16분 전철 1시간 19분 총 1시간 35분	코스주행 3시간 52분　　　오는 길 전철 1시간 19분 자전거 16분 총 1시간 35분

02-10 동부권 코스

청평호 굽어보며 달리는 와인딩의 성지
호명산 | 가평군

　자동차 동호인들이 드라이빙의 묘미를 즐기는 방식 가운데 와인딩Winding이 있다. 꼬불꼬불한 길을 따라 계속 핸들링을 하면서 스릴을 만끽한다. 와인딩을 즐기려면 인적 드물고 구불구불한 도로가 필요하다. 도심에서 먼 한적한 고개가 와인딩의 대상이 된다. 이런 곳의 대부분은 자전거를 타기 좋은 업힐 코스와 겹친다.

　가평 복장리에서 시작해 호명산고개를 넘어 상천리로 가는 상지로는 와인딩의 성지로 이름난 곳이었다. 도로 초입에는 이를 증명하듯 '환상의 드라이브 코스'라는 표지판이 세워져 있다. 그러나 이 길은 이제 자전거 라이딩의 성지로 변모했다. 도로 중간중간 과속방지턱을 만들어 놓자 자동차 동호인들이 다른 곳으로 떠났다. 덕분에 다시 한적해진 산길을 자전거가 주인이 되어 달릴 수 있다.

　상지로가 시작되는 복장리로 가려면 북한강자전거길에서 벗어나 호반로를 따라 달려야 한다. 청평호를 따라 난 이 길도 라이딩의 명소다. 쁘띠프랑스 직전까지는 호반 가장자리를 따라 포토샵의 테두리 따기를 한 것 같이 도로가 이어진다. 호수와 도로, 그리고 자전거가 하나가 되어 착착 감기는 듯 타이어를 통해서 전달되는 주행감이 일품이다.

① 노면에 표시된 자전거 주의 안내 표시. ② 호명산 고개 오르막 정상에 있는 사이클대회 기념비.

복장리부터 본격적인 오르막길이 시작된다. 이 길이 라이딩 명소로 자리잡은 이유 가운데 하나는 완만한 경사도다. 앞서 소개한 양평 설매재가 급격한 오르막 경사로 라이더의 혼을 빼놓는 반면, 상지로는 느긋하게 걷듯이 이리저리 산허리를 감아가며 천천히 올라간다. 오르막이 부드러우니 라이딩을 하면서 주변 경관도 한결 눈에 잘 들어온다. 칠부 능선 언저리에 올라서면 시야가 탁 트인다. 오른쪽으로 청평호가 내려다보이기 시작한다. 분명 업힐을 하고 있지만 벅찬 숨에 헐떡거리는 게 아니라 콧노래가 흘러나온다.

이 코스의 반전은 한 가지가 더 있다. 오르막길은 첩첩산중을 달리는 것 같지만 전망 좋은 곳마다 자리한 멋진 카페를 볼 수 있다. 이 카페들은 과거 와인딩의 명소로 각광받으면서 생겨난 것이다. 라이딩을 하다가 청평호 조망이 좋은 곳에 쉬면서 시원한 아이스 아메리카노로 갈증을 달래면 이 코스에서 누릴 수 있는 호사는 거의 다 누린 셈이다.

호명산 향해 가는 길에 볼 수 있는 청평댐.

여행정보 PLUS

① 청평호를 끼고 달리는 호반로. ② 구불구불하게 와인딩을 그리며 시작되는 상지로.

코스 접근

호명산 코스에서 가장 가까운 전철역은 경춘선 청평역과 상천역이다. 호명산을 한바퀴 도는 순환 코스라 어느 역에서 출발하든 상관 없다. 출발한 역으로 원점 회귀해도 되고, 청평역 IN, 상천역 OUT으로 해도 된다. 청평역으로 가려면 경춘선 전철이 출발하는 상봉역으로 가야 한다. 한강자전거길을 이용한다면 옥수역에서 상봉역까지 경의중앙선으로 이동한 뒤 환승한다. 청평역까지는 옥수역 기준으로 18개역을 지나며, 1시간 20분 가량 걸린다. 자가용으로 이동한다면 청평역 공용 주차장(주차료 무료)을 이용한다. 출발지인 청평역은 북한강자전거길과 맞닿아 있다. 반포대교에서 한강자전거길과 남한강자전거길, 북한강자전거길을 경유해 청평역까지는 편도 67km 거리다. 호명산 코스는 전 구간 포장도로이며, 상천~청평 구간은 북한강자전거길을 이용한다. 호명산 코스 안내표지는 따로 없다.

코스 가이드

청평역에서 출발해 시계 반대 방향으로 주행한다. 이렇게 해야 오른쪽으로 청평호를 끼고 달리며 풍경을 감상하기 좋다. 청평역 2번 출구로 나와 역을 등지고 오른쪽 방향으로 라이딩을 시작한다. 얼마 가지 않아 북한강자전거길과 만난다. 서울(운길산역) 방향으로 청평교 건너 고수부지 자전거길로 진입한다. 이 길을 따라가다 청평대교 지나 300m 정도 가면 왼쪽으로 북한강자전거길에서 갈라져 나가는 샛길이 보인다. 이 샛길을 따라 가 호반로를 타고 청평댐 방향으로 주행한다.

청평역을 출발해 15km쯤 가면 쁘띠프랑스를 지난다. 이곳을 지나면 75번 국도와 만나는 고성교차로가 나오는데, 좌회전 한다. 고성교차로에서 복장리까지는 약 4km 거리다. 복장리에 접어들면 상천리, 양수발전소 표시를 따라 좌회전 해 마을길로 접어든다. 이곳부터 본격적인 호명산 업힐이 시작된다. 오르막길

① 호명산 고개 곳곳에 있는 전망 좋은 카페. ② 호명산 자전거 여행 시작점인 청평역. ③ 호반로를 따라 가면 만나는 쁘띠프랑스.

을 따라 가면 양수발전소와 호명호수 갈림길이 나온다. 갈림길에서 호명호수 방향으로 우회전 한다. 이곳부터 외길이다. 오르막길을 계속 따라 가면 사이클 대회 기념비가 있는 정상에 도착한다. 복장리에서 정상까지 업힐 거리는 약 5.5km. 정상에서 내리막길로 접어들면 호명호수 입구와 상천저수지를 지나 상천역에 닿는다. 상천역에서 OUT해도 되고, 북한강자전거길을 따라 출발지였던 청평역까지 가도 된다. 전 구간 아스팔트 포장도로다.

난이도

호명산 코스 총 상승 고도는 586m다. 업힐은 크게 세 곳이 있다. 첫번째 업힐은 쁘띠프랑스를 넘어가는 구간이다. 길이는 1km에 불과하지만 한 번에 치고 오르는 코스라 꽤 길게 느껴진다. 두 번째 업힐은 고성교차로에서 75번 국도를 따라 고성리로 가는 구간으로 거리는 1.5km다. 마지막 업힐은 복장리에서 호명산 정상 구간으로 5.5km 거리다. 세 곳의 업힐 모두 10% 이상 급경사는 없다. 로드 자전거로도 충분히 달릴 만하다.

주의 구간

상천역에서 청평역 사이 북한강자전거길 구간을 제외하면 전 구간 공도를 주행해야 한다 청평댐에서 복장리 구간은 관광지를 오가는 차량들로 제법 분주하다. 가평 시티 투어 버스도 이 구간을 주행해 차량 통행에 주의한다. 호명산 구간은 차량 통행이 거의 없이 한적하다. 오르막 못지 않게 내리막도 5km에 걸쳐 길게 이어진다. 출발 전 브레이크 점검을 미리 해두자.

여행 정보

라이딩 코스와 인접한 관광지 중에 가장 유명한 곳이 **호명호수**다. 호명호수는 청평호반에 이어 가평8경 중 제2경으로 친다. 해발 535m의 호명산 정상에는 물이 저장된 인공 호수가 있다. 복장리 양수발전소에 공급할 물을 저장하기 위해 만들어진 호수다. 자전거 코스는 하단의 호수공원 주차장을 경유한다. 아쉽게도 정상 호수로는 자전거와 자가용은 진입금지다. 호명호수로 가려면 주차장과 호수 사이를 오고 가는 셔틀버스를 이용해야 한다. 버스요금은 1,300원, 교통카드 사용도 가능하다. 호수 둘레 길이는 1.9km이며, 자전거 대여소가 있어 자전거를 빌려 탈 수 있다. 요금은 30분 기준 1인용 3,000원, 2인용 5,000원이다. 동절기(11월~4월)에는 개방하지 않는다. **호명호수관리소**(☎ 031-580-2062)

보급 및 식사

호명산 코스에는 카페가 많다. 이 가운데 가장 유명한 곳을 꼽으라면 **로코갤러리**(☎ 031-585-9083)일 것이다. 자동차 동호회 모임 장소로 널리 알려진 곳으로, 이를 증명하듯 카페 정문에는 자동차 동호회 스티커가 가득 붙어 있다. 카페 건물이 유럽풍이라 새 차를 뽑으면 이곳을 첫 번째 드라이브 코스로 삼는다고 한다. 2층은 갤러리, 1층은 카페로 운영된다. 카페지만 라면 맛집으로 알려져 있다. 라면은 세트메뉴(라면+음료 택1 1만2,000원)로만 판매한다. 자동차 동호인들 사이에 '호명산에 라면 먹으러 갈까?'라는 말이 유행한 적이 있었다고 하니 그 라면 맛이 궁금하면 한 번 들러보자.

상지로 따라 호명산 가는 길에 만나는 카페.

>>> 계곡이라고 다 같은 계곡이 아니다. 풍부한 수량과 더불어 절경도 품고 있어야 한다. 가평군 용추계곡은 계곡의 품격이 무엇인지를 말해주는 곳이다. 계곡 그 자체로 훌륭하지만 계곡 끝에서 시작되는 연인산 임도는 MTB 마니아들의 도전욕을 불러온다. 이 임도는 칼봉산을 한 바퀴 돌아 경반계곡까지 연결된다.

난이도	40점 or 90점		용추계곡	연인산 임도 풀코스
		코스 주행거리	20km(하)	43km(중)
		상승 고도	176m(하)	995m(상)
		최대 경사도	5% 이하(하)	10% 이상(상)
		칼로리소모량	567kcal	2,188kcal
코스 접근성	57km (북한강자전거길에서 연결)	한강자전거길 4km → 중앙선/경춘선 전철 20개 정거장 53km 반포대교 — 옥수역 — 상봉역 환승 — 가평역		
소요시간	6시간 44분 (당일 코스)	가는 길 자전거 16분 전철 1시간 36분 총 1시간 52분	코스주행 3시간	오는 길 전철 1시간 36분 자전거 16분 총 1시간 52분

연인산 품에서 시원한 물놀이
용추계곡 | 가평군

    가평군은 양평군과 함께 수도권 동부 라이딩의 핵심 지역이다. 두 군은 북한강과 남한강 수계가 지나는 것은 물론 이름난 산이 많아 산과 계곡에 다양한 라이딩 코스가 있다. 이 가운데 가평의 진산으로 불리는 연인산에서 발원하는 용추계곡은 계곡 라이딩 코스 가운데 으뜸이라 할 수 있다. 용추계곡은 MTB 라이더라면 꼭 한 번 도전하고 싶어하는 연인산 MTB 코스의 출발점이기도 하다.

    용추계곡은 계곡 길이가 24km로 수도권 계곡 중에서 압도적으로 길다. 연인산 품으로 파고 든 이 길고 긴 계곡은 수량이 풍부하다. 허리춤까지 깊숙이 잠기는 곳이 널려 있다. 계곡의 풍광도 수려하다. 용추폭포(와룡추)를 필두로 무송암, 고실탄, 일사대, 추월담 등 9곳의 빼어난 경치를 일컫는 용추구곡을 품고 있다. 이처럼 계곡이 좋아 일찍부터 관광지로 주목받았다.

    용추계곡은 봄가을도 좋지만 여름철 물놀이 라이딩 장소로 제격이다. 그 이유는 라이딩 코스가 계곡을 따라 완만한 경사로 이루어졌기 때문이다. 용추계곡 가장 위쪽에 위치한 9경까지 크게 힘들이지 않고 올라가볼 수 있다. 계곡 위로 올라갈수록 인적이 드물어지는 것은 보너스다. 산악인은 산이 있어 정상에 오르고, 라이더는 길이 있어 그 길을 달린다. 하지만 때로 그 길을 다 달리지 않고 중간에 멈춰도 좋을 때가 있다. 특히, 달려야 할 곳이 한여름 날의 용추계곡이라면 더욱 그렇다.

① 아담한 용추폭포. ② 신록이 물든 용추계곡 진입도로.

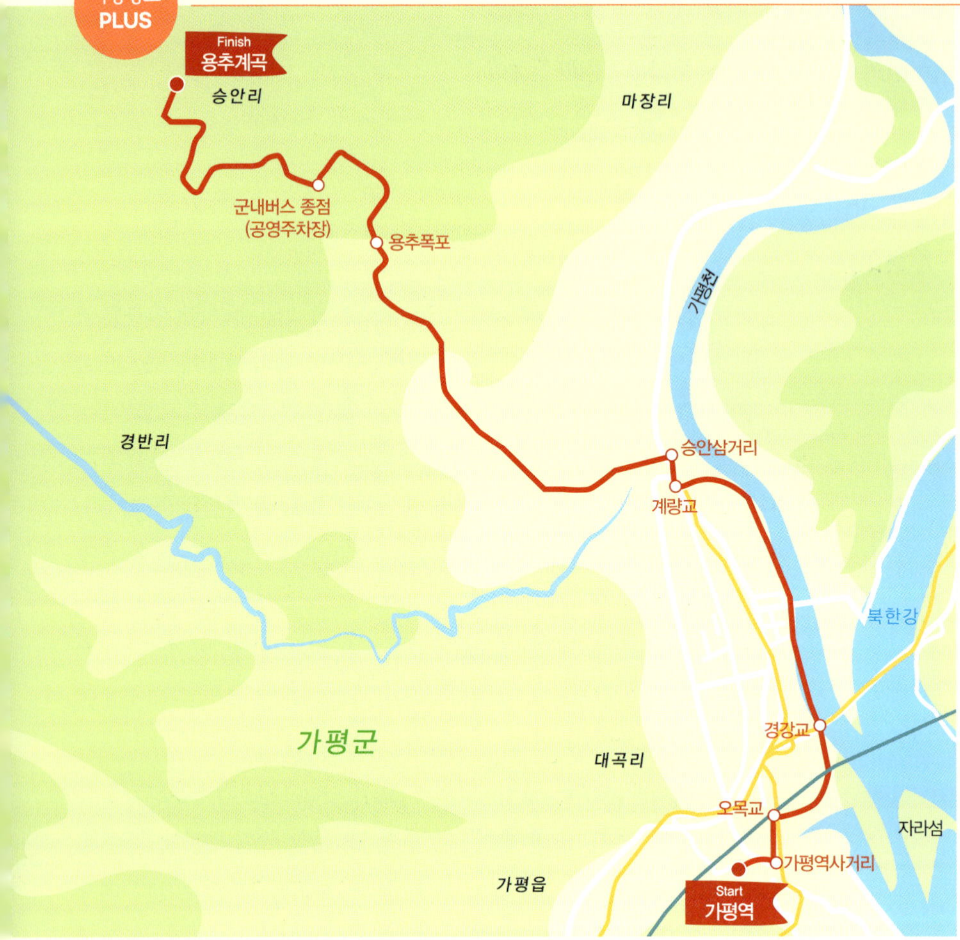

여행정보 PLUS

Finish 용추계곡
승안리
마장리
군내버스 종점 (공영주차장)
용추폭포
경반리
승안삼거리
계량교
가평군
북한강
경강교
대곡리
자라섬
오목교
가평읍
가평역사거리
Start 가평역

연인산 MTB 코스 고도표

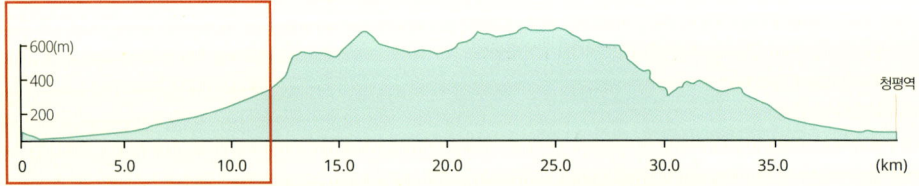

연인산 MTB 코스 중 용추계곡 구간

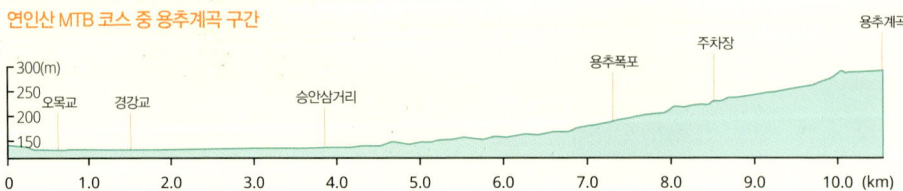

코스 접근

용추계곡은 경춘선 가평역에서 가깝다. 한강자전거길과 연결되는 옥수역에서 출발한다면 상봉역에서 경춘선으로 환승한다. 옥수역 출발 기준 가평역까지는 약 1시간 30분 정도 걸린다. 용산과 춘천을 오가는 청춘ITX와 청량리에서 춘천을 오가는 경춘선 급행열차도 가평역에 정차한다. 경춘선 급행열차는 상봉역에서 가평까지 48분에 주파한다. 단, 이 열차는 평일 출퇴근 시간에 1일 3회 운행한다. 청춘ITX는 상봉역에서 가평까지 41분 걸린다. 자전거 거치대가 있는 좌석이 있어 평일 출퇴근 시간과 상관없이 이용할 수 있다. 상봉–가평 편도 요금은 4,500원, 자전거 탑승 좌석은 코레일톡에서 예약 가능하며, 추가 요금은 없다. 옥수역에서도 하루 3회 가평으로 운행하는 ITX열차가 정차한다. 주말 정차 시간은 아래 표와 같다. 평일은 운행시간이 달라진다. 코레일톡 홈페이지(www.letskorail.com) 참조

(2021년 1월 기준)

옥수역(출발)	경유 역	청평(도착)	가평(도착)	가평역 출발 옥수역
08:55(ITX-2009)	옥수-왕십리-청량리-평내호평-가평	–	09:43	15:30(ITX-2032)
11:10(ITX-2017)	옥수-왕십리-청량리-청평-가평	11:49	11:57	16:37(ITX-2036)
12:07(ITX-2021)		12:48	12:57	18:43(ITX-2044)

코스 가이드

가평역 1번 출구로 빠져 나와서 역사를 등지고 좌측으로 이동한다. 가평역사거리에서 우회전한 뒤 바로 나오는 오목교를 건너자마자 우측 북한강자전거길로 진입한다. 북한강자전거길은 경강교인증센터를 지나 경강교를 넘어가게 되어 있지만 용추계곡은 다리 아래 가평제방길을 따라 북진한다. 계량교에 도착해 다리를 건넌 다음 승안삼거리에서 좌회전 7번 군도(용추로)를 따라 간다.

승안리로 접어들면 용추구곡 중 1경인 용추폭포(와룡추)가 나온다. 이곳부터 용추구곡이 시작된다. 용추2곡이 있는 곳에 용추계곡을 운행하는 버스 종점이 있다. 공용 주차장도 있어 자가용으로 이동했다면 이곳에 주차하고 라이딩을 시작한다. 용추2곡 이후로도 포장도로가 이어진다. 하지만 도로 폭이 좁고 주차는 물론 회차도 어렵다. 용추계곡 상류에 있는 펜션을 이용하는 것이 아니라면 차량은 더 이상 진입하지 않는 게 좋다. 용추2곡부터 청풍능선으로 올라가는 등산로가 시작되는 지점까지가 용추계곡의 하이라이트다. 물놀이를 왔다면 적당한 지점에 자리를 잡으면 된다. 용추계곡길은 전 구간 포장도로이며, 가평천자전거길 구간을 제외하고 대부분 공도 주행이다. 안내표시는 따로 없다.

난이도

가평역에서 용추계곡까지 거리는 왕복 20km. 상승 고도는 176m에 불과하다. 용추폭포를 지나면서 완경시기 시작된다. 초보자도 부담 없이 주행할 수 있는 구간이다. 본격적인 연인산 MTB 코스 임도가 시작되는 상류지역 직전까지 포장도로가 개설되어 있어 로드 자전거로도 접근이 가능하다.

주의 구간

대부분 공도를 주행한다. 가평 읍내를 통과할 때 가평천자전거길을 이용하면 공도 주행거리를 좀 줄일 수 있다. 차량 통행이 많은 코스는 아니다.

여행 정보

경반계곡 하류에 가평군에서 운영하는 **칼봉산자연휴양림**(☎ 070-4060-0831)이 있다. 휴양관 12실과 숲속의 집 10동, 황토집 6동 규모의 숙박시설이다. 계곡에 인접해 있고 주변에 잣나무숲이 울창해 하룻밤 쉬어가기 좋다. 아쉽게 캠핑장은 운영하지 않는다. 산림청에서 운영하는 숲나들e 웹사이트에서 예약이 가능하다. 매월 10일 16:00부터 한 달치 선착순 예약이 오픈 된다. 캠핑은 자라섬오토캠핑장이나 연인산다목적캠핑장을 이용하자.

보급 및 식사

가평군은 강원도 접경지역이라 유달리 막국수 맛집이 많다. 북면에 위치한 **평화막국수**(☎ 031-582-0031)가 가성비 좋지만, 자전거로 가기에는 거리가 좀 멀다. 가평읍에서 가장 유명한 막국수집으로는 **송원막국수**(☎ 031-582-1408)를 꼽는다. 막국수 8,000원.

① 가평천을 따라 와 용추계곡으로 길이 나뉘는 승안삼거리. ② 용추계곡에서 쉬고 있는 행락객들. ③ 용추계곡 상류의 비좁은 도로.

연인산 MTB 코스

용추구곡을 지나서 상류로 계속 전진하면 연인산 MTB 코스로 진입하게 된다. 이 코스는 산악자전거 마니아라면 누구나 한 번쯤 달리고 싶어한다. 연인산 MTB 코스는 구라우~전패~우정고개~회목고개~경반사~경반분교~칼봉산자연휴양림~가평종합운동장으로 되돌아 나온다. 코스 길이는 43km, 시계 반대 방향으로 주행하도록 안내한다.

연인산 MTB 코스는 결코 만만한 임도가 아니다. 상승 고도는 거의 1,000m에 이른다. 중간중간 주행이 불가할 정도로 가파른 업힐 구간이 있다. 또 초보자는 엄두조차 내기 힘든 터프한 곳도 있다. 임도 라이딩 경험이 어느 정도 있는 중급자 이상이 도전해볼 만하다. 주행 시간은 대중없다. 라이더의 능력에 따라 주행 시간이 결정된다. 중급자 기준 3시간 정도 예상하면 된다.

연인산 MTB 코스는 계곡을 따라 올라가 계곡으로 내려오는 코스라 중간중간 물길을 자전거로 주파하는 스릴 넘치는 경험도 해볼 수 있다. 또 일단 코스에 진입하면 보급이 불가능하다. 따라서 충분한 식수와 행동식을 준비한다. 스마트폰이 터지지 않는 구간도 있다. 미리 코스를 숙지하고, 오프라인 맵을 저장한 뒤 도전해야 한다. 2017년까지는 이곳에서 가평군과 대한자전거연맹 주최로 매년 연인산 전국 산악자전거 대회가 개최되었다. 그러나 11회 대회를 마지막으로 더 이상 대회가 열리지 않고 있다.

①②③ 연인산 MTB 코스는 험난한 임도와 물길을 건너 가는 터프한 코스로 MTB 마니아들의 도전욕을 불러일으킨다.

03
-자전거 여행 바이블-
남부권 코스

>>> 가끔 가까이에 있는 소중한 것의 가치를 모르고 무심코 스쳐 지날 때가 많다. 수원화성도 그런 곳 중에 한 곳이다. 라이딩 거리는 짧지만 볼거리, 먹을거리가 풍부한 코스다. 성인에서 어린이까지 모두 좋아할 라이딩 코스다.

			성곽일주	화성 관광
난이도	40-20점 (성곽일주/화성관광)	코스 주행거리	7km(하)	6km(하)
		상승 고도	96m(하)	72m(하)
		최대 경사도	10% 이상(상)	5% 이하(하)
		칼로리 소모량	243kcal	144kcal
코스 접근성	37km (대중교통 가능)	자전거 3km / 반포대교 → 동작역	전철 17개 역 31km	→ 자전거 3km / 화서역 → 수원화성
소요시간	6시간 (당일 코스)	가는 길 자전거 12분 전철 1시간 7분 자전거 12분 총 1시간 13분	코스주행 외곽일주 1시간 화성관광 1시간 30분 서장대 업힐 30분 총 2시간 50분	오는 길 자전거 12분 전철 1시간 7분 자전거 12분 총 1시간 13분

한양도성의 미니어처
수원화성 | 수원시

세계문화유산으로 지정된 수원화성은 조선 정조 때 만들어진 계획도시다. 정조는 아버지 사도세자의 무덤을 옮기고 왕권을 강화하고 개혁정치를 실시하기 위해서 화성 축성을 시작했다. 이 중책은 당시 30세의 실학자 정약용이 맡아 진행했다. 그는 신공법과 함께 거중기와 같은 첨단도구를 도입해서 34개월 만에 대공사를 마무리 지었다.

수원화성 성곽 둘레는 총 5.7km. 성곽 서쪽으로 팔달산을 끼고 있으며 그 중심에는 화성행궁이 자리 잡고 있다. 그리고 수원천이 화성 가운데를 가로질러 흐른다. 마치 서울의 축소판 같은 모습을 지니고 있는데, 서울의 성곽이 도시가 팽창함에 따라 건물과 도로로 이리저리 잘려나간 반면 화성은 남쪽 팔달문 부근을 제외하고 거의 완벽하게 연결되어 있다. 따라서 서울과 달리 이곳에서는 성을 따라서 한바퀴를 돌아볼 수 있는 성곽길 트레킹이 가능하다. 당연히 자전거로도 성을 한 바퀴 돌아볼 수 있다.

성곽길뿐만 아니라 화성 안에는 다양한 볼거리들이 방문객을 기다리고 있다. 화성박물관, 차 없는 마을로 유명했던 행궁동, 그리고 화성행궁뿐만 아니라 벽화골목, 공방거리, 치킨골목 같은 특색 있는 골목들도 있다. 이렇게 성 곳곳에 있는 관광지를 자전거 타고 돌아보는 재미가 제법 쏠쏠하다. 또 작은 업힐 구간도 있다. 바로 서장대로 올라가는 구간이다. 이곳 역시 서울의 북악스카이웨이를 축소해놓은 듯한 코스인데, 차량 출입이 금지된 길을 따라서 왕복 2.4km의 업힐 코스를 올라가 볼 수도 있다. 100m 남짓의 얼마 안 되는 높이지만 정상인 서장대에서 내려다보는 수원의 모습은 낮과 밤 모두 근사하다.

여행정보
PLUS

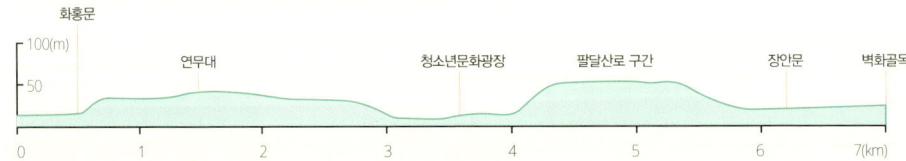

코스 내비게이션

화성박물관 출발 0km

① 동남각루 직전 2.9km
성벽 외곽길을 따라가다 동남쪽
끝에서 내려와 지동시장으로 진입

② 청소년문화공연장 3.53km
팔달문을 통과해서 청소년문화공연장까지
온 뒤 남쪽으로 250m 직진

난이도

팔달산로로 진입하는 약 70m가 급경사 구간이다. 이곳을 제외하면 일주 코스에서 더 이상의 업힐은 없다.

여행 정보

수원화성 행궁을 돌아보려면 관람료(1,500원)를 내야 한다. 수원화성박물관 관람료(2,000원)도 별도로 내야 한다. 수원화성, 행궁, 화성박물관, 수원박물관을 모두 이용할 수 있는 통합권은 3,500원이다. 팔달산 정상에 있는 효원의종을 타종해볼 수 있다. 2인 3회 타종에 1,000원. 연무대에서 국궁체험이 가능하다. 10발 2,000원. 팔달산에서 장안문을 거쳐서 연무대까지 3.2km를 왕복 운행하는 화성열차를 타볼 수 있다. 성인 1,500원.

코스 접근

수원화성에서 가까운 곳에 1호선 화서역이 있다. 4호선 동작역에서 출발하면 금정역까지 12정거장을 이동한 뒤 1호선으로 환승해서 다시 5정거장을 이동한다. 약 1시간 소요. 자가용으로 접근할 때는 화성행궁(수원시 팔달구 행궁로18), 창룡문(수원시 팔달구 매향동233), 연무대(수원시 팔달구 창룡문로94번 길 28)의 공용주차장을 이용하면 된다. 요금은 3시간에 2,000원, 1일 만원이다. 수원화성 중심부에 있는 수원화성박물관 주차장도 이용 가능하다.

보급 및 식사

화성 안에는 치킨집들이 모여 있는 일명 치킨골목이 있다. 맛과 푸짐한 양으로 유명한 곳들인데 닭모래집도 튀겨준다. **진미통닭**(☎ 031-255-3401) 후라이드 한 마리 1만6,000원. 팔달문 인근 지동시장에는 순대타운이 형성되어 있는데, 순대곱창볶음은 기름에 볶아내는 것이 아니고 국물에 졸여내 맛이 좀 더 부드럽다. **고향집**(☎ 031-247-9802) 순대곱창볶음 1인분 9,000원.

코스 가이드

수원화성박물관에서 출발하면 화홍문까지 올라간 뒤 화성열차 전용도로를 따라서 연무대까지 이동한다. 이곳에서 성 외곽으로 나와서 동북노대를 끼고 성벽 밖을 따라 오른쪽으로 돌기 시작한다. 성의 남측 끝부분에 도달하면 지동시장으로 내려와서 팔달문을 건너 청소년문화공연장까지 간다. 그 다음 호텔센츄럴까지 내려와서 우회전 후 팔달산로와 합류한다.

③ 호텔센츄럴 3.78km
호텔센츄럴이 보이면 우회전

④ 팔달산로 진입부 4.0km
70m의 급경사 구간을 올라가서 우회전

>>> 문원계곡은 라이딩과 트레킹을 동시에 즐길 수 있는, 아니 즐겨야 하는 코스다. 문원계곡은 서울 강남권에서 접근성이 좋다. 여름철 시원한 계곡 생각이 간절할 때 가볍게 떠나보자.

			라이딩	트레킹
난이도	50점	코스 주행거리	48km(중)	2.4km(하)
		상승 고도	67m(하)	154m(하)
		최대 경사도	5% 이하(하)	10% 이상(상)
		칼로리 소모량	1,609kcal	
코스 접근성	0km (한강자전거길에서 연결)			
소요시간	4시간 6분 (당일 코스)	코스주행 3시간 16분 트레킹 50분 총 4시간 06분		

관악산에 꽁꽁 숨겨진 비경
문원계곡 | 과천시

초보자나 일반인이 흔히 하는 자전거 여행에 대한 오해가 있다. 자전거 타는 사람들은 모든 이동을 자전거로 할 것이라는 생각이다. 그러나 이것은 분명 오해다. 서울에서 부산까지 자전거를 타고 일주일이 걸리는 종주 여행을 할 수도 있지만, 대중교통이나 자가용을 이용해서 자전거 타기 좋은 곳으로 점프할 수도 있다. 또 캠핑과 트레킹 등 다양한 레저와 결합해 즐길 수도 있다.

문원계곡 라이딩은 과천에 숨겨진 계곡을 찾아가는 여정이다. 여름철 많이 하는 자전거 라이딩과 물놀이를 조합한 코스다. 문원계곡은 여기에 짧은 거리의 하이킹까지 더한다. 관악산 남쪽에 자리한 문원계곡이 특별한 것은 접근성 때문이다. 정부종합청사 바로 뒤편에 있어서 과천 시내에서 가깝다. 서울에서 한강과 탄천, 양재천 자전거길을 이용해 갈 수 있어 접근성이 탁월하다. 이렇게 접근성이 좋지만 문원계곡은 아직 호젓하다. 아직까지 크게 입소문나지 않은 탓이다. 현지인들만 간간히 찾아 피서철에도 교통 혼잡이나 인파에 치일 걱정이 없다.

문원계곡 풍광은 예사롭지 않다. 계곡은 중간 중간 작은 폭포를 이루고 있다. 바위 틈을 흘러내리는 2단 폭포를 비롯해 계곡 최상단에 있는 문원폭포가 그 주인공이다. 이 계곡은 수량이 많은 편이 아니라서 문원폭포의 수량도 그리 풍부하지는 않다. 그래도 2단 폭포까지만 올라도 제법 오지 속에 들어온 느낌이 물씬 풍긴다. 물놀이 후 마당바위에 누워서 한숨 쉬어간다면 이만한 피서지도 없다. 무더운 여름날 시원한 계곡을 찾아 즉흥적으로 떠나고 싶다면 추천할 만한 코스다.

용산구
강남구
서초구
과천시
성남
한강
동호대교
한남대교
반포대교
한강대교
잠실대교
Start
반포대교
강남고속버스터미널
7호선
9호선
2호선
3호선
4호선
8호선
코엑스
한강-탄천 합수부
잠실종합운동장
탄천-양재천 합수부
탄천자전거길
강남역
교대역
양재역
남부터미널
양재천자전거길
사당역
예술의전당
우면산
양재시민의숲
양재 IC
구봉산
내곡 IC
여의천자전거길
경부고속도로
서울대
선바위역
과천경마공원
관악산
Finish
문원폭포
서울랜드
중앙로 은행나무길
관악산 등산로 입구
중앙공원 (양재천자전거길 종점)
국사편찬위원회
청계산

200(m)
100
한강 탄천 합수부
탄천 양재천 합수부
선바위역
중앙공원
등산로 입구
문원폭포
도보이동
0
2.0
4.0
6.0
8.0
10.0
12.0
14.0
16.0
18.0
20.0
22.0
24.0
(km)

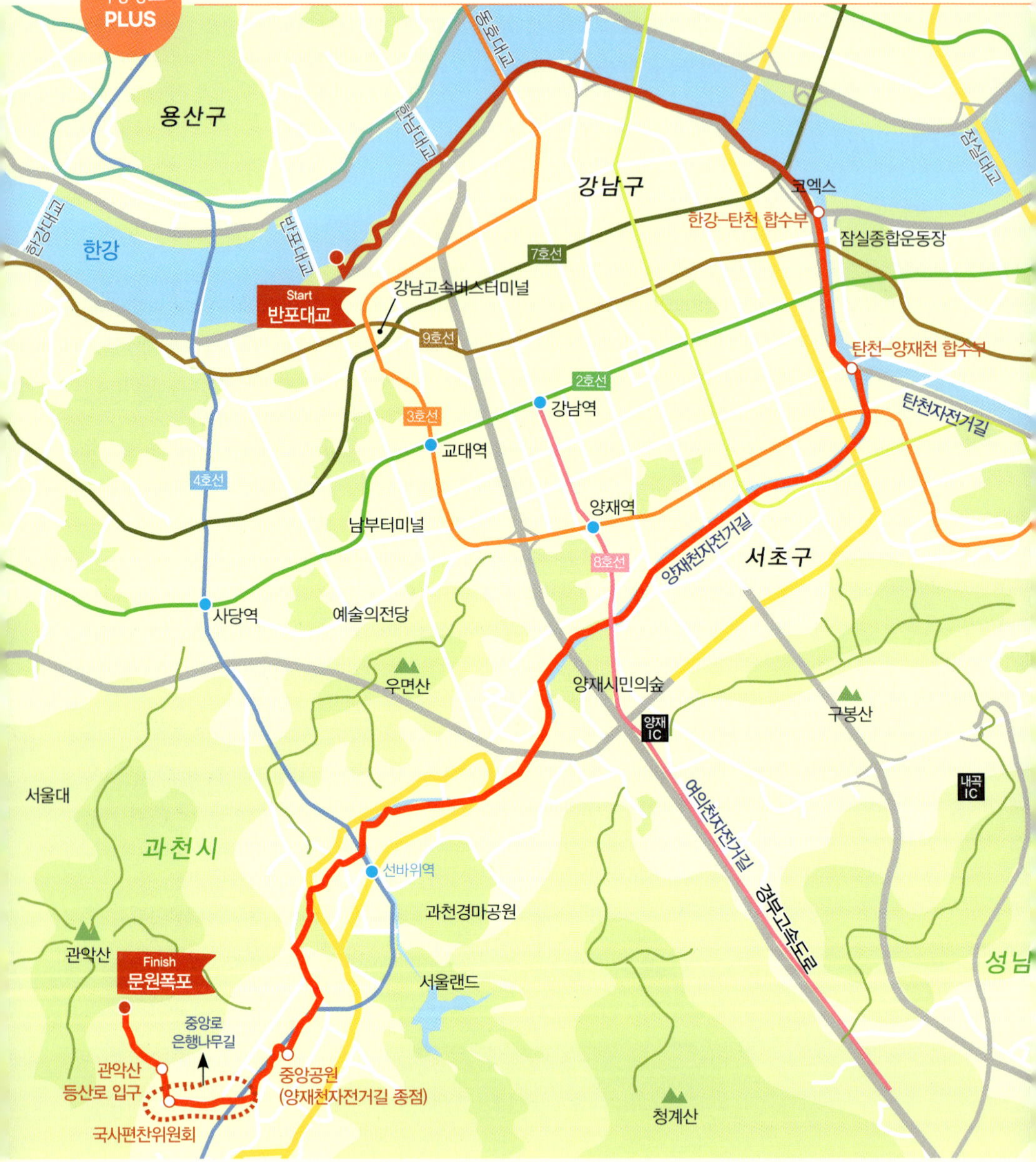

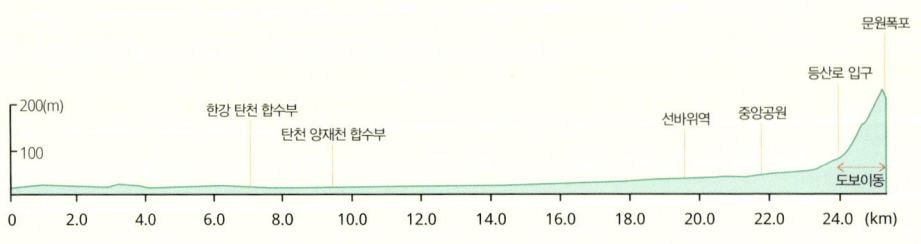

코스 접근

문원계곡은 서울에서 자전거로 쉽게 접근할 수 있다. 한강과 탄천, 양재천 자전거길을 타고 갈 수 있어 공도주행의 부담이 거의 없다. 서울에서 왕복 라이딩을 해도 되고, 편도로 가도 된다. 계곡 입구에서 2km 거리에 4호선 정부종합청사역이 있어 전철로 점프할 수 있다.

코스 가이드

문원계곡 가는 길은 하트 코스를 역방향으로 주행한다고 생각하면 된다. 반포대교에서 출발하면 잠실 방향으로 라이딩을 시작한다. 청담대교 인근 탄천 합수부에서 탄천으로 진입한다. 이후 양재천 탄천 합수부에서 양재천으로 진입한다. 과천정부청사역 인근 중앙공원에서 양재천자전거길은 종료된다.

중앙공원을 빠져나오면 횡단보도를 건너 중앙로 우측을 따라서 남하한다. 교육원삼거리에서 우회전 해서 국사편찬위원회 방향으로 올라간다. 국사편찬위원회를 지나 200m 정도 올라가면 오른쪽에 작은 샛길이 보인다. 표지판에 연주암, 문원폭포 가는길이 안내되어 있다. 라이딩은 여기까지다. 이곳에서 200m 정도 야자매트가 깔려 있는 소로를 통과하면 관악산 산불초소에 도착한다. 이곳부터는 자전거를 가져갈 수 없다. 초소 근처에 자전거를 주차하고 트레킹 모드로 움직여야 한다. 이곳에서 문원폭포까지는 편도 1.2km다.

등산로 초입에 사방댐으로 막아 생긴 작은 소가 있다. 이곳도 물놀이를 즐기기에 좋은 장소다. 완만한 등산로를 따라서 1km 이동하면 마당바위를 거쳐서 2단 폭포에 도착한다. 문원폭포는 200m정도 더 올라가야 한다. 등산로를 따라서 계속 오르면 관악산 연주암까지 연결된다.

난이도

자전거로 갈 수 있는 문원계곡 등산로 입구까지 상승 고도는 67m다. 거의 오르막이 없는 평지 구간을 주행하게 된다. 등산로 입구에서 2단폭포까지 1.2km는 트레킹을 해야 하며, 30분 정도 소요된다. 등산로는 급경사 구간 없이 완만하게 폭포까지 이어진다. 단, 클릿 슈즈로는 오를 수가 없다. 클릿 슈즈를 신고 갈 때는 별도로 신발을 준비한다.

마당바위에서 휴식을 취하는 등산객.

① 관악산 문원계곡을 향해 가는 정부종합청사 인근. ② 가을이면 노랗게 물드는 정부종합청사 은행나무 가로수길.

주의 구간

거의 전 구간 자전거길로 연결되어 있어 초보자도 주행하기 좋다. 과천 중앙공원에서 등산로 입구까지 일반 도로를 2km 정도 달려야 하지만, 과천 시내는 보행자 인도에 자전거도로가 있어 공도 주행의 부담이 없다. 양재천은 하천 양쪽에 모두 자전거도로가 있다. 주의할 점은 자전거길이 일방통행이라는 것이다. 어떤 방향에서 진입하더라도 강을 중심에 놓고 오른쪽 길을 달려야 한다. 대치동 구간은 자전거도로로 산책하는 주민이 유난히 많다. 이 구간을 달릴 때는 보행자와의 추돌을 항상 주의해야 한다. 자전거를 세워두고 문원계곡을 오를 때는 도난방지도 신경 쓰자. 자물쇠를 준비해 가는 게 좋다.

여행 정보

교육원로 은행나무길 : 과천의 라이딩 명소 가운데 '교육원로'가 있다. 정부종합청사에서 공무원인재개발원까지 연결되는 왕복 4차선의 짧은 구간으로 길가에 은행나무 가로수가 도열해 있어 '청사은행나무길'로 불리기도 한다. 은행나무는 제법 굵어 가을 단풍철이면 주변을 노란색으로 물들여 장관을 연출한다. 차량의 통행도 거의 없어 출사는 물론, 라이딩 하기도 좋다.

양재천자전거길 : 양재천은 관악산에서 발원해 과천 중앙동과 서울 서초구, 강남구를 거쳐 탄천과 합류한 뒤 한강으로 이어진다. 하천 길이는 18.5km다. 과거에는 공수천, 학여울 등 여러 이름으로 불렸으나 현재는 양재동을 흐른다 해서 양재천으로 고정되었다. 양재천은 강남 남부를 관통해 흐르는 까닭에 자전거 주행 시 거대한 주상복합 아파트와 느티나무가 만들어내는 독특한 풍경을 보며 달릴 수 있다. 하천과 나란히 나 있는 양재천로(영동5교~영동3교) 주변에는 메타세콰이아 가로수가 식재되어 있어 단풍길로 불린다. 영동3교에서 영동1교 사이에는 강변을 따라 카페와 와인 바가 많아 양재천 와인거리로 불리기도 한다.

보급 및 식사

한강자전거길을 벗어나면 양재천자전거길에서 빠져나올 때까지 중간에 식사를 해결하거나 보급을 받을 만한 곳이 없다. 문원계곡 초입에도 식당이나 편의점이 없다. 경로를 벗어나지 않고 보급과 식사를 해결할 곳은 과천 중앙공원 일대가 유일하다. 정부종합청사 맞은편 먹자거리에 있는 **은지영양순대**(☎02-502-1512)는 푸짐한 순대국(6,000원)으로 이름났다.

① 마당바위 인근 폭포. 비 온 뒤 가면 수량이 풍부해 더욱 멋지다. ② 문원계곡으로 들어가는 진입로. ③ 문원계곡의 아담한 2단 폭포 ④ 문원계곡 등산로 초입의 사방댐과 구름다리.

≫ 왕송호수에서 백운호수까지 연결된 산들길은 기묘한 자전거길이다. 자전거길이 메밀국수 면발 같이 뚝뚝 끊어진다. 매끄러운 포장길을 달리나 싶다가도 금새 싱글 임도로 라이더를 밀어 넣는다. 길 찾기 게임을 즐긴다 생각하고 달리면 오히려 흥미롭다.

난이도	60점	코스 주행거리	26km(하)
		상승 고도	702m(상)
		최대 경사도	5% 이상(중)
		칼로리 소모량	1,080kcal
코스 접근성	25km (대중교통 가능)	지하철 7호선, 1호선 16개 정거장 25km 고속터미널역 — 가산디지털단지역(환승) — 의왕역	
소요시간	4시간 54분 (당일코스)	가는 길 전철 54분 총 54분	코스주행 3시간 28분	오는 길 전철 32분 총 32분

호수와 호수를 이어 달린다
산들길 | 의왕시

　북유럽에서 시작된 아웃도어 가운데 오리엔티어링Orienteering이 있다. 숲에서 지도와 나침반을 이용해 목적지를 찾아가는 레포츠다. 자전거 경기 중에는 브레베Brevet가 이와 비슷하다. 200~1,200km에 달하는 코스를 각 기준점을 통과하며 정해진 시간 내에 완주하는 비경쟁 경기다. 최근 의왕시에서 조성한 산들길은 브레베에 참가한 기분이 드는 자전거길이다. 자전거길로 이름을 붙여놨지만 길을 찾아 다니며 라이딩을 해야 한다.

　산들길은 왕송저수지에서 백운호수 사이에 조성됐다. 잘 만들어진 자전거길을 달리다보면 갑자기 길이 끝난다. 길을 찾아 비포장 언덕을 넘어가면 다시 자전거길과 만난다. 그렇게 이어졌다 끊어지고 끊어졌다 이어지기를 반복한다. 또 포장도로에서 비포장길로, 비포장길도 임도에서 싱글 임도로 정말 다양한 구간을 주파하게 설계되었다. 길을 찾아 헤매는 구간도 서너 곳 있다. 이 때문에 중간중간 위성지도를 보며 위치 확인을 해야 한다. 현지 라이더에게 길을 물어봐도 선문답 같은 답변이 되돌아온다. '아 거기는 설명하기가 좀 그런데... 계속 가다 보면 길이 있어요!'

　이처럼 산들길은 기묘하게 코스가 설계되었다. 그런데 그게 매력이다. 오리엔티어링을 하듯이 라이딩을 하면 나름 흥미 있다. 하지만 이런 사전지식 없이 샤방한 라이딩을 기대하고 진입했다가는 낭패를 볼 수도 있다. 산들길은 중간에 길을 잃어야 제대로 라이딩을 하는 자전거길이다.

교통대학교 인근 의왕철도 테마거리.

코스 접근

산들길 출발지는 왕송호수와 가장 가까운 지하철역인 의왕역이다. 서울 고속버스터미널역에서 출발하면 가산디지털단지역에서 1호선으로 1회 환승하는 것을 포함해 16개의 역을 거쳐야 한다. 산들길 코스 종료지점인 백운호수와 가장 가까운 전철역은 4호선 인덕원역이다. 백운호수에서 인덕원역까지는 학의천자전거길을 이용해 갈 수 있다. 전철로 점프를 하지 않는다면 범고개를 넘어 과천으로 진입한 뒤 양재천과 탄천을 거쳐서 한강자전거길로 진입할 수 있다. 백운호수에서 반포대교까지 자전거로 가면 26km를 더 주행해야 한다. 이 구간 코스 정보는 하트 코스 편 참조(070p). 산들길은 대부분 포장도로이지만 일부 비포장 구간이 있다. 자전거전용도로는 약 60% 정도이며, 산들길 안내표시가 있다.

임도와 싱글 임도 차이

임도는 산악지역에 산림경영(조림, 벌목)을 위해서 만들어 놓은 도로다. 대부분 비포장이지만 경사가 급한 구간은 도로 유실을 방지하기 위해서 시멘트로 포장해놓기도 한다. 도로 폭은 편도 1차선 정도이며 차량 주행이 가능하다. 이 책에 소개된 수리산과 산음자연휴양림 임도가 여기에 해당한다. 반면 싱글 임도는 차량 주행이 불가능한 험한 임도를 말한다. 싱글 임도는 일반 등산로와 거의 구분되지 않는다. 산들길 일부 구간에는 짧지만 싱글 임도가 포함되어 있다.

왕송호수 지나 산들길이 시작되는 부곡체육공원의 자전거길.

코스 가이드

산들길 출발지는 의왕역이다. 의왕역은 출구가 두 곳 있는데, 어느 곳으로 나와도 왕송호수와 연결된다. 2번 출구로 나와 역을 뒤로하고 오른쪽 길로 이동한다. 700m 정도 직진하면 오른쪽으로 굴다리가 나온다. 이곳을 빠져 나오면 왕송호수가 나온다. 왕송호수는 시계 방향으로 돈다. 조류생태관과 레일바이크 매표소를 지나면 자전거길은 호수와 멀어진다. 공용 주차장과 서수원레이크푸르지오 1단지 아파트를 지나면 다시 호수와 가까워진다.

왕송호수를 한 바퀴 돌고 나면 이제 부곡체육공원으로 이동한다. 이곳부터 산들길이 시작된다. 1km를 진행하면 갑자기 자전거길이 끊긴다. 여기서 왼쪽으로 산길을 100m 올라가면 다시 자전거길과 연결된다. 이 자전거길은 의왕고속도로와 2km 가량 나란히 달리다가 다시 끝난다. 길이 끝난 곳에서 싱글 임도를 따라 200m 가량 가면 다시 포장된 자전거길이 나온다. 여기서 의왕고속도로를 따라 가면 백운산토속음식마을에 도착한다. 산들길 출발지에서 17km 지점이다.

백운산토속음식마을 초입 사거리에서도 갑자기 자전거도로가 끊어진다. 좌회전한 다음 의왕고속도로 교가 밑으로 100m 정도 이동한 다음 우회전 해서 오매기백운산길로 진입하면 하늘쉼터 추모공원으로 연결된다. 하늘쉼터 추모공원에도 안내표시가 전혀 없어 당황하게 된다. 하늘쉼터 주차장으로 진입해 운동장 왼쪽으로 따라 가면 임도로 진입하는 작은 샛길과 만난다. 이 길이 과연 자전거길이 맞는지 의심스럽지만 산들길 자전거길이 맞다. 1km 가량 임도를 따라 가면 백운 해링턴 아파트 단지 지나 백운호수에 닿는다. 백운호수 서쪽 학의교사거리로 나오면 학의천자전거길

① 하늘쉼터 추모공원 부근의 길이 헷갈리는 지점. ② 왕송호수에 있는 의왕조류생태과학관. ③ 산들길이 끝나는 백운호수와 오리배.
④ 의왕 아파트 단지를 통과하는 자전거길.

로 진입할 수 있다. 이 길을 따라 3km 가면 인덕원교에 닿는다. 인덕원교에서 자전거길을 빠져 나와서 흥안대교길로 접어들면 인덕원역이 나온다.
왕송호수와 백운호수 두 곳 모두 수변을 따라 산책할 수 있는 멋진 길이 있다. 안타깝게도 자전거는 데크 길로 진입 금지다. 자전거는 일반 도로를 따라 주행해야 한다.

난이도

산들길은 가랑비에 옷 젖는 격의 자전거길이다. 코스를 통틀어 해발 200m가 넘는 큰 오르막은 없다. 그럼에도 불구하고 총 상승 고도가 700m를 넘는다. 중간중간 작은 오르막이 반복해 나타나 체력소모가 많다. 특히 일부 임도 구간은 끌바를 해야 하는 경우도 있다. 짧지만 만만치 않은 코스다.

주의 구간

일부 임도 구간을 통과하기 때문에 로드 자전거는 추천하지 않는다. 임도를 우회하는 코스도 있지만 이 책에서는 따로 설명하지 않는다. 길이 헷갈리는 곳이 많고, 끌바로 주파해야 하는 구간도 있어 의외로 시간이 많이 걸린다. 설령 길을 잃었다 해도 당황하지 말자. 위성지도를 잘 들여다 보면 다시 자전거길을 찾을 수 있다.

보급 및 식사

출발지와 도착지인 왕송호수와 백운호수에는 다양한 음식점들이 있어 식사와 보급을 받기에 좋다. 하지만 일단 산들길자전길로 진입하면 보급을 받거나 식사를 해결하기가 마땅치 않다.

① 산들길은 중간중간 하천 옆을 따라가기도 한다. ② 산들길 안내표지. ③ 왕송호수 레일바이크 파크에 세워진 평화의 소녀상.

≫ 안양에도 업힐 좋아하는 라이더들이 군침을 흘리는 곳이 있다. 안양 3대 업힐로 불리는 삼막사와 염불암, 망해암 코스가 그곳! 세 곳 모두 같은 산에 있지만 저마다 개성이 뚜렷하다. 세 곳 업힐을 한 번에 이어 오르면 업힐 장인 대열에 합류한 것으로 봐도 무방하다. 망해암 업힐은 가로등 불빛도 환해 야간에도 야경을 즐기며 탈 수 있다.

난이도	80점	코스 주행거리	31km(중)
		상승 고도	972m(상)
		최대 경사도	10% 이상(상)
		칼로리 소모량	1,118kcal
코스 접근성	27km (한강자전거길과 연결)	전철 16개 정거장 16km 고속터미널역 — 가산디지털단지역(환승) — 관악역 자전거 27km	
소요시간	5시간 25분 (당일 코스)	가는 길 전철 44분 총 44분	코스주행 3시간 57분	오는 길 전철 44분 총 44분

업힐 장인 다 모여!

안양 3대 업힐 (삼막사, 염불암, 망해암) | 안양시

지역마다 현지 동호인들이 개발한 업힐 코스들이 있다. 안양에도 업힐 라이더들이 군침을 흘리는 코스가 있다. 안양 3대 업힐 코스로 널리 알려진 삼막사, 염불암, 망해암 코스가 그곳이다. 세 곳 모두 삼성산자락에 위치한 사찰로 가는 길이라 이동거리가 짧다. 또 안양천에서 바로 진입할 수 있다. 이렇게 입지 조건이 좋다보니 일부 열혈 라이더들은 하트 코스와 연결해 달리기도 한다. 하트 코스와 안양 3대 업힐 콜라보가 완성되는 것이다.

삼성산은 무너미고개로 관악산과 연결되어 있다. 이 산은 신라시대 원효, 의상, 윤필 세 고승이 수도했던 연유로 삼성산三聖山으로 불리게 되었다. 이런 내력으로 삼성산에는 예나 지금이나 사찰이 많다. 세 곳의 업힐은 모두 사찰로 올라가는 도로를 따라간다. 사찰로 연결되는 도로는 대부분 자전거 타기 좋은 코스가 된다. 신도를 제외한 외부 차량의 통행을 제한하고, 사찰까지 매끈하게 도로가 포장되어 있는 까닭이다. 또 일부 사찰은 7부 능선쯤에 있어 라이딩 후 조망의 즐거움도 얻을 수 있다. 안양 3대 업힐 코스에서는 특히, 도심 풍경이 인상적이다. 해질녘이라면 석양과 함께 점점 밝아오는 도심의 야경을 보는 묘미가 있다.

세 곳의 사찰로 오르는 길은 비슷한 듯 서로 다르다. 삼막사 구간은 삼막사계곡을 따라 오른다. 여름철이면 물놀이 라이딩을 즐길 수 있는 곳이다. 가장 긴 오르막이면서 가장 드라마틱한 풍경을 보여준다. 염불암으로 오르는 길은 짧지만 가장 가파르다. 이리저리 감아 올라가지 않고 한 번에 치고 오르며 경사도를 높이는 까닭에 가장 터프한 구간이다. 망해암으로 오르는 길은 세 곳 중에서 가장 완만하다. 세 곳 모두 오를 자신이 없다면 이곳을 선택하는 것이 좋다. 망해암의 일몰은 안양 제1경으로 꼽는다. 도로에 조명이 설치되어 있어 밤늦은 시간에 찾아도 부담이 없다.

코스 접근

코스에서 가장 가까운 전철역은 1호선 관악역이다. 자가용으로 접근한다면 관악역 4환승 공영 주차장(☎ 031-389-5323)을 이용하는 것이 좋다. 주말과 공휴일은 무료이며, 최초 30분 300원, 추가 10분당 100원의 요금이 부과 된다. 자전거를 타고 접근할 수도 있다. 한강자전거길 반포대교 기준 관악역까지 31km 거리다. 한강자전거길을 따라서 김포 방향으로 이동하다 안양천으로 진입한다. 안양천자전거길을 따라가 삼성교 밑에서 좌회전, 삼성천자전거길로 진입한다. 이후 만안교와 삼막교를 지나면 관악역에 도착한다. 3대 업힐 코스는 모두 포장도로다. 자전거 전용도로도 30% 가량 되지만, 대부분 공도를 주행한다. 안내 표시는 따로 없다.

코스 가이드

전철로 접근했다면 안양 3대 업힐은 삼막사~염불암~망해암 순으로 진행한다. 자전거로 진입하면 반대 방향으로 진행해도 무방하다. 그러나 세 곳을 다 오를 자신이 없다면 마음에 드는 코스를 골라 한 두 곳만 올라도 된다.

삼막사 업힐 : 전철로 관악역에 도착하면 2번 출구로 빠져 나온다. 삼막삼거리에서 횡단보도를 건넌 다음 직진한다. 석수삼막소공원 지나 삼막로를 따라 가면 삼막지하차도가 나온다. 지하차도로 진입하지 않고 오른쪽 길로 가면 제2경인고속도로 지나 삼막사거리에 도착한다. 이곳에서 우회전하면 삼막계곡을 따라 삼막사로 간다. 중간에 차량 통행을 막는 도로 차단기가 있다. 자전거는 통행이 가능하다. 차단기를 지나면서 본격적인 오르막길이 시작된다. 계곡을 따라 곧장 오르던 길은 어느 순간 계곡과 멀어지며 구절양장 같은 커브를 그리며 삼막사를 향해 간다. 반월암 지나 일주문이 보이면 삼막사에 도착한 것이다. 도로는 삼막사에서 끝나지 않고 정상까지 1km가 더 개설되어 있다. 끝을 봐야 직성이 풀리는 라이더는 정상까지 다녀와도 좋다.

염불암 업힐 : 삼막사에서 내려와 석수교로 이동한다. 다리를 건너서 왼쪽 삼성천자전거길을 따라 안양예술공원으로 올라간다. 자전거길은 약 1km 정도 이어지다 보행자도로로 합쳐진다. 예술공원로를 따라 다시 1km 주행하면 염불암 입구다. 입구에서 염불사까지는 약 1km 거리다. 커브가 많은 삼막사 구간과 달리 염불암은 사찰까지 한 번에 치고 올라간다.

① 삼막사에서 업힐하는 라이더. ② 안양 3대 업힐 출발지 관악역. ③ 삼막사 천불전.

망해암 업힐 : 진입했던 삼성천자전거길을 따라 내려와 안양천자전거길까지 이동한다. 합수부에서 좌회전한 다음 안일교까지 이동한다. 이곳에서 안양천자전거길에서 벗어난다. 대림대사거리에서 횡단보도를 건넌 후 임곡로를 따라 라이딩 한다. 대림대사거리에서 망해암까지 업힐 구간은 3km다. 망해암으로 오르는 길 주변에는 유달리 사찰이 많다. 삼성사, 불암사, 만장사를 거쳐 가장 꼭대기에 망해암이 있다.

난이도

3대 업힐의 총 상승 고도는 972m다. 거의 1,000m를 오르는 셈이다. 높이는 삼막사〉염불암〉망해암 순이다. 업힐 길이는 염불암이 가장 짧지만 그 만큼 가파르다. 웬만해서는 로드 자전거로 오르기 힘들 정도의 가파른 경사다. 염불암에 가까워질수록 경사가 더 가팔라지는 것도 라이딩을 힘들게 하는 요소다. 따라서 초보자는 너무 무리할 필요없다. 힘에 부치면 끌바하면 된다.

주의 구간

안양천, 삼막천, 삼성천 자전거도로, 일반 공도, 사찰 진입로를 번갈아가며 달리게 된다. 오르막 라이딩이 힘들지 차량으로 인한 스트레스는 크지 않다. 사찰 진입로는 도보 탐방객들도 함께 이용한다. 도로 폭이 좁고 커브 구간이 많아 라이딩할 때 주의해야 한다. 특히, 내려올 때는 속도를 줄여 보행자와 추돌에 유의해야 한다. 과속은 절대 금물이다. 세 곳 가운데 삼막사 진입로가 도보 탐방객이 가장 많다. 망해암 오르는 길은 가로등이 설치되어 있어 야간에도 편하게 라이딩을 할 수 있다.

여행 정보

삼막사 : 삼막사는 신라시대 원효대사가 창건한 사찰로 알려져 있다. 라이딩 목적지이기는 해도 바로 되돌아 나오기에는 아쉽다. 경내에는 문화재로 지정된 대웅전, 명부전, 삼층석탑 같은 건축물과 마애삼존불, 돌부적, 남녀근석 등 눈여겨볼 만한 문화재가 많다. 삼막사로 오르는 길목인 삼막계곡은 울창한 숲이 있어 여름철 피서지로 인기다. 다만, 수량은 풍부한 편이 아니다. 라이딩과 물놀이를 함께 즐길 계획이라면 장마 끝 무렵이나 비 온 다음날 방문하는 것이 좋다.

망해암 일몰 : 안양 제1경으로 지정된 망해암 일몰은 환상적이다. 그러나 사찰 안에서는 노을을 관람할 만한 포인트를 찾기가 어렵다. 삼막사와 마찬가지로 망해암도 사찰이 도로의 끝이 아니다. 망해암에서 약 500m 더 올라가면 무선항공표지소가 있는 정상에 도착한다. 이곳에서 바라보는 경관이 훨씬 더 막힘없이 시원하다. 따라서 이 지역 라이더들은 최종 목적지를 망해암이 아닌 항공표지소로 정하고 움직인다.

오르막길 경사도 이해하기

자전거로 언덕을 오른다는 것은 초보자에게는 큰 도전이다. 평지를 달릴 때와 달리 자전거 타는 자세도, 쓰는 근육도 다르다. 또 정상에 오르겠다는 정신력과 제빠른 기어 조작 테크닉까지 겸비해야 비로서 클라이머가 될 수 있다. 오르막의 기울기는 경사도로 표현한다. 5% 내외면 일반 도로에서 흔히 경험할 수 있는 완경사로 생각하면 된다. 그러나 10%가 넘어가면 앞바퀴가 들릴 정도의 급경사를 의미한다.

보급 및 식사

코스 경로상에는 삼막사 초입의 삼막먹거리촌과 염불암 초입의 안양예술공원에 식당과 카페 등이 몰려 있다. 식당가의 규모나 주변 분위기는 안양예술공원쪽이 한 수 위다. 안양의 대표적인 유원지답게 가을에는 낙엽 지는 거리 풍경이 아름다운 곳이다. 저녁에는 조명이 들어온 삼막천 풍경도 운치 있다. 이곳에 있는 **명촌바지락칼국수**(☎ 031-473-1992)는 상호인 바지락칼국수(5,000원) 보다 김치전골(1인 5,000원 2인 이상)이 더 인기다. 김치뿐만 아니라 고기도 푸짐하게 넣어준다. 따끈한 생두부(4,000원)도 별미다.

① 울창한 솔숲이 있는 삼막사 진입로. ② 염불암 정상 항공무선표지소에서 바라온 안양시 야경. ③ 일직선으로 된 진입로를 치고 올라가면 나오는 염불암. ④ 삼막사 업힐에서 만나는 반달 모양의 반월암.

≫ 보유하고 있는 자전거가 MTB인데 한 번도 오프로드 혹은 임도를 타본 적이 없다면 강력히 추천하는 코스다. 오프로드 주행의 묘미를 느낄 것이다. 진달래가 피는 계절이라면 더욱 좋겠다.

난이도	50점	코스 주행거리	10km(하)
		상승 고도	312m(중)
		최대 경사도	10% 이상(상)
		칼로리 소모량	515kcal

코스 접근성	31km (대중교통 가능)	자전거 3km → 전철 25km → 자전거 3km 반포대교 동작역 대야미역 덕고개

소요시간	3시간 30분 (반나절 코스)	가는 길 자전거 12분 전철 57분 자전거 12분 총 1시간 21분	코스주행 1시간 10분	오는 길 자전거 12분 전철 57분 자전거 12분 총 1시간 21분

수도권 산악자전거의 성지
수리산 임도 | 군포시·안양시

수리산은 군포와 안양의 경계에 위치한 해발 489m 아담한 산이다. 언뜻 보기에 평범해 보이는 이곳이 특별한 이유는 아름다운 임도와 숲 때문이다. 이곳에는 산속 분지 같은 지형에 자리잡은 속달동(납덕골)을 중심으로 한 바퀴 도는 약 10km 길이의 임도가 있다. 임도는 무난한 경사도에 비단길 같이 잘 다져져 있어 처음 오프로드 라이딩에 입문하는 사람들에게 아주 적합하다.

일반적으로 임도에 한 번 진입하면 코스가 끝날 때까지 탈출하는 것이 불가능한 다른 곳과 달리, 수리산은 코스 한가운데 마을이 자리잡고 있어 몇몇 지점에서 라이딩 중간에 임도에서 이탈하는 것이 가능하다. 또한 임도 코스라는 것을 고려했을 때 접근성도 상당히 좋다. 주로 첩첩산중에 만들어져 있는 임도와 달리 이곳은 4호선 대야미역에서 임도의 시발점인 덕고개까지 3km밖에 떨어져 있지 않다. 이 정도 수준의 임도를 전철로 접근할 수 있는 곳은 수도권을 통틀어서도 몇 곳 되지 않는다.

수리산 임도가 무난한 난이도와 도심에서의 접근성이 좋다고 해서 동네 뒷동산 산책로 수준으로 생각하면 큰 오산이다. 일단 코스로 접어들어 라이딩을 시작하면 울창한 숲으로 둘러싸인다. 임도에서 내려다보이는 주변 경관도 여느 자연휴양림과 비교해서 떨어지지 않을 정도로 장쾌하다. 또 봄에는 임도를 따라 진달래가 만개해 '꽃길 라이딩'을 즐길 수도 있다.

수리산 임도에는 크게 세 곳의 오르막이 있다. 시계 반대 방향으로 주행한다면 첫번째 업힐은 덕고개에서 시작해서 임도오거리까지 완만하게 올라갔다 내려오게 되는데, 내리막이 끝나는 지점에서 좌회전하면 임도에서 빠져나간다. 계속 직진으로 올라가면 울창한 침엽수림과 중간에 약수터를 만난다. 두번째 업힐이 끝나면 내리막길은 에덴기도원을 통해서 포장도로와 만난다. 이 길을 타고 조금 내려오다 보면 갈림길에서 세번째 업힐로 올라가는 갈림길과 만난다. 이곳을 넘어가면 출발지였던 덕고개로 다시 돌아온다.

여행정보 PLUS

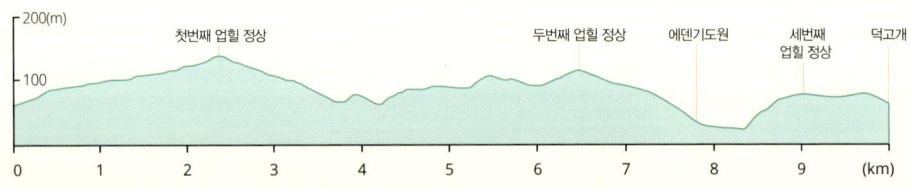

① 수리산 임도 안내도. 안내도에서는 임도를 구름산책길, 풍경소리길, 바람고개길로 구분해 놓았다.
② 수리산산림욕장에서 임도로 진입하는 오르막길. 산림욕장쪽으로 진입하면 약 1km의 업힐을 추가로 주행해야 한다.

① 첫번째 오르막을 넘어 내리막길을 달리는 라이더.
② 봄이 오면 수리산 임도 주변은 산 벚꽃이 만발한다.
③ 수리산이 감싸안은 마을, 납덕골.

코스 접근

대야미역에서 3km 떨어져 있는 덕고개로 이동한 뒤 라이딩을 시작하는 것이 좋다. 4호선 동작역에서 출발하면 환승 없이 15개 정거장을 지나서 대야미역에 도착하며 약 1시간 소요된다. 군포역에서 하차해서 군포중앙도서관 쪽으로 진입할 수도 있지만, 이 경우에는 길이 1km, 경사도 10%의 업힐을 추가로 올라와야 한다.

코스 가이드

대야미역을 출발해 갈치저수지를 지나면 작은 언덕을 한 곳 넘어가게 되는데, 이곳이 바로 덕고개이다. 덕고개에서 임도로 진입해 시계 반대 방향으로 주행한다면 첫번째 업힐 구간은 완만하게 올라갔다가 완만하게 내려온다. 두번째 구간은 업다운이 반복되는 재미있는 구간이다. 세번째는 급경사로 올라갔다가 완만하게 내려오게 된다.

난이도

두번째 업힐 구간의 내리막이 가파른 편이라 주의를 요하며, 세번째 업힐의 진입부가 전체 코스 중에서 가장 경사도가 센 급경사 구간이다.

보급과 식사

수리산으로 둘러싸인 마을 속달동을 납덕골이라고도 부른다. 이곳에 음식점과 매점이 있어 식사와 보급이 가능하다. 출발지였던 덕고개를 넘어가면 마을로 연결된다. 대야미역과 덕고개 사이 갈치저수지 주변에도 식당이 여러 곳 있다. 갈치저수지 바로 옆에 있는 **주막보리밥**(☎031-501-6677)은 털래기수제비(2인분 1만6,000원)가 맛있다.

>> 바다를 막아 호수로 만든 평택호. 안성천이 흘러드는 이 호수가 수도권 남부 라이딩 명소로 부상 중이다. 평택호를 순환하는 자전거길을 따라 바다 같은 호수를 보며 달린다. 가을에는 코스머스가, 늦가을에는 강둑에 만발한 억새가 라이더를 맞아준다. 노을이 질 때 달려도 환상적이다.

난이도	60점	코스 주행거리	58km(중)
		상승 고도	325m(중)
		최대 경사도	5% 이상(중)
		칼로리 소모량	1,401kcal
코스 접근성	70km (대중교통 가능)	고속버스 70km 강남고속터미널 ─────── 평택고속버스터미널	
소요시간	6시간 7분 (당일코스)	가는 길 버스 56분 총 56분	코스주행 4시간 15분	오는 길 버스 56분 총 56분

🚲 **03-6 남부권 코스**

억새 만발한 강둑길 따라 호수 따라
평택호순환자전거길 | 평택시

　우리나라는 사계절이 뚜렷해 라이딩에 많은 영향을 준다. 겨우내 움츠렸던 라이더들은 개구리가 깨어난다는 경칩을 지나면서 생기를 되찾는다. 동호회 마다 시륜제를 지내며 안전한 라이딩을 기원한다. 봄부터 본격적인 라이딩 시즌이 시작된다. 여름과 가을을 지나며 전국을 달렸던 라이더들은 겨울이 다가오는 입동 무렵이 되면 한해 라이딩을 서서히 마무리한다.

　수도권에서 가장 남쪽에 있는 평택호순환자전거길은 가을에 좋은 라이딩 코스다. 평택호순환자전거길은 초가을이면 코스머스가 하늘하늘 수놓는다. 늦가을에는 안성천 둔치에 억새가 만발해 장관을 연출한다. 15만평에 달하는 억새 군락지에 솜털 같은 억새가 끝없이 나부낀다. 활짝 핀 억새 군락 사이로 자전거를 달리면 마치 구름 속을 떠다니는 것처럼 황홀하다.

　평택호로 흘러드는 안성천을 따라 조성된 평택호순환자전거길은 막힘이 없다. 한강자전거길 보다 자전거도로 폭이 더 넓지만 이용객은 훨씬 적다. 그래서 한갓지게 라이딩에만 집중할 수 있다. 이 길이 가족 라이딩의 천국이라 불리는 것도 이 때문이다. 평택호순환자전거길에서 가족 단위 자전거 여행객을 가장 많이 볼 수 있는 곳은 당거쉼터 부근이다. 그 이유는 이곳에 자전거 대여소가 있기 때문이다. 심지어 대여료가 무료다.

① 억새 군락 사이로 난 평택호순환자전거길. ② 평택호순환자전거길 안내표지.

평택호순환자전거길은 완전 개통된 상태는 아니다. 평택방조제를 건너서 돌아오는 풀 코스는 아직 미완성이다. 지금은 2020년 1월 개통한 평택국제대교를 이용해 평택호를 짧게나마 일주할 수 있다. 자전거도로는 평택국제대교 인근에서 종료되지만, 마을길을 이용하면 평택방조제까지 다녀올 수는 있다. 다만, 구불구불 헷갈리는 시골길을 잘 찾아서 가야 한다.

평택국제대교를 타고 평택호를 건너가면 생경한 풍경이 펼쳐진다. 해외 미군기지 중 최대 규모를 자랑한다는 평택미군기지(캠프 험프리)가 거대한 위용을 뽐내고 있다. 자전거길은 기지 서쪽 경계를 따라 나란히 나 있다. 달려도 달려도 끝없이 이어지는 미군기지가 이곳의 규모를 실감하게 한다. 자전거길에서 종종 마주치는 미국인 라이더들도 이곳이 한국 속 작은 미국이라는 사실을 상기시켜준다.

① 바다를 막아 호수를 만든 평택방조제.
② 국제대교에서 바라본 평택호순환자전거길.

여행정보 PLUS

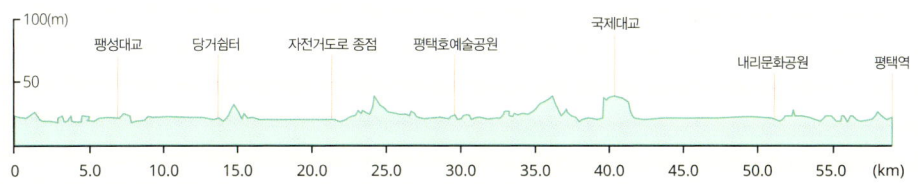

코스 접근

평택호순환자전거길은 시외버스와 전철, 자가운전으로 접근 가능하다. 강남고속버스터미널(경부선)에서 평택버스터미널까지 30분 간격(첫차 06:00)으로 버스가 운행한다. 소요시간은 55분, 요금은 5,300원이다. 서울 남부버스터미널에서도 30분 간격으로 버스가 운행한다.

전철을 이용해 평택역까지 섬프할 수도 있다. 고속터미널역에서 1호선 평택역까지는 35개 역을 거쳐 간다. 소요시간은 약 1시간 47분. 자가용으로 이동 시에는 평택역 인근 원평1공영주차장(☎ 031-692-3431)에 주차한다. 요금은 30분에 500원, 이후 10분당 300

① 억새가 만발한 금문교 인근 자전거길을 달리는 라이더. ② 평택호관광단지 조형물.

원씩 추가된다. 1일 최대 요금은 8,000원이다. 영등포역에서 평택역으로는 무궁화호 열차가 운행된다. 이 중 일부 열차(1205, 1209, 1301, 1515번)는 자전거 휴대 탑승 가능 좌석이 있다. 요금은 4,300원, 44분 걸린다. 자전거 전용 좌석이 없는 무궁화, ITX무궁화, KTX를 이용할 때는 바퀴를 분해한 후 캐링백에 넣어 가져 가면 휴대탑승이 가능하다. 접이식 자전거는 일반 좌석에도 휴대 탑승이 가능하다.

코스 가이드

전철이나 기차로 이동 시 평택역 2번 출구로 나온다. 평택역을 뒤로하고 직진해 삼거리에서 좌회전 하면 군문교삼거리에 도착한다. 군문교를 건너 우회전 하면 안성천자전거길로 진입한다. 이곳부터 안성1교 사이의 약 3km 구간이 억새 군락지다. 안성천 억새축제가 열리는 원평나루 맞은편이다.

안성천으로 난 자전거도로를 따라 가면 내리문화공원 캠핑장 직전에 있는 팽성대교에 도착한다. 평택호순환자전거길(안성천자전거길)은 안성천을 따라 양쪽에 조성되어 있다. 어느 방향으로 돌아도 상관없지만 팽성대교를 건너 시계 반대 방향으로 도는 게 일반적이다. 팽성대교를 건너 자전거길을 달리다보면 당거쉼터 자전거 대여소에 도착한다. 자전거 대여소가 있어 평택호순환자전거길 가운데 자전거 타는 사람들이 가장 많은 곳이다.

평택호순환자전거길은 샛길로 빠질 염려 없이 단순하다. 중간에 이 지역 라이더들의 쉼터였던 노랑등대 휴게소를 지나간다. 회차지점인 평택국제대교 하단을 지나 1km 정도 더 가면 자전거 전용도로 종점이다. 샤방하게 라이딩을 즐기고 싶다면 이곳에서 되돌아간다. 평택호관광단지까지 가보겠다면 더 갈 수도 있다. 이곳부터 평택호관광단지까지는 편도 약 8km 거리다. 마을길에 설치되어 있는 안내표지판을 따라 길을 찾아다녀야 한다. 마안산 등산로 입구를 지나 구불구불 이어지는 마을길을 따라 가면 평택호관광단지로 간다. 중요한 팁을 주자면 번듯하게 나 있는 '광덕계양로'를 따라가지 말고, 이 길과 비슷하게 나있는 마을길을 따라가는 것이다.

자전거 전용도로 종점에서 왔던 길로 되돌아 나온 다음 평택국제대교를 건너간다. 이제부터 안성천 우안을 따라 평택으로 돌아온다. 무인지경의 자전거길이 끝없이 이어지는 구간이다. 자전거도로 오른편으로 미군기지가 있다. 내리문화공원을 지나 팽성대교에 도착하면 순환 코스가 완성된다. 평택역까지는 왔던 길을 되짚어 온다. 평택호순환자전거길은 전 구간 포장된 자전거 전용도로를 이용한다. 다만, 평택호관광단지까지 갔다오는길은 일반 공도를 주행한다.

자전거 무료 대여소 : 평택호순환자전길 중간 지점인 당거쉼터에 자전거 무료 대여소가 운영되고 있다. 대여소 명칭은 두바퀴의행복2호점 ☎ 010-3980-4788.

평택시 오성면 당거리 501-99)이다. 이곳에서는 무료로 자전거와 헬멧을 빌려준다. 평택시 거주자는 자전거보험도 무료로 가입해 준다. 대여소 운영시간은 10:00~18:00이다. 매주 월요일은 휴무다. 평택 시내에도 두바퀴의행복1호점(☎ 010-6782-4788)이 있다.

난이도

자전거길 전 코스가 오르막을 찾아볼 수 없는 평지 구간이다. 초보자도 부담 없이 달릴 수 있다. 그럼에도 불구하고 상승 고도가 372m가 나오는 이유는 자전거 전용도로 종점에서 평택호관광단지를 왕복할 때 지나가는 마안산 언덕 구간과 평택국제대교를 건너기 위해 오르내리는 구간이 포함되어서다.

주의 구간

거의 대부분 자전거 전용도로를 달려 주의할 곳이 없다. 다만, 자전거 전용도로 종점에서 평택호관광단지를 갔다 온다면 주의가 필요하다. 이 곳은 길이 좀 헷갈린다. 중간중간에 설치되어 있는 자전거길 안내표시판을 잘 따라 달려야 한다. 평택호관광단지로 진입하는 지점에 짧은 비포장도로도 한 차례 통과한다. 평택호방조제를 건너 평택호를 크게 한바퀴 돌 수는 있지만 차량 통행이 많은 공도를 주행해야 하고, 자전거길도 정비되지 않아 추천하지 않는다.

보급 및 식사

미군기지 주변 코스라 이태원 세계음식문화거리나 의정부 부대찌게 골목 같은 분위기를 생각할 수도 있다. 하지만 이런 류의 식당은 주로 송탄역 부근에 모여 있다. 코스 주변에서 식사와 보급을 해결할 만한 곳들이 있다. 자전거 대여소가 있는 당거쉼터 주변에 음식점과 카페가 모여 있다. **강변매운탕**(☎ 031-681-3391)은 민물매운탕 전문점이다. 간단하게 요기를 때운다면 어죽(8,000원)도 괜찮다. **카페아카이브**(☎ 031-8029-0100)는 자전거길과 맞닿아 있는 베이커리 카페다. 2층에서 바라보는 주변 풍경이 제법 운치 있다. 자전거 전용도로 종점 지나 마안산 등산로 초입에 있는 **벌이랑꿀이랑**(☎ 031-684-0998)은 양봉농장에서 운영하는 벌꿀 카페다. 다양한 벌꿀과 양봉 상품도 판매도 한다. 이곳의 대표 메뉴는 벌꿀이 들어간 허니라떼(6,000원)와 벌집아포가토(6,000원)다. 라이딩 도중 떨어진 당을 보충하는데 그만이다.

① 자전거 동호인들이 즐겨 찾는 노랑등대 휴게소. ② 벌꿀 카페 벌이랑꿀이랑의 커피와 아이스크림. ③ 강변매운탕의 어죽.

>>> 자전거로 서해를 찍고 올 수 있는 가장 편안한 코스다. 직선으로 길게 뻗은 자전거길이 단조롭게 느껴지기도 하지만 그만큼 시원하게 라이딩을 즐길 수 있다. 한강자전거길과 연결하면 당일 코스로 알차다. 중간에 전철로 점프할 수도 있어 능력대로 즐길 수 있다.

난이도	60점	코스 주행거리	43km(중)
		상승 고도	47m(하)
		최대 경사도	5% 이하(하)
		칼로리 소모량	1,239kcal
코스 접근성	25km (반포대교에서 출발 시 0km)	반포대교 ———————————— 아라김포갑문 자동차 25km	
소요시간	6시간 32분 (당일 코스)	가는 길 자전거 1시간 40분 총 1시간 40분	코스주행 3시간 12분	오는 길 자전거 1시간 40분 총 1시간 40분

자전거 타고 서해바다 가고 싶을 때 ❶
아라자전거길 | 김포시·인천시

　아라자전거길은 한강과 서해를 연결하는 아라뱃길을 따라서 만들어진 자전거도로다. 아라한강갑문에서 시작해서 아라서해갑문까지 편도 21km 거리로 한강자전거길과 연결되어 있다. 왕복 42km 거리지만 한강자전거길의 동쪽 끝에 위치하고 있는 까닭에 반포대교에서 출발했을 때 왕복 80km가 넘는 꽤 장거리를 주행해야 한다.

　자전거길이 끝나는 아라서해갑문에서는 바다 건너편으로 영종도가 마주보인다. 이곳은 광화문을 중심으로 봤을 때 서쪽 끝에 위치하고 있어 정서진으로 명서되었다. 정동진이 일출로 유명하다면 이곳은 서해의 낙조로 유명하다. 낙조시간에 맞춰서 이곳에 도착 한다면 서해바다를 붉게 물들이는 멋진 석양을 볼 수도 있다. 또한 이곳은 국토종주 자전거길의 종점인 동시에 시발점이 되는 곳이다. 인증소 인근 바닥에는 이점을 강조하듯이 633km의 Finish Line 과 함께 0km의 Start Line이 함께 표시되어 있다. 서해갑문과 한강갑문 두 곳에서 인증스탬프를 받을 수 있고, 만약 부산에서 출발해서 이곳에 도착했다면 국토종주인증을 받을 수 있다.

　아라자전거길은 한강자전거길과 연결되어 있고, 길이 단순해서 주말은 물론 주중에도 라이더로 붐빈다. 다만 자전거도로가 직선으로 뚫린 운하를 따라서 고속도로 같이 만들어져 있어 라이딩할 때 아기자기한 맛은 부족하다. 반면 직선 주로라 스피드를 즐기기 좋다. 또 코스 중간에 공항철도와 인천 지하철이 만나는 계양역이 있어 대중교통으로 접근도 수월하다. 자전거길 주변에는 수향8경이라는 경인운하의 주요 볼거리들이 있다. 수향8경은 서해, 인천여객터미널, 시천가람터, 아라폭포, 수향원, 두리생태공원, 김포여객터미널, 한강 둔치를 말한다.

여행정보 **PLUS**

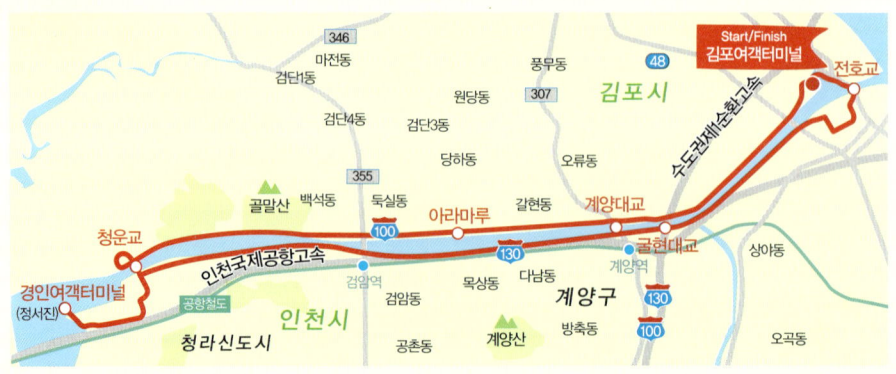

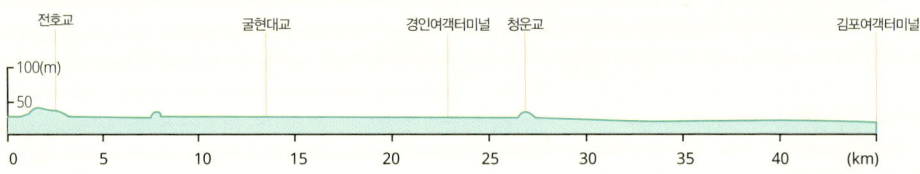

코스 접근

반포대교에서 자전거로 이동 시 한강갑문인증센터까지는 편도 22km 거리다. 자가용으로 접근할 때는 아라김포여객터미널 공용주차장을 이용할 수 있다(경기도 김포시 고촌읍 아라육로 270번길 74).

코스 가이드

강서생태공원과 행주대교를 지난 한강자전거길은 한강갑문에서 아라자전거길의 남단과 만난다. 이곳에서 김포터미널 물류단지를 통과한 다음 아라뱃길과 만나 나란히 달리게 된다.

두리생태공원을 지나면 수향원과 아라폭포 등 운하를 따라 만들어진 일명 수향8경을 보면서 서해갑문을 향해 간다. 목적지가 가까워지면 다시 자전거길은 인천터미널 부지를 관통해서 서해갑문인증센터에 도착한다.

경인여객터미널을 빠져 나와 다시 아라자전거길 남단과 합류하기 직전 청운교를 넘어가면 아라자전거길의 북단을 이용해서 코스를 왕복할 수 있다. 김포갑문에 도착해서 전호교를 넘어가면 다시 한강자전거길과 연결된다.

아라자전거길을 이용할 때 일반적으로 남단을 왕복하게 되지만 김포에서는 전호교, 인천갑문 쪽에서는 청운교를 통해서 북단 자전거길로 넘어갈 수 있다. 인적이 드물기 때문에 오히려 북단 자전거길이 라이딩하기에 더 한적하다. 해질녁 청운교에서 내려다보는 서해갑문과 노을은 꽤 멋있다.

난이도

운하를 따라 자전거길이 만들어져 있어 업힐 다운힐 한 곳 없이 평지 구간이다. 자전거길도 일반 도로 주행 구간 없이 연결되어 있다.

① 아라뱃길을 운행 중인 유람선.
② 아라자전거길이 시작되는 아라한강갑문인증센터.
③ 수향8경 중 4경인 아라폭포.

자전거 대여

김포여객터미널, 인천여객터미널, 시천나루(검암역 인근), 계양대교 남단, 북단 총 5곳의 자전거 대여소가 있다. 이중 시천나루, 계양대교 남단 대여소는 주말과 주중에 모두 이용가능하며, 나머지 3곳은 주말과 공휴일에만 운영된다. 운영시간 10:00~18:00, 1인용 자전거 요금은 1시간에 4,000원, 종일 1만2,000원이다.
아라종합안내센터(☎ 1899-3650)

보급과 식사

한강에서부터 전 구간 자전거 전용도로를 이용하기 때문에 보급은 강변 매점을 이용해야 한다. 주변 음식점을 이용하기 위해서는 코스를 이탈해야 한다. **유천가든(☎ 032-567-7723)**은 아라자전거길 북단에 위치한 오리고기 전문점, 점심메뉴로 소머리국밥(8,000원)과 골프왕갈비탕(1만2,000원)이 맛있다.

>> 한강에서 서해바다를 찾아가는 쉽지 않은 코스다. 하지만 목적지인 소래포구뿐만 아니라 중간중간 만나는 운치 있는 시골길이 매력적이다. 서울부터 찾아가는 것이 부담된다면 소래포구로 점프한 뒤 소래자전거길과 소래습지생태공원을 한 바퀴 돌아보는 방법도 있다.

			안양천~소래생태공원	소래포구~소래자전거길
난이도	40-20점	코스 주행거리	42km(중)	12km(하)
		상승 고도	62m(하)	2m(하)
		최대 경사도	5% 이하(하)	5% 이하(하)
		칼로리소모량	1,314kcal	328kcal
코스 접근성	53km (도착지에서 리턴 기준)		수인선, 4호선 27정거장 50km → 자전거길 3km 소래포구역 ———————— 동작역 —— 반포대교	
소요시간	5시간 (당일 코스)		코스 주행 2시간 55분	오는 길 전철 1시간 35분 자전거 12분 총 1시간 47분

04-2 서부권 코스

자전거 타고 서해바다 가고 싶을 때 ❷
소래포구(안양천, 목감천, 시흥그린웨이)
| 서울시 · 광명시 · 시흥시 · 인천시

서울에서 자전거로 서해까지 갈 때 이용하는 코스 중 한 곳이다. 한강자전거길에서 출발해서 안양천과 목감천, 그리고 물왕저수지, 시흥그린웨이, 갯골생태공원을 지나서 소래포구에 도착하게 된다.

소래포구까지는 안양천 합수부에서 시작하면 약 42km의 거리를 주행해야 한다. 자전거도로를 통해서 한 번에 연결된 코스가 아니라 이곳 저곳 자전거길이 끊어진 구간은 일반 도로를 통해서 주행해야 하기 때문에 일단 길을 찾아가기가 쉬운 코스는 아니다. 중간에 크게 두 번 자전거길을 벗어나서 일반 도로를 라이딩해야 하기 때문에 도로 주행이 익숙하지 않은 초보자나 아이들과 함께 달리기도 좋은 구간이 아니다. 그러나 도로 주행 구간을 제외하면 목감천, 시흥그린웨이의 자전거길은 화려하지는 않지만 제법 시골 분위기가 나는 운치 있는 길이다. 그리고 목적지인 소래포구 또한 매력적인 곳이다. 봄에는 주꾸미와 꽃게, 가을은 전어 등 다양한 제철 해산물을 저렴하게 맛볼 수 있어 식도락을 즐기는 라이더들이 많이 찾는다. 염불보다 잿밥에 더 관심이 있는 형국이지만 자전거를 타고 와서 만나는 서해와 그곳에서 맛보는 해산물은 분명히 특별한 경험이다.

소래포구에 도착했다고 라이딩이 끝나는 것은 아니다. 소래포구에서 약 1km 떨어져 있는 소래습지생태공원도 자전거로 돌아볼 만한 곳이다. 비포장도로를 따라 공원 외곽을 한 바퀴 돌아보는 코스다. 공원 진입로 바로 옆에 소래로와 나란히 만들어져 있는 일명 소래자전거길(만수천자전거길)이 시작된다. 이 길은 한국의 아름다운 길 100선에 선정된 곳이다.

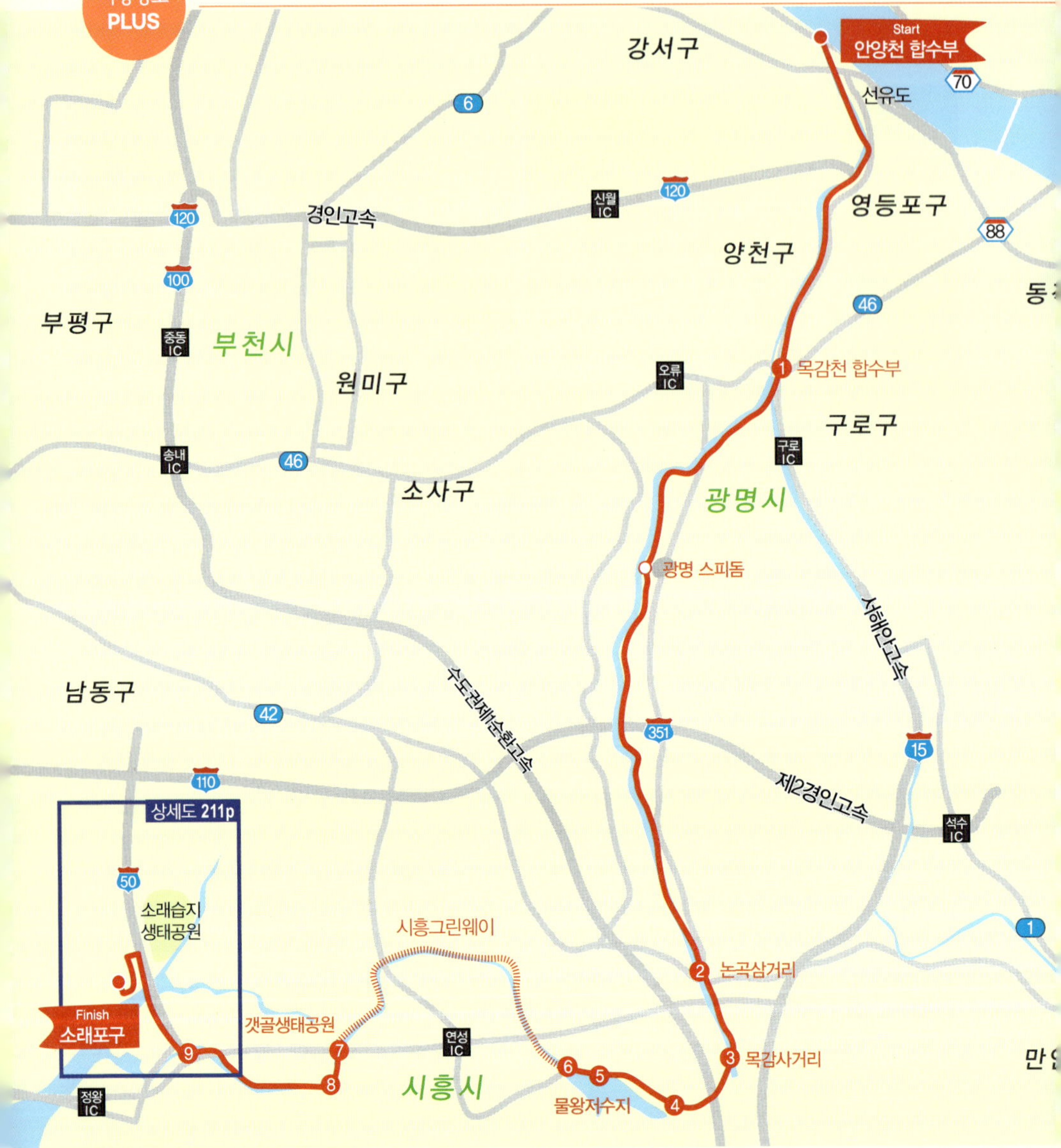
Start
안양천 합수부
강서구
선유도
70
6
120
신월 IC
경인고속
영등포구
88
양천구
46
동
부평구
120
100
중동 IC
부천시
원미구
오류 IC
1 목감천 합수부
구로구
구로 IC
송내 IC
46
소사구
광명시
광명 스피돔
서해안고속
남동구
42
수도권제순환고속
351
15
110
제2경인고속
석수 IC
상세도 211p
50
소래습지
생태공원
시흥그린웨이
1
2 논곡삼거리
Finish
소래포구
갯골생태공원
7
9
연성 IC
3 목감사거리
만
6
5
8
시흥시
4
정왕 IC
물왕저수지

안양천 합수부~소래포구

목감천 합수부
광명 스피돔
논곡삼거리
물왕저수지
시흥
그린웨이
갯골생태공원
소래역
100(m)
50
0
5
10
15
20
25
30
35
40
45(km)

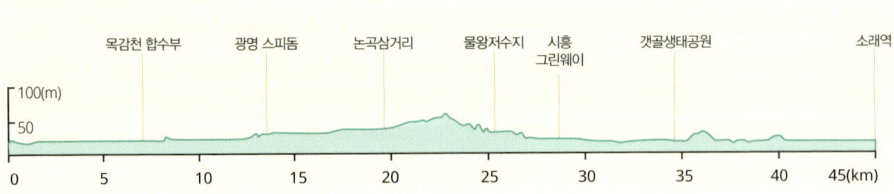

① 소래자전거길의 초입. ② 소래습지생태공원과 주변의 아파트들.

코스 접근

소래포구를 찾아가는 라이딩은 왕복보다는 편도를 추천한다. 한강자전거길과 안양천자전거길, 소래자전거길을 이용해 소래포구까지 간 뒤에 돌아올 때는 전철을 이용한다. 물론, 자전거로 왕복해도 된다. 전철을 이용하면 반나절, 자전거로 왕복하면 하루 코스가 된다.

소래습지생태공원 라이딩 시에는 공원의 외곽만 돌아볼 수 있고 공원 안쪽으로는 자전거를 타고 갈 수가 없다. 소래자전거길은 왕복 5km의 거리로 소래로와 나란히 만들어져 있다. 다른 자전거길보다 도로의 폭이 넓어 부담 없이 라이딩할 수 있다.

수인선 소래포구역에서 한 정거장 떨어져 있는 4호선 오이도역과 연결된다. 이곳에서 동작역까지는 26정거장이며 1시간 30분 소요된다.

코스 가이드

중간에 한강을 통해서 안양천 합수부에 도착하게 되면 안양천으로 진입한다. 이때 안양천의 서측 도로를 따라서 내려가야 한다. 목감천을 따라 가야 하기 때문이다. 구일역을 지나가면 우측으로 목감천자전거길과 연결된다. 목감천을 계속 따라 내려가다보면 광명

소래포구 해오름 광장의 자전거도로.

스피돔에 도착할 때쯤 자전거길은 끊어지고 뚝방길이 연결된다. 중간중간 목감천을 가로지르는 다리와 만나 길이 끊어지지만 그때마다 횡단보도로 도로를 건너서 계속 뚝방길을 따라간다. 중간에 비포장구간을 만나면 맞은편 뚝방길을 이용한다. 따라가던 뚝방길이 끊어지면 우회전해서 일반 도로 주행을 시작한다. 논곡삼거리에서 좌회전한 뒤 목감사거리에서 우회전해서 내려가다가 물왕저수지 표시를 따라서 저수지길로 들어선다. 이후에 물왕교차로에서 직진 후 400m 전방에서 우회전하여 시흥그린웨이로 진입한다.

시흥그린웨이가 끝나는 갯골생태공원에서 빠져 나와서 동서로를 따라 만들어진 자전거길을 따라 소래포구로 이동한다. 월곶 입구 삼거리에서 소래대교 북단까지는 도로의 좌측에만 인도가 만들어져 있다. 도로 주행이 부담스러울 경우 이용하도록 한다.

난이도

안양천 합수부~소래포구 코스, 소래습지생태공원과 소래자전거길 코스, 두 곳 모두 거의 업힐 없는 평지 구간을 라이딩하게 된다. 라이딩이 아니라 코스를 찾아가는 것이 더 어려운 코스이다.

여행 정보

소래습지생태공원 주차장(인천광역시 남동구 소래로 154번길 77)은 최초 30분에 300원이고, 30분 이후 15분당 150원이 추가된다. 전일 주차요금은 3,000원이다. 무료로 자전거 대여가 가능했던 남동구 공용 자전거대여소는 운영이 중지되었다.

① 목감천자전거길.
② 소래습지생태공원 입구.
③ 소래역사관 앞에 전시된 협궤용 증기기관차.

코스 내비게이션

안양천 합수부 출발
0km

①

목감천 자전거길 합류지점 8.1km
안양천 서측을 따라 내려오다 목감천 합류지점에서 우회전

②

논곡삼거리 20.5km
목감천을 따라오던 길이 끊어지면 일반도로와 합류 후 논곡삼거리에서 좌회전

③

목감사거리 22.4km
목감사거리에서 우회전
(시흥경찰서, 시흥시청 방면)

④

산현삼거리 200m 전방 24.45km
산현삼거리를 지나서 200m 전방 우합류도로로 진입(산현동, 물왕저수지 방면)

⑤ **물왕교차로 26.3km**
물왕교차로에서 직진
(정왕동, 시흥시청 방면)

⑥ **물왕교차로 400m 전방 26.7km**
물왕교차로에서 400m 직진한 뒤 우회전

⑦ **갯골생태공원 입구 34.5km**
공원 입구를 따라 만들어져 있는 자전거도로를 따라서 직진

⑧ **연성1교차로 35.18km**
삼거리에서 우회전
(좌측 차선에만 인도가 있음)

⑨ **월곶 입구 삼거리 38.5km**
교차로에서 우회전

04 서부권 코스 213

>>> CNN이 선정한 한국에서 가장 아름다운 섬은? 옹진군 선재도가 품고 있는 목섬이다. 선재도는 대부도와 다리로 연결되어 있다. 안산에서 시화방조제를 건너가면 영흥도까지 섬과 섬을 징검다리 삼아 간다. 최종 목적지 영흥도를 향해 가면서 마주하는 아름다운 풍경들을 하나도 놓치지 말고 눈에 담자.

난이도	70점	코스 주행거리	57km(중)
		상승 고도	582m(중)
		최대 경사도	5% 이상(중)
		칼로리 소모량	1,444kcal

코스 접근성	54km (대중교통 가능)	지하철(26개 정거장) 36km → 자전거 18km
		고속터미널역 총신대역(환승) 오이도역 대부도 관광안내소

소요시간	9시간 44분 (당일 코스)	가는 길	코스주행	오는 길
		지하철 1시간 22분	4시간 30분	자전거 1시간 5분
		자전거 1시간 05분		지하철 1시간 22분
		총 2시간 37분		총 2시간 37분

04-3 서부권 코스

한국에서 가장 아름다운 섬을 찾아서
대부도 선재도 영흥도

| 시흥시 · 안산시 · 인천시

　우리나라에는 400여개의 유인도를 포함해 3,000개가 넘는 섬이 있다. 세계에서 네번째로 섬이 많은 나라다. 이 수많은 섬 중에서 가장 아름다운 섬은 어디일까? 참으로 쉽지 않은 질문이다. 이 어려운 질문을 미국의 언론사가 간단하게 정리해 버렸다. 2012년 CNN은 한국의 아름다운 섬 33곳을 선정하면서 선재도에 딸린 목섬을 1위로 선정했다. 하루에 두 번 물이 빠지면서 섬으로 가는 길이 열리는 신비와 주변 갯벌과 해변의 조화, 그리고 아름다운 낙조 등이 선정 이유다.

　목섬이 있는 선재도로 가는 길은 흥미롭다. 1994년 시화방조제가 완공되면서 대부도가 먼저 육지와 연결됐다. 그 후 대부도와 선재도, 선재도와 영흥도가 차례로 연결되면서 이들 섬은 육지가 되었다. 자전거 여행자들은 섬을 징검다리 삼아 가장 끝에 있는 영흥도까지 여행한다. 라이딩 들머리는 4호선 오이도역. 이곳부터 시화방조제를 지나 대부도로 든다. 대부도에서는 서쪽 해안가에 시원스럽게 난 자전거길을 따른다. 이렇게 편한 길로 영흥도까지 달리면 얼마나 좋을까? 그러나 기대와 달리 대부도 남쪽 골프장과 만나면서 자전거 전용도로가 사라진다. 이곳부터 선재도를 거쳐 영흥도까지는 일반 도로와 자전거길을 번갈아 달린다.

① 코스의 출발지 대부도 관광안내소. ② 안산시 스탬프 투어.

04 서부권 코스　215

선재대교를 건너 선재도로 진입하면 자전거길은 잠시도 한눈 팔 틈을 주지 않고 직선으로 섬을 횡단한다. 영흥대교 지나 영흥도에 도착해서야 속도를 줄이고 섬의 느긋한 분위기에 젖을 수 있다. 시계 방향으로 섬을 일주하다 첫번째 마주하는 명소는 십리포해수욕장이다. 이곳의 명물 소사나무 군락지를 지나면 드넓은 모래사장이 펼쳐진다. 긴 여정을 보상해주는 듯한 가슴이 탁 트이는 풍경이 펼쳐진다. 바다 건너 영종도와 무의도가 손에 잡힐 듯 가깝게 보인다.

장경리 해변을 거쳐 섬의 서쪽으로 들어서면 다른 섬에서는 볼 수 없는 생경한 풍경과 마주치게 된다. 거대한 풍력 발전소와 바다 위에 늘어선 송전탑들이다. 영흥도는 육지에서 전기를 받아쓰는 섬이 아니라 육지로 전기를 내보내는 섬이다. 영흥도까지 다 돌았지만, 가장 아름다운 섬이라는 목섬은 본 기억이 없다. 이 여정의 마침표를 찍으려면 어디로 가야 할까?

① 자전거 통행이 가능한 노견과 보행자 통로가 있는 선재대교.
② 진두포구에서 바라본 영흥대교.
③ 대부도 서쪽 해안을 따라 조성한 자전거도로.

여행정보 PLUS

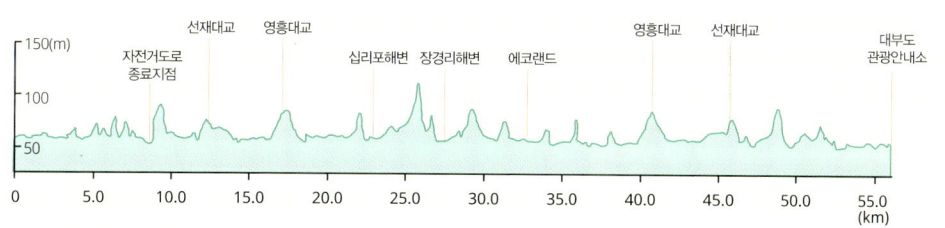

코스 접근

대부도와 선재도, 영흥도만 돌아보려면 시화방조제 건너 대부도 초입에 있는 대부도관광안내소를 기점으로 잡는 게 좋다. 이곳을 기점으로 삼으려면 자가용을 이용해 접프해야 한다. 대부도관광안내소 맞은편에 무료 주차장이 있어 주차하기 편리하다. 또 안내소에서 관광 정보를 얻을 수 있고, 화장실도 이용할 수 있다. 안내소 뒤편으로 방아머리해변이 연결된다. 대부도를 제외하고 선재도와 영흥도만 느긋하게 돌아보고 싶다면 선재도 선재어촌체험마을이나 영흥도 영흥수협수산물 직판장 주차장을 기점으로 잡는다. 이렇게 하면 전체 주행거리도 줄고 공도 주행의 부담도 덜 수 있다. 영흥도와 가장 가까운 전철역은 4호선 오이도역이다. 대중교통으로 이동한다면 선택의 여지 없이 이곳을 출발지로 삼아야 한다. 오이역에서 방아머리해변까지는 편도 18km 거리다.

코스 가이드

대부도 선재도 영흥도는 차량 통행이 많은 공도 주행도 해야 한다. 전체 코스 가운데 자전거 전용도로는 30% 정도다. 안내표시는 별도로 없다. 라이딩을 떠나기 전에 미리 코스에 대해 대략적인 파악을 하고 가는 게 좋다.

대부도를 남북으로 가로지르는 길은 301번 지방도(대부황금로)다. 이 도로는 지방도이지만 평일 주말 할 것 없이 차량 통행량이 꽤 많다. 따라서 이 도로는 가급적 줄이고, 대부도 서쪽 해안으로 난 자전거길을 따른다. 대부도관광안내소에서 북동삼거리까지 2.5km는 301번 지방도를 따라 간다. 인도에 보행자 겸용 자전거도로가 있지만 도로 상태가 좋지 않다. MTB가 아니면 주행하기 어렵다. 북동삼거리에서 우회전 해 400m쯤 가면 다시 삼거리가 나온다. 이곳부터 아일랜드CC까지 5km는 도로 오른쪽에 자전거도로가 잘 만들어져 있다. 그러나 이 자전거도로는 아일랜드CC에서 끝난다. 이곳부터 선재대교까지 약 4km는 일반도로를 주행해야 한다.

선재대교를 건너면 자전거길은 섬 횡단도로 오른쪽에서 다시 시작된다. 선재도를 횡단한 후 영흥대교를 건너가자마자 오른쪽 진두포구 쪽으로 내려가 영흥도를 시계 반대 방향으로 돈다. 십리포 해변, 장경리 해변, 에코랜드를 거쳐 영흥도를 한바퀴 돈 뒤 영흥대교로 돌아나온다.

난이도

총 상승 고도는 582m다. 라이딩할 때 눈에 띄는 업힐은 없다. 100m 내외의 작은 언덕을 반복해서 오르내리게 된다. 급격한 경사의 업힐도 없다. 코스 최대 업힐은 영흥도 십리포 해변에서 장경리 해변으로 넘어가는 '고개넘어' 구간이다. 오이도역을 기점으로 왕복한다면 90km가 넘는 장거리 여정이 된다. 공도를 주행해야 하는 부담이 있어 일몰 전에 라이딩을 마칠 수 있도록 계획을 잘 세우고 움직여야 한다.

주의 구간

대부도에서 가능한 301번 지방도는 우회하는 것이 좋다. 노견도 좁고 차량 통행도 많아 부담스럽다. 가장 주의해야 할 곳은 아일랜드CC에서 선재대교까지 4km 공도 주행 구간이다. 이곳은 다행히 왕복 2차로 도로 옆으로 폭 50cm 정도의 노견이 있다. 선재대교와 영흥대교에도 좁지만 보행자 통행로가 있다. 통행로는 자전거 한 대는 겨우 지날 수 있다.

자전거 대여

출발지인 대부도관광안내소에 안산시에서 운영하는 공공 자전거 '페달로' 대여소가 있다. 1일 회원권은 2시간 1,000원이며, 30분 초과 시 추가로 1,000원의 요금이 부과된다. 휴대폰이나 신용카드를 이용해 결재할 수 있다. 자전거 여행 코스가 바닷가라 대여 자전거의 상태가 썩 좋은 편은 아니다. 영흥도까지 종주 라이딩은 무리다. 인근 대부도 내 자전거길을 가볍게 돌아보는 정도로 이용하면 좋다.

여행 정보

안산시는 안산스탬프투어 프로그램을 운영한다. 대부도관광안내소에서 인증수첩을 수령한 다음 투어 장소를 방문해 스탬프를 찍으면 된다. QR코드를 찍거나 안산시 관광 홈페이지에 접속해서 후기를 남기면 대

영흥도 장경리 해변과 풍력 발전기.

오이역에서 대부도 가기

지하철을 이용해 라이딩 기점인 대부도관광안내소로 가려면 오이도역에서 시화방조제를 건너가야 한다. 총 거리는 18km, 약 1시간쯤 걸린다. 오이도역 1번 혹은 2번 출구로 나와 역전로를 건너 왼쪽으로 진행한다. 200m 가서 우회전 한 다음 100m쯤 가면 보성상가 맞은편 삼거리에 도착한다. 이곳에서 좌회전해서 '옥구천동로'를 따라 700m쯤 가면 시흥시를 동서로 가로지르는 옥구천자전거길과 만난다. 여기서 계속 직진해 남쪽으로 3.9km 가면 자전거길이 종료된다. 이곳에서 도로를 횡단해 좌회전 하면 전망대사거리가 나온다. 계속 직진하면 대부도입구사거리에 닿는데, 이곳에서 왼쪽으로 시화방조제를 따라 대부도로 가는 자전거 전용도로와 연결된다. 시화방조제 길이는 약 11km다. 시화조력발전소와 작은가리기섬에 조성된 시화나래휴게소를 지나면 대부도다. 시화방조제는 도로 양 옆으로 자전거길이 조성되어 있다. 일반적으로 도로 오른쪽으로 난 자전거길을 따라 라이딩을 하지만, 대부도로 갈 때는 반대. 도로 왼쪽으로 난 자전거도로가 훨씬 넓고, 라이딩 하기도 수월하다.

①자전거 여행 출발지 4호선 오이도역. ②시화방조제 찾아가는 옥구천 자전거도로. ③시화방조제 자전거길 진입로. ④시화방조제 중간에 있는 시화나래휴게소.

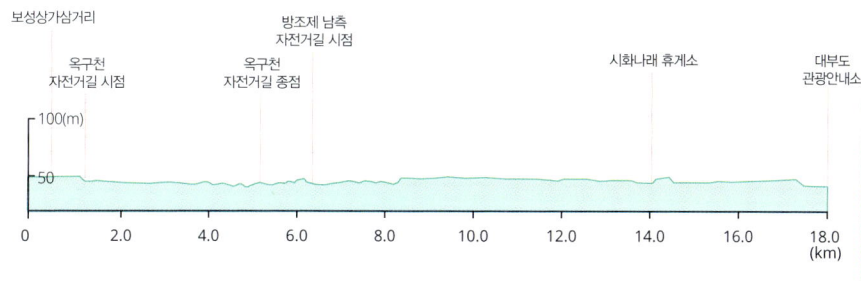

① 영흥도 외리 해변 도로를 달리는 라이더와 영흥대교. ② 밀물 때 선재도와 분리된 목섬.

부도를 비롯한 안산 관광안내소에서 기념품을 받을 수 있다. 스탬프 인증 숫자가 5개, 10개, 15개 기준으로 기념품이 달라진다. 안산에는 총 18개의 스탬프를 받을 수 있는데, 자전거 코스 경로 상에는 3곳(시화호조력발전소, 대부도관광안내소, 대부해솔길2코스)을 지나간다. 인증수첩과 기념품은 조기 품절될 수 있다.

보급 및 식사

자전거 코스 전 구간에 걸쳐 카페와 식당, 숙박업소가 즐비하다. 식당은 대부도에 많고, 카페는 선재도와 영흥도에 많다. 편의점도 코스 상에 즐비해 보급에 전혀 문제가 없다. **뻘다방**(☎ 032-889-8300)은 선재도와 영흥도에서 가장 인기 있는 핫 플레이스다. 실내와 해변의 넓은 공간을 이국적인 인테리어와 소품으로 꾸며놔 SNS 성지로 알려졌다. 무엇보다도 선재도 제1경인 목섬이 마주보이는 곳에 자리잡고 있어 주변 풍광이 훌륭하다. 아메리카노 6,000원, 레알망고 6,500원.

영흥 1, 2경 목섬과 측섬 찾아가기

영흥도로 자전거 여행을 다녀온 라이더 중에는 의외로 영흥 1, 2경이라 할 수 있는 목섬과 측섬을 그냥 지나치고 오는 경우가 많다. 출발 전에 두 섬의 위치를 정확히 확인하고 가지 않기 때문이다.
영흥도 진입 전에 거쳐가는 선재도는 영흥도의 부속 섬이고, 목섬은 선재도의 부속 섬이다. 따라서 영흥도에 들면 목섬이 보이지 않는다. 선재도에서 목섬을 보고 가야 한다. 문제는 선재도 자전거길이 도로를 따라 직진으로 섬을 횡단하게 만들어졌다는 것이다. 무작정 자전거길을 따라 영흥도로 달려가면 목섬과 측섬을 놓치게 된다. 대부도에서 선재대교를 건너 100m 정도 가면 작은 삼거리가 나온다.

① 하늘에서 바라본 선재도와 목섬. ② 썰물 때 드러난 바닷길로 갈 수 있는 목섬. ③ 측섬 바닷길에 세워져 있는 전봇대.

여기서 직진하지 말고 우회전해 다리 밑에 있는 선재어촌체험마을로 간다. 이 마을을 통해 썰물 때 목섬으로 들어갈 수 있다. 마을에서 목섬까지는 왕복 1km 거리다. 주변은 갯벌이지만, 목섬으로 들어가는 길은 굵은 모래가 깔려 있다. 로드 자전거는 어렵고, MTB는 섬 인근까지 접근해볼 수 있다.

목섬에서 측섬으로 가려면 선재도 해안도로를 따라 시계 반대 방향으로 돈다. 선재선착장 인근에서 문말삼거리를 지나서 섬을 가로지르면 측섬에 도착한다. 사람이 살지 않는 목섬과 달리 측섬은 23가구가 거주한다. 밀물 때 물에 잠기는 노두길로 연결되어 있으며, 썰물 때는 차량 진입도 가능하다. 측섬은 노두길을 따라 나란히 나 있는 전봇대가 독특한 풍광을 만들어낸다.

목섬과 측도를 들러볼 때는 물때도 고려해야 한다. 목섬과 측섬은 썰물 때 바닷물이 빠지면서 선재도와 연결된다. 따라서 두 섬을 둘러보려면 썰물 때를 확인하고 가야 한다. 선재도 진입 시 썰물 때와 시간이 맞는다면 목섬과 측섬에 들렸다가 영흥도로 진입한다. 만약 시간이 맞지 않는다면 영흥도를 먼저 둘러보고 되돌아 나오다 물때에 맞춰 돌아보는 일정으로 계획을 짠다. 물때는 국립해양조사원 홈페이지(www.khoa.go.kr)나 '물때와 날씨' 앱을 이용해 확인할 수 있다.

>> 누에를 닮은 섬을 보러 가는 길이다. 무인도와 거대한 바람개비, 그리고 낙조가 만드는 몽환적인 이미지가 자전거 여행자를 불러모은다. 누에섬 보러 가는 길에 만나는 시화호방조제길과 대부광산 풍광도 예사롭지 않다.

난이도	60점	코스 주행거리	40km(중)
		상승 고도	86m(하)
		최대 경사도	5% 이상(중)
		칼로리 소모량	1,312kcal
코스 접근성	54km (대중교통 가능)	지하철(26개 정거장) 36km ➡ 자전거 18km 고속터미널역 총신대역(환승) 오이도역 대부도관광안내소	
소요시간	9시간 45분 (당일 코스)	가는 길 지하철 1시간 22분 자전거 1시간 05분 총 2시간 37분	코스주행 4시간 31분	오는 길 자전거 1시간 5분 지하철 1시간 22분 총 2시간 37분

화석이 되어버린 섬을 만나다
누에섬 | 안산시

한 장의 풍경 사진은 때론 여행의 설렘을 불러일으키는 강력한 원동력이 된다. 우연히 보게 된 누에섬의 사진 한 장이 자전거 여행의 동기가 되었다. 노두길로 연결된 무인도, 그 길을 따라 도열해 있는 거대한 풍력발전기, 그리고 그 뒤로 펼쳐진 서해의 황금노을까지, 이 정도 콜라보라면 목적지까지의 여정과 상관없이 사진 한 장을 건지기 위해서라도 충분히 페달을 밟아볼 만했다.

출발지는 영흥도 코스와 마찬가지로 대부도관광안내소다. 서쪽의 도로를 따라서 영흥도로 들어갔다면 이번에는 동쪽 길을 따라서 누에섬 맞은편에 있는 탄도항까지 이동한다. 대부해솔길에는 이 구간이 해솔길7코스로 안내되고 있다. 이 길은 시화호가 조성된 후 대부도 서쪽 부속 섬들을 이어 만든 방조제다. 방조제로 진입하는 부분이 조금 애매하지만, 일단 방조제로 접어들면 무인지경이다. 간간히 사람과 자전거가 오갈 뿐 차량은 전혀 없다. 차가 없는 도로를 자전거로 맘껏 달려본다.

일직선으로 뻗은 방조제를 따라 달리다보면 바닷물이 드나들던 갯벌과 섬이 육지화되는 인상적인 모습을 볼 수 있다. 물 빠진 갯펄은 잡목이 무성한 들판으로 변했고, 작은 섬들은 들판 위에 동산처럼 솟아 있다. 물기가 말라버려 화석처럼 변한 들판은 당장이라도 바스러져 버릴 것 같다. 이런 독특한 풍광 탓에 이곳을 한국의 세렝게티 초원이라 부른다.

어디선가 사자가 튀어나올 것 같은 들판을 지나면 탄도항에 도착한다. 항구 맞은편에 누에를 닮았다는 섬이 보인다. 노두길과 갯벌, 그리고 거대한 풍력발전기가 만들어내는 풍경은 생각보다 그로테스크 하다. 노두길을 달려 누에섬을 한 바퀴 돌면 여정의 절반이 마무리된다. 돌아갈 때는 지금은 버려진 대부광산을 거쳐 간다.

방아머리선착장
시화방조제
오이도역 방향
시화호
Start/Finish
대부도관광안내소
도로 차단기(우회)
외지섬
형도
301
대부북동
대부동동
터미섬 조망지
대부도
대부동
301
어섬
고포리
선감도
행섬
대부남동
안산시
선감동
도로 차단기
단원구
상세도 225p
지화리
메추리섬
대부광산
퇴적층
탄도항
전곡리
누에섬
전곡항

도로차단기
외지섬
도로차단기
누에섬
대부광산 퇴적층
대부도
관광안내소
100(m)
50
0
5.0
10.0
15.0
20.0
25.0
30.0
35.0
40.0
(km)

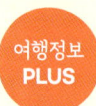

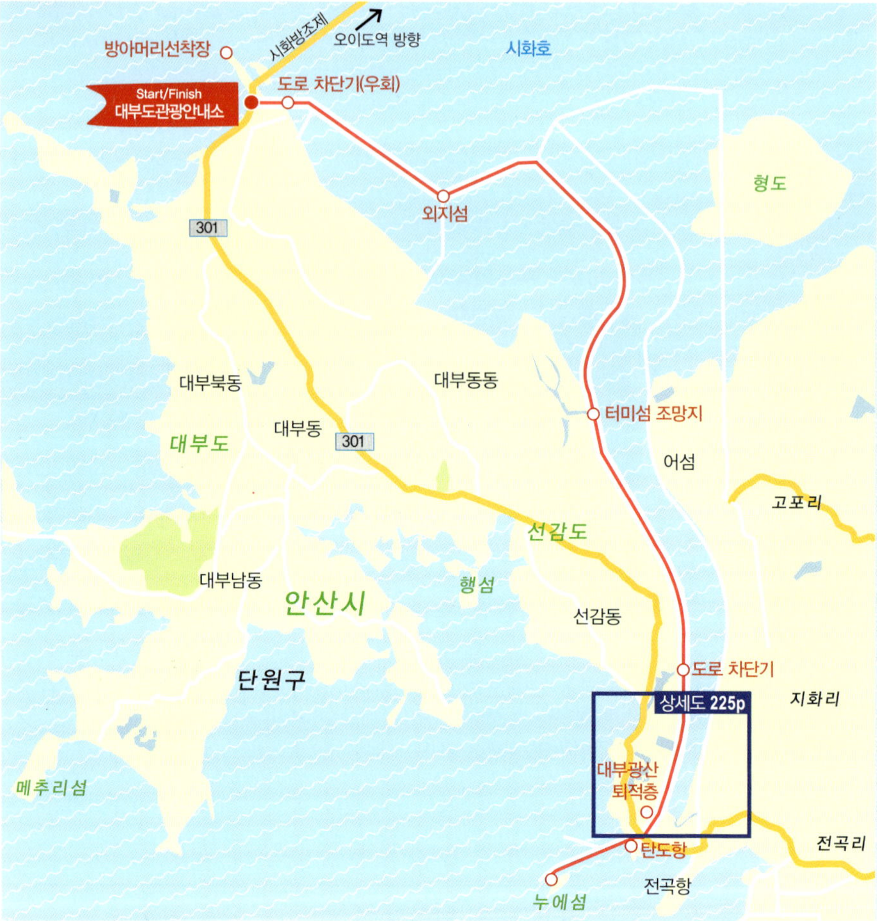

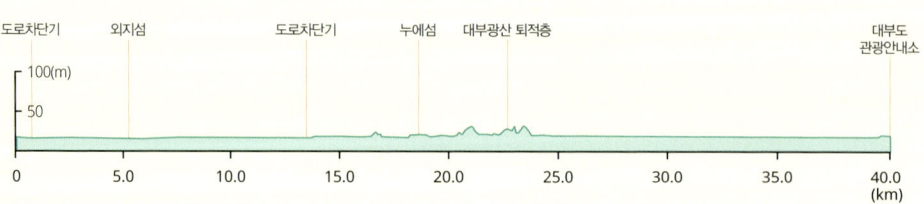

코스 접근

누에섬으로 가는 방법은 대부도 선재도 영흥도 편과 동일하다(216p 참조).

코스 가이드

시화방조제를 거쳐 대부도로 진입하면 방아머리선착장 입구 지나 대부도관광안내소 직전에 삼거리가 나온다. 이곳에서 좌회전 해서 500m 정도 가면 도로 차단기가 있다. 이 방조제는 차량 출입이 통제되어 있다. 차단기 오른쪽 옆에 차단기를 우회하는 좁은 샛길이 있다. 이 샛길을 따라 가드레일 안으로 자전거를 들어옮기는 수고가 필요하다. 이곳을 지나면 방조제 길로 진입한다. 방조제를 따라 5km 달리면 과거 외지섬이 있던 삼거리에 도착한다. 삼거리에서 직진하면 화성시 형도로 가고, 우회전 하면 탄도항으로 간다. 터미섬을 지나면 다시 도로 차단기가 나온다. 출발지에서 14km 지점이다. 도로 차단기를 다시 넘으면 일반 도로를 따라 탄도항 방향으로 간다. 탄도교차로를 지나면 누에섬으로 들어가는 노두길에 도착한다. 선재도에 딸린 목섬, 측섬과 마찬가지로 누에섬으로 들어가려면 출발 전에 물때를 살펴봐야 한다. 도착 시 물때가 맞는다면 누에섬으로 진입한다. 물때 시간이 남았다면 대부광산을 먼저 다녀오는 것이 좋다. 누에섬 노두길 길이는 왕복 3km, 누에섬을 한 바퀴 돌아보는 둘레길은 1km 거리다. 누에섬 정상에는 등대 겸 전망대 건물이 세워져 있다. 전망대까지는 약 100m 정도 가파른 오르막길을 다녀와야 한다. 누에섬까지 전 구간 포장도로(대부광산 구간 일부 비포장)를 이용한다. 안내표시는 별도로 없다.

대부광산 : 탄도교차로에서 301번 도로를 타고 1km 정도 북측으로 주행하면 오른쪽으로 대부도 캠핑시티가 나온다 이곳으로 우회전 해서 진입하면 대부광산 퇴적암층을 관람할 수 있는 잔디광장에 도착한다. 대부광산은 건축용 외장재를 채굴하던 곳이었다. 1999년까지 운영되었으나 백악기시대 공룡 발자국 화석이 발굴되면서 채굴이 중지되었다. 광산을 개발하면서 산의 1/3이 잘려나가면서 퇴적암층이 노출되었다.

그 밑에는 인공 호수가 있다. 일반인들에게는 지질학적 의미보다 포천 아트밸리를 연상시키는 풍경으로 유명해졌다. 잔디광장에서 등산로를 따라 700m 올라가면 정상에 전망데크가 있다. 이곳에서는 광산을 채굴하면서 드러난 퇴적암층과 바다 건너 누에섬이 시원스럽게 조망된다.

난이도

총 상승 고도가 83m에 불과하다. 코스 대부분이 평지다. 누에섬 전망대와 대부광산 전망대로 가는 일부 구간에 오르막이 있지만 자전거는 주행이 거의 불가능하다. 이 두 곳은 자전거를 세워 놓고 도보로 다녀와야 한다.

주의 구간

탄도항에서 누에섬까지 노두길 노면 상태가 좋지 않다. 특히 로드 자전거는 물 빠진 지 얼마 안 되었다면 미끄러짐에 주의해야 한다. 탄도교차로에서 대부광산으로 가는 301번 지방도도 주의해야 한다. 500m쯤

① 백악기시대 공룡 화석 발굴로 채굴이 중단된 대부광산. ② 하늘에서 바라본 대부광산 퇴적암층. ③ 대부도 방아머리 선착장에서 외지점으로 연결된 방조제 도로.

되는 오르막은 도로 폭에 여유가 있지만, 500m쯤 되는 내리막은 도로 폭이 좁아진다. 평소 차량 통행도 많은 지역이라 주의한다. 도로 폭이 좁은 내리막길을 피하고 싶다면 오르막 정상 옆에 있는 등산로 초입에 자전거를 세워 놓고 등산로를 따라 대부광산 전망대를 다녀오는 것도 좋은 방법이다.

자전거 대여

누에섬을 마주보는 탄도항에 안산시 공공 자전거 '페달로' 대여소가 있다. 1일 회원권은 2시간에 1,000원, 30분 초과 시 추가로 1,000원의 요금이 부과된다. 휴대폰이나 신용카드로 결제할 수 있다. 누에섬만 다녀온다면 자전거를 대여해도 괜찮다.

여행 정보

누에섬은 섬의 모양이 누에를 닮았다고 해서 붙여진 이름이다. 한자로 잠도蠶島라 불리기도 한다. 육지쪽이 누에의 머리, 바다쪽이 꼬리에 해당한다. 누에섬은 2020년 10월 이달의 무인도서로 선정되었다. 섬 주변에 설치된 풍력발전기는 대부도 절반에 해당하는 1,700 가구에 전기를 공급하고 있다. 누에섬에는 **등대전망대**(☎ 032-886-0126)가 있다. 관람시간은 09:00~18:00(동절기는 17:00)이며, 관람료는 무료다. 탄도항과 이웃한 전곡항은 요트 정박지로 이름났다. 탄도방조제를 건너 형도로 올라오는 길에 탄도인공습지공원과 경비행장으로 알려진 어섬 일대도 돌아볼 만하다.

보급 및 식사

대부도관광안내소에서 탄도항까지는 식사를 해결하거나 보급을 받을 곳이 전혀 없다. 차단기 바로 앞에 있는 **대포네칼국수집**(안산시 대부 북동 1848-366번지, ☎ 032-884-1524)이 마지막 식당이다. 칼국수 8,000원 해물파전 1만5,000원. 식수와 행동식을 준비해서 라이딩을 시작하는 것이 좋다. 도착지인 탄도항에는 매점과 커피숍, 칼국수집과 어촌계횟집이 한 곳씩 있다.

① 철책으로 막아 놓은 외지섬 가는 시화호방조제 입구. ② 주민들이 이용하는 샛길을 따라 철책을 우회해 시화호방조제로 가는 라이더. ③ 차량 한 대 없는 시화호방조제 도로.

>>> 볼 것도, 먹을 것도 많은 자전거 여행지다. 개항장을 돌아보는 자전거는 근대로 되돌아가는 타임머신과 같다. 원도심 여행의 진수를 맛볼 수 있다. 낙조시간에 맞춰 월미방파제에 도착할 수 있다면 더욱 좋다.

난이도	40점	코스 주행거리	12km(하)
		상승 고도	106m(하)
		최대 경사도	5% 이상(중)
		칼로리 소모량	533kcal
코스 접근성	42km (대중교통 접근가능)	지하철(32개 정거장) 42km 고속터미널역 — 온수역(환승) — 인천역	
소요시간	4시간 57분 (당일 코스)	가는 길 전철 1시간 25분 총 1시간 25분	코스주행 2시간 07분	오는 길 전철 1시간 25분 총 1시간 25분

개화기로 떠나는 시간여행
인천 원도심&월미도 | 인천시 중구

　인천 중구는 흥미로운 자전거 여행지다. 이곳을 관통하는 키워드는 '개항장'이다. 개항장은 외국인의 왕래와 무역을 위해 개방한 구역을 의미한다. 싱가포르나 홍콩 같은 국제도시 이미지가 떠오를 법도 하지만 조선말기, 외세에 의해서 강제로 개항된 우리나라는 그 의미가 좀 남다르다.

　1883년 부산, 원산에 이어 세번째로 제물포항이 개항되면서 중구 일대에 청일 두 나라의 조계지(열강이 관리하도록 빌려준 땅)가 설정되었다. 이런 연유로 이곳에는 당시의 문화유산이 남아 있다. 일본 조계지에는 일본식 건축물이, 청나라 조계지에는 차이나타운이 자리잡고 있다. 이들 근대문화유산을 찾아 라이딩을 하면 과거로 시간여행을 하는 느낌이다.

　라이딩 루트는 인천시에서 운영하는 '개항장 골목투어' 코스를 그대로 따라간다. 중국식 전통 대문 패루가 서 있는 인천역을 출발해 명작동화 벽화로 유명한 송월동동화마을로 간다. 이곳을 거쳐 차이나타운을 구경하고 제물포 구락부를 지나 자유공원으로 올라간다. 짧은 업힐이지만 공원에서 내려다보는 인천항의 모습이 시원스럽다. 이곳 터줏대감인 맥아더 장군 동상과도 눈을 맞춘다. 자유공원에서 내려와 닭강정 맛집이 있는 신포시장과 인천 아트플랫폼을 거쳐 출발였던 인천역으로 되돌아온다. 그냥 돌아서기 아쉽다면 월미도까지 돌아보자. 세계에서 가장 큰 벽화도 구경하고, 시간이 맞으며 낙조도 감상하자. 월미도에서 훌쩍 영종도로 점프할 수도 있다.

① 피노키오 조형물이 있는 송월동동화마을. ② 전동차 타고 개항장 투어를 하는 여행자들.

여행정보 PLUS

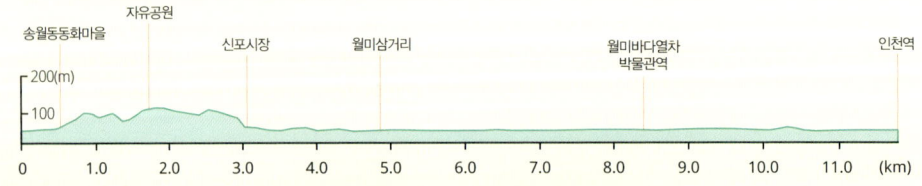

① 송월동동화마을에서 자유공원으로 가는 오르막길. ② 인천아트플랫폼의 한갓진 길.

① 월미도자전거길에서 바라본 월미등대와 낙조.
② 차이나타운 패루.
③ 신포시장 가는 길에 있는 내동교회.

코스 접근

코스와 가장 가까운 전철역은 인천역이다. 강남고속터미널역에서 출발하면 온수역에서 환승한다. 인천역 광장에 관광안내소가 있어 여행 정보를 얻을 수 있다. 자가용으로 이동한다면 동화마을 공영주차장(인천 중구 제물량로 307-1)을 이용하는 것이 좋다. 주차타워뿐만 아니라 노상 주차 공간도 있어 차량 지붕에 자전거 캐리어를 얹고 왔다면 이용하기 편리하다. 이용료는 30분 1,000원, 1일 1만원이다. 운영시간은 09:00~18:00이다.

코스 가이드

인천역을 뒤로하고 왼쪽으로 500m 가면 송월동벽화마을에 도착한다. 자유공원으로 오르는 직선도로가 뚫려 있지만 이면도로 안쪽으로 들어가 마을을 둘러보자. 언덕 위로 이동하면 자유공원을 왼쪽으로 끼고 시계 반대 방향으로 돈다. 차이나타운에 들려서 패루 중 한 곳인 선린문, 공자상이 있는 대복사, 제물포 구락부를 거쳐 자유공원으로 진입한다. 자유공원에서 내려와 내동교회를 거쳐 신포시장에 도착한다. 시장 구경을 마치고 중구청을 지나면 출발지인 인천역으로 되돌아온다.

인천역에서 월미도로 가는 길은 월미바다열차 모노레일을 따라 가면 된다. 월미도 입구 월미삼거리에서 횡단보도를 건너면 왼쪽 인도에 자전거도로가 있다. 월미문화관 입구에 도착하면 월미산을 오른편으로 끼고 시계 방향으로 돈다. 자전거도로가 시계 방향으로 일주하도록 설계되어 있기 때문이다. 왼쪽으로 기네스북에 등재된 가장 큰 벽화가 그려진 사일로(곡물저장소)가 보인다. 아파트 22층 높이의 16개 사일로에 소년이 농부로 성장해 가는 과정이 벽화로 그려져 있다. 월미바다박물관역을 지나면 왼쪽으로 월미도 방파제가 보인다. 월미도 등대를 배경으로 낙조 감상하기 좋은 곳이다. 바다가 마주 보이는 월미문화로에는 휴일이면 행락객들로 가득하다. 이곳에서 자전거 타기는 언감생심이다. 자전거도로가 있는 월미로를 따라서 이동하는 것이 좋다. 월미산 정상으로 오르는 산책로가 조성되어 있으나 아쉽게도 자전거는 출입 금지다. 개항장 자전거 코스는 전 구간 포장도로를 이용한다. 코스를 따라 '개항장 골목투어' 안내표시도 있다. 자전거 전용도로는 40% 정도 된다.

영종도 연계 라이딩 : 월미도에서 영종도와 연계해 라이딩 계획을 세울 수 있다. 월미도와 영종도는 바다를 사이에 두고 지척에 마주보고 있다. 이런 까닭에 인천대교와 영종대교가 완공된 지금도 영종도 구읍선착장과 월미도 선착장 사이에는 정기적인 차도선이 운행한다. 월미도에서는 매시 정각, 영종도에서는 매시 30분 출발하며 1시간 간격으로 운행된다. 소요시간은 20분, 운행시간은 평일 기준 08:00~17:00이다. 대인 편도 요금은 3,500원, 승용차는 7,500원이다. 자전거 요금은 별도로 부과하지 않는다.

난이도

송월동동화마을에서 자유공원으로 오르는 구간이 최대 업힐이다. 경사도는 5% 남짓 되는데, 도로 폭이 좁아 더 가파르게 느껴진다. 하지만 업힐 거리는 500m에 불과하다. 업힐이 부담스러우면 끌바를 해도 된다. 자유공원을 오르면 더 이상 오르막이 없다. 내리막과 평지 구간만 달리면 된다.

주의 구간

인천 원도심 구간은 자전거 전용도로가 아닌 일반 도

① 송월동동화마을에서 자유공원으로 올라가는 길. ② 월미도 입구에 있는 세계 최대 규모의 사일로 벽화. ③ 인천항을 내려다보는 공자상.

로를 주행한다. 주변을 구경하면서 천천히 이동하는 길이라 이곳에서 과속은 어리석은 일이다. 내동교회에서 신포시장으로 내려가는 300m 구간이 굉장히 가파르다. 부담스럽다면 자전거에서 내려 통과하는 것이 좋다.

여행 정보

자유공원 오름길에 있는 제물포구락부는 개항기 인천에 거주하던 외국인들의 사교모임 장으로 만들어졌다. 1901년 러시아인에 의해서 건축되었으나 이후 일본 재향군회, 미군 장교클럽 등을 거쳐서 2007년 일반에게 공개되었다. 개장시간은 09:30~17:30(월요일 휴관), 입장료는 무료다.

보급 및 식사

코스를 따라 음식점이 즐비해 식사와 보급에 전혀 문제가 없다. 오히려 먹고 싶은 게 너무 많아 선택장애가 온다. 차이나타운에는 특색 있는 중국집이 많다. 그 중에서 **공화춘**(☎ 032-765-0571)은 짜장면의 탄생지로 알려져 있다. 1980년대 폐업했다가 2000년대에 재개장했다. 짜장면 6,000원, 삼선짬뽕 9,000원. 신포시장은 닭강정으로 유명하다. 시장 초입에 있는 **원조신포닭강정**(☎ 032-762-5853)이 원조격이다. 이 집은 항상 포장해 가려는 줄이 길게 늘어서 있다. 맞은편에 먹고 갈 수 있는 식당도 운영한다. 이곳은 줄 설 필요 없이 바로 주문이 가능하다. 닭 강정 1만 8,000원. 신포시장 반대편에는 중국식 호떡으로 유명한 **산동만두**(☎ 032-764-3449)가 있다. 일명 공갈빵(1개 1,500원)은 주말에는 1인당 판매수량을 제한할 정도로 인기다. 바삭한 식감이 일품이다. 인근에는 쫄면과 만두로 유명한 **신포우리만두**(☎ 032-772-4958) 본점도 있다. 특히 쫄깃한 식감의 쫄면(6,000원)이 향수를 자극한다.

① 월미바다열차를 따라 월미도 가는 길. ② 공화춘 짜장면과 짬뽕. ③ 신포시장의 명물 닭강정.

>>> 인천국제공항이 있는 영종도. 이곳에 아주 근사한 자전거길이 만들어졌다. 영종해안남로가 바로 그곳으로 영종도와 인천을 이어주는 인천대교가 라이딩의 멋진 배경이 되어준다. 영종도는 자전거 일주도로가 완공되면 수도권 자전거 여행의 메카가 될 것이다. 하늘길보다 더 이름난 자전거길을 기대한다.

난이도	40점	코스 주행거리	33km(중)
		상승 고도	111m(하)
		최대 경사도	5% 이하(하)
		칼로리 소모량	1131kcal

코스 접근성	55km (대중교통 접근가능)	한강자전거길 6km → 공항철도 9정거장 49km 반포대교 서울역 영종역

소요시간	6시간 35분 (당일 코스)	가는 길 자전거 25분 지하철 53분 총 1시간 18분	코스주행 3시간 59분	오는 길 지하철 53분 자전거 25분 총 1시간 18분

하늘 길 말고 자전거길

영종도 | 인천시 중구

인천국제공항이 있는 영종도는 여섯번째로 큰 섬이다. 과거에는 영종도, 신불도, 삼목도, 용유도 4개의 섬이 있었으나 공항을 만들면서 간척사업을 벌여 하나의 섬이 되었다. 지금은 충남의 안면도나 전남 완도보다도 더 크다.

영종도는 섬의 절반을 공항이 차지하고 있다. 그러나 공항 말고도 둘러볼 만한 관광지도 많다. 최근 다리로 연결된 무의도나 을왕리 해변 같은 곳은 더 이상 낯선 지명이 아니다. 영종도를 자전거 동호인들이 그냥 지나쳤을 리 없다. 고속도로처럼 뚫린 도로를 따라 라이딩을 즐기기 위해서 이 섬을 찾는다. 일반 도로를 주행해 섬을 한 바퀴 돌아볼 수도 있지만, 자전거 타기 좋은 곳은 영종도의 남동부 지역이다. 이곳에는 영종도 최대의 수변공원 씨사이드파크가 있다. 8km의 해변을 따라 캠핑장, 레일바이크, 물놀이장 등 휴게시설이 있다. 이 가운데 압권은 레일바이크 탑승장부터 인천대교까지 나 있는 왕복 2차선 넓이의 자전거도로다. 우리나라 자전거길 중에서 가슴 탁 트이는 호방함은 단연 이곳이 1등일 것이다.

영종역에서 구읍뱃터까지는 영종도 하늘신도시를 관통한다. 육지의 여느 신도시와 별반 다르지 않는 아파트촌을 빠져나와 구읍뱃터에 도착하면 바다 건너 인천 월미도가 손에 잡힐 듯 가깝다.

① 영종도 자전거 여행의 출발지 공항철도 영종역. ② 영종도와 인천 월미도를 오가는 차도선.

자전거길로 접어들면 레일바이크와 함께 달리게 된다. 탁 트인 바다와 시원하게 뚫린 자전거길, 그리고 점점 더 웅장한 모습을 드러내는 인천대교가 라이딩의 즐거움을 배가시킨다. 인천대교를 지나면 끝없이 연결될 것 같던 자전거길은 끝난다. 여기서 일반 도로로 진입해 일주 라이딩을 이어갈 수도 있다. 그러나 이 호쾌한 느낌을 복잡한 찻길 라이딩으로 희석시키고 싶지 않다면 여기서 되돌아 간다.

① 바다에 떠 있는 인천대교가 바라보이는 영종도자전거길.
② 영종도자전거길과 나란히 달리는 레일바이크.

여행정보 PLUS

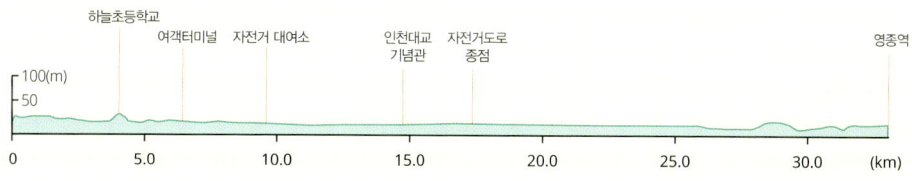

코스 접근

영종역은 씨사이드파크와 가장 가까운 공항철도 전철역이다. 서울역에서 아홉 정거장, 인천공항에 도착하기 세 정거장 전에 내려야 한다. 승차요금은 2,750원이다. 공항철도는 서울시 지하철과 마찬가지로 공휴일, 주말에 한해 자전거 탑승을 허가한다. 다만 평일에도 출퇴근 시간(07:00~09:00, 18:00~20:00)을 피하면 역무원의 재량에 따라 자전거 반입을 허가해 준다. 자가용으로 이동한다면 영종역을 출발지로 삼을 필요가 없다. 영종 씨사이드 레일바이크나 자전거 대여소가 있는 씨사이드파크 관리사무소 인근 무료 주차장을 이용한다. 인천 원도심 라이딩과 연계해 일정을 잡을 수 있다. 구읍뱃터에서 월미도는 매시 30분에 배가 있다. 마지막 배는 17:30에 있다. 인천 원도심&월미도 편 참조(228p).

코스 가이드

영종역에 도착하면 2번 출구로 나온다. 자연대로를 따라 하늘신도시 방향으로 내려간다. 인도에 보행자 겸용 자전거도로가 만들어져 있다. 약 3.5km 가면 도심으로 진입한다. 영종해안남로를 온전히 다 달려보려면 섬의 남동쪽 꼭지점에 위치한 구읍뱃터를 목적지로 삼는다. 하늘신도시는 격자 형으로 도로망이 구축되어 있어 어떻게 경로를 잡아도 상관없지만, 하늘초등학교를 중간 경유지로 삼으면 경로잡기가 수월하다. 도심을 관통한 뒤 구읍뱃터 직전 오른쪽 해안선을 따라 나있는 도로로 진입한다. 곧이어 영종 씨사이드 레일바이크 탑승장에 도착한다. 이곳부터는 레일바이크와 자전거길이 나란히 나 있다.

레일바이크 탑승장에서 1.5km 더 직진하면 자전거 대여소가 나온다. 여기부터 도로 폭이 넓어지며 본격적인 라이딩을 즐길 수 있다. 자전거길을 달리면 인천대교의 웅장한 모습이 점점 다가온다. 다리 밑에 있는 인천대교기념관 지나 1km 정도 더 올라가면 무의도가 바라보이는 지점에서 자전거도로는 끝난다. 이곳을 지나 섬 일주 라이딩을 이어가고 싶다면 공도를 주행해야 한다. 전 구간 포장도로이며 자전거길 안내표시가 있다.

① 하늘에서 내려다본 영종도 씨사이드파크 전경. ② 영종도자전거길에서 라이딩을 즐기는 사람들.

수도권 자전거 여행의 메카 영종도

영종도 일주는 물론 한강에서 영종도까지 자전거길로 연결하는 작업이 한창 진행 중이다. 2021년에는 아라뱃길과 청라 신도시를 연결하는 자전거길이 개장한다. 2022년에는 영종도와 무의도를 일주하는 68km 길이의 자전거도로가 완공될 예정이다. 현재 인천대교와 영종대교는 자전거 통행이 금지되어 있다. 그러나 2025년 12월 완공 예정인 제3연륙교는 자전거도로와 보행자 통로도 설치될 예정이다. 길이 4.67km의 제3연륙교는 영종도와 청라 신도시를 연결한다. 이렇게 되면 한강에서 아라뱃길과 청라 신도시를 거쳐 제3연륙교를 건넌 후 영종도 순환 자전거도로로 들어갈 수 있게 된다. 바야흐로 영종도가 수도권 자전거 여행의 새로운 메카로 떠오르는 순간이다.

① 탁 트인 바다와 인천대교를 감상하며 달리는 영종도자전거길.
② 인천대교 기념관.

난이도

총 상승 고도는 111m다. 영종역에서 구읍뱃터 구간에 약간 오르막이 있을 뿐 대부분 평지 구간이다. 라이딩을 씨사이드파크 인근에서 시작한다면 어린이와 초보자도 부담 없이 안전하게 즐길 수 있다.

주의 구간

하늘신도시 주변에는 자전거길이 잘 만들어져 있다. 초보자도 주행하기에 부담이 없다. 단 구읍뱃터 인근은 주말이면 관광객 차량으로 제법 복잡하다. 자전거도로와 차도에 주차되어 있는 차량과 인파가 많기 때문에 통행 시 주의가 필요하다.

자전거 대여

씨사이드파크 관리소 인근에 바다 자전거 대여소가 있다. 성인은 2인용과 4인용, 어린이는 1인용과 2인용 자전거를 대여해준다. 기본 요금은 1시간에 성인 2인 5,000원 4인 1만원, 10분 초과 시 2인 1,000원 4인 2,000원의 요금이 부과된다. 운영시간은 10:00~19:00(동절기는 ~17:00)이다. 이용을 위해서는 신분증과 핸드폰 확인이 필요하다.

여행 정보

영종씨사이드파크에서 가장 인기 있는 레저시설은 레일바이크다. 레일바이크는 2인용·3인용·4인용이 있으며, 요금은 2인 2만5,000원, 4인 3만2,000원이다. 운영시간은 09:00~18:00(동절기는 10:00~17:00)이다. 홈페이지(www.영종씨사이드레일바이크.com)를 통해 사전예약할 수 있다.

보급 및 식사

인천 월미도로 배가 출항하는 구읍뱃터 인근에 식당과 숙소가 모여 있다. 이곳을 제외하면 코스 주변에서 식사할 곳 찾기가 마땅치 않다. 지역의 대표메뉴는 단연 해물칼국수다. 여럿 식당 가운데 **97도씨해물칼국수**(☎ 032-751-0056)가 단연 인기다. 대표메뉴 해물칼국수(8,500원)에 오뎅3꼬치(3,000원)를 추가해 먹으면 더욱 별미다. 시원하고 쌀쌀한 맛이 일품이다. 휴일에는 종종 대기가 발생한다.

97도씨 해물칼국수와 오뎅3꼬치.

>> 수도권에서 접근성이 좋고 볼거리도 많은 섬이다. 그러나 곳곳에 험난한 업힐이 도사리고 있어 초보자들의 접근을 어렵게 한다. 라이딩할 때 장점과 단점이 뚜렷한 섬이다.

			실미유원지~광명항(왕복)	하나개유원지(왕복)
난이도	60-30점	코스 주행거리	13.5km(하)	8.3km(하)
		상승 고도	358m(하)	140m(하)
		최대 경사도	10% 이상(상)	10% 이하(중)
		칼로리소모량	664kcal	194kcal
코스 접근성	73km (대중교통 가능)	자전거 6km → 공항철도 12정거장 58km → 자전거 9km 반포대교　서울역　　　　인천공항 제1터미널역　무의도 선착장		
소요시간	6시간 12분 (당일 코스)	가는 길 자전거 26분 철도 1시간 자전거 40분 총 2시간 6분	실미~광명 코스주행 2시간	하나개 코스주행 1시간	오는 길 자전거 40분 철도 1시간 자전거 26분 총 2시간 6분

다양한 볼거리, 그리고 강렬한 업힐
무의도 | 인천시 중구

무의도는 인천국제공항이 있는 영종도 남단에 있는 섬이다. 행정구역상으로는 인천광역시 중구에 포함된다. 서울 도심에서 약 60km 떨어져 있어 자가용으로 1시간 정도면 도착할 수 있다. 공항철도를 타고 인천국제공항 제1터미널역에서 하차하면 무의도 입구까지 9km 거리다. 수도권에서는 접근성이 매우 좋은 섬이다. 과거에는 공항철도를 타고 용유임시역에서 하차한 뒤 잠진도 선착장에서 도선을 타야 들어갈 수 있었지만, 이제는 무의대교가 개통되면서 영종도와 연결되었다.

무의도는 도심에서 가깝지만 섬 특유의 이색적인 풍광을 자랑한다. 실미해수욕장과 하나개해수욕장을 품고 있는데, 〈실미도〉, 〈천국의 계단〉, 〈공포의 외인구단〉 등의 영화와 드라마 촬영지로 많이 알려졌다. 하나개해수욕장에는 촬영세트장이 아직 남아 있다. 무의도의 부속섬으로는 소무의도와 실미도가 있다. 소무의도와는 다리로 연결되어 있고, 실미도는 썰물 때 걸어서 들어갈 수가 있다.

무의도에는 약 20km의 도로가 있어 섬 라이딩을 즐기려는 수도권의 자전거 동호인들이 즐겨 찾는다. 그러나 무의도는 자전거 타기가 만만하지 않다. 일단 섬을 한 바퀴 일주하는 일주도로가 없다. 주요 관광지인 실미해수욕장, 하나개해수욕장, 그리고 광명항으로 들어가기 위해서는 가파른 고개를 매번 업힐로 넘어갔다가 다시 넘어서 나와야 한다. 특히, 실미해수욕장으로 넘어가는 실미재와 광명항으로 넘어가는 사시미재가 악명이 높다. 업힐 거리는 짧지만 최대 경사도가 10%를 넘기 때문에 라이더들이 꽤나 진땀을 빼게 만든다.

무의도에 들어가면 대부분 실미해수욕장을 첫번째 목적지로 정한다. 실미해수욕장은 실미고개를 넘어가야 한다. 고개로 드는 초입부터 좁은 도로를 따라서 급경사가 시작된다. 경사도는 10%로 표시되어 있지만 체감 경사도는 15%에 이를 정도의 급경사 구간이 굵고 짧게 이어진다.

실미재를 넘어가면 바로 실미유원지와 만난다. 물때를 잘 맞추면 맞은편 실미도로 걸어 들어갔다 나올 수 있다. 해수욕장은 넓은 백사장과 울창한 송림이 펼쳐져 있다. 인천국제공항에서 불과 십여 킬로미터밖에 떨어져 있지 않은데도 불구하고 오지의 한적한 섬을 찾은 것처럼 아름답다. 이곳에서는 캠핑도 가능하다.

실미유원지에서 다시 실미재를 넘어와 남쪽으로 방향을 잡으면 하나개해수욕장과 광명항으로 길이 나뉘는 삼거리를 만난다. 광명항을 향해 사시미재를 향하면 업힐이 시작된다. 급경사와 좁은 도로의 업힐 구간은 실미재보다 조금 더 힘들게 느껴진다. 언덕을 넘어가면 바로 광명항과 연결된다. 이곳에서 다리를 건너 맞은편 소무의도로 들어갈 수 있다. 이곳에서 바라보는 인천의 모습이 인상적이다. 광명항에서 사시미재를 넘어 오면 섬의 서쪽 하나개해수욕장으로 가는 삼거리다. 이곳도 고개를 넘지만 그나마 가장 완만하다.

광명항에서 소무의도로 연결된 다리.

여행정보 PLUS

실미유원지~광명항 (왕복)

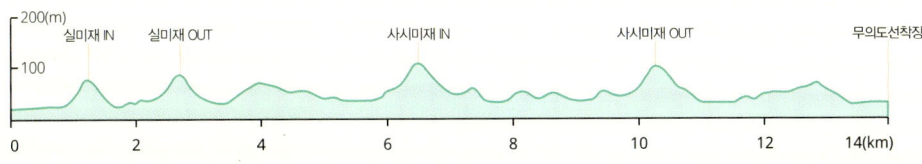

무의도선착장~하나개유원지 (편도)

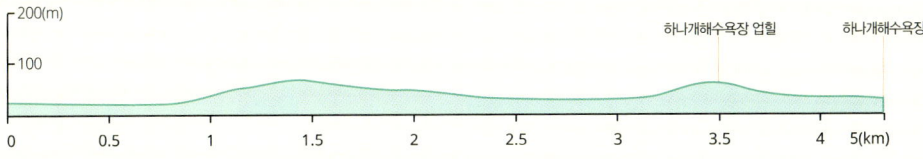

코스 접근

대중교통을 이용한다면 공항철도를 타고 인천국제공항 제1터미널역에서 내려야 한다. 자전거는 주말과 공휴일 맨 앞과 뒤 칸에 반입할 수 있다. 평일에는 출퇴근시간(07:00~09:00, 18:00~20:00)을 제외하고 역무실에서 자전거 반입 승인증을 발급받아야 자전거를 반입할 수 있다. 인천국제공항 제1터미널역에서 무의도선착장까지 9km는 자전거를 타고 간다. 인천공항에서 용유역까지는 자기부상열차가 운행 중이다. 이용요금은 무료, 15분 간격으로 운행한다. 단, 접이식 자전거를 제외한 일반 자전거는 반입불가다. 자세한 내용은 공항철도 홈페이지(www.arex.or.kr) 참조. 2019년 잠진도와 무의도를 연결하는 1.6km 길이의 무의대교가 개통되었다. 무의대교의 보행도로는 무의도 진입 시 우측 방향에만 있다.

코스 가이드

무의도는 면적 9.432km², 해안선 길이 31.6km이다. 섬은 크지 않지만 곳곳에 국사봉, 호룡곡산, 당산 등 높은 산봉우리가 있어 업힐 코스가 많다.
무의도선착장에서 출발해서 실미유원지, 광명항, 하나개유원지를 모두 둘러보면 약 17km를 주행해야 한다. 실미재와 사시미재의 업힐을 피해서 하나개해수욕장만 왕복한다면 8km만 라이딩 하면 된다.

난이도

실미재와 사시미재를 넘어가는 업힐 구간은 체감 경사도가 10%를 훌쩍 넘을 정도의 급경사다. 두 곳 모두 업힐의 높이는 60m, 길이는 600m 이내지만 길이 좁고 15%에 달하는 급경사 구간이 있어 체감하는 난이도는 훨씬 더 어렵게 느껴진다.

① 썰물 때 무의도와 연결된 실미도.
② 실미도 유원지 입구, 입장료를 받는다.
③ 실미재 정상에서 내려다본 업힐 구간.

① 국사봉에서 바라본 소무의도 전경.
② 하나개해수욕장의 데크 탐방로.
③ 광명항으로 가는 사시미재 정상.

여행 정보

실미유원지(2,000원)와 하나개유원지(2,000원)는 입장료를 받는다. 소무의도는 낚시꾼에게만 2,000원의 입장료를 받는다. 소무의도에는 약 2.48km의 무의바다누리길이 만들어져 있다. 자전거를 잠시 세워 놓고 걸어서 한 바퀴 돌아보기 좋은 곳이다. 약 1시간 정도 소요되며 사진 찍기에도 좋다. 또한 실미도와 무의도가 연결되는 물때를 맞춰가면 걸어서 실미도로 들어가볼 수 있다. 출발 전 확인해보자.

실미도유원지와 하나개해수욕장에서 캠핑이 가능하다. 나무그늘은 실미도유원지 쪽이 많다. 캠핑 시 주차료(1일 3,000원)와 폐기물 처리비용(1일 5,000원)을 받는다. 차를 텐트 옆에 주차시킬 수 없어 리어카를 이용해서 짐을 날라야 한다.

보급 및 식사

무의도는 관광객이 많아 섬 안은 물론, 용유역부터 잠진도선착장까지 곳곳에 횟집과 음식점이 있다. 조개구이나 회도 먹을 수 있지만 대표적인 요리는 해물칼국수다. 용유역 근처에 있는 **황해칼국수**(☎ 032-746-3017, 인천시 중구 덕교동 128-1)도 해물칼국수(10,000원)를 푸짐하게 낸다.

≫ 신도에는 자전거 전용도로가 없다. 하지만 자동차 통행량이 적어 자전거를 타는 데 스트레스 받을 일은 없다. 또 언덕길도 거의 없어 초보자도 부담 없이 자전거를 탈 수 있다. 반면 중급자 이상에게는 좀 심심하다. 유람 라이딩 코스다. 세 섬의 주요 볼거리를 돌아보는데 2시간 정도면 충분하다.

난이도	30점	코스 주행거리	22km(하)
		상승 고도	175m(하)
		최대 경사도	10% 이하(중)
		칼로리 소모량	764kcal
코스 접근성	64km (대중교통 접근가능)	자전거 6km → 공항철도 7정거장 52km → 자전거 4.3km → 여객선 1.5km 반포대교 서울역 운서역 삼목선착장 신도선착장	
소요시간	5시간 28분 (당일 코스)	가는 길 자전거 23분 철도 1시간 2분 자전거 18분 배 10분 **총 1시간 53분**	코스주행 1시간 42분	오는 길 배 10분 자전거 18분 철도 1시간 2분 자전거 23분 **총 1시간 53분**

영종도 옆 삼형제섬을 한 번에
신도 시도 모도 | 인천시 옹진군

　신도 시도 모도는 영종도 북측에 있는 섬들이다. 3개의 섬이 나란히 사이좋게 늘어서 있는데, 마치 형제같아 보인다. 이 중에서 신도가 형제 중에 가장 맏이라고 보면 된다. 세 섬 가운데 가장 크고, 선착장도 이 섬에 있어 육지에 온 사람들은 모두 이곳에서 내린다.
　세 섬은 모두 다리로 연결되어 있다. 신도를 통해서 들어가면 시도와 모도까지 한 번에 돌아볼 수 있다. 섬, 그리고 섬 속의 섬, 그리고 다시 그 속의 섬으로, 마치 징검다리를 건너가는 것처럼 섬들을 돌아보는 재미가 있다. 신도 시도 모도는 또한 자전거 타기에 매우 좋은 곳이다. 일단 차량 통행량이 적다. 도로 또한 큰 업힐 없이 평지구간에 만들어져 있어 초보자도 부담 없이 라이딩을 즐길 수 있다. 섬은 화려하지 않지만 세 곳의 섬마다 특색 있는 볼거리들을 갖고 있다. 신도 중심에는 해발 180m의 구봉산이 있어 트레킹을 즐기는 사람들이 즐겨 찾는다. 시도 북쪽에 있는 수기해수욕장은 여름이면 물놀이와 캠핑을 하러 온 피서인파로 북적거린다. 모도에는 출사 포인트로도 유명한 배미꾸미해변의 조각공원이 있다. 여름철에는 자전거 라이딩뿐만 아니라 해변에서 물놀이와 캠핑까지 다양한 액티비티를 함께 즐길 수 있다.
　신도는 무의도와 마찬가지로 공항철도를 통해서 올 수 있다. 신도로 가는 길목인 영종도 삼목선착장은 주말이면 등산과 캠핑, 자전거 라이딩을 즐기려는 사람들로 항상 붐빈다. 신도선착장에 도착한 첫 느낌은 아담함이다. 다른 섬과 달리 위압적인 봉우리도 급경사의 업힐도 보이지 않는다. 선착장에서 라이딩 시작과 동시에 만나게 되는 작은 언덕도 허벅지에 조금 힘을 쓰자마자 바로 넘어가버린다. 생각 외로 신도의 도로변에는 벚나무가 많이 심어져 있다. 이곳의 벚꽃은 육지보다 1~2주 늦게 핀다. 때를 잘 맞춰오면 섬 안에서 벚꽃놀이 하며 라이딩 하는 호사를 누릴 수도 있겠다.

신도는 어떤 방향으로 돌더라도 순식간에 신도와 시도를 연결하는 연륙교에 도착한다. 짧은 다리를 건너면 시도로 들어가게 된다. 시도에서 작은 언덕을 하나 넘어가면 다시 모도와 연결되는 연륙교와 만나게 된다. 대부분의 라이더들은 일단 모도의 배미꾸미해변을 목적지로 한다.

배미꾸미해변은 모도의 남쪽 끝 언덕 너머에 있다. 이곳은 서해안의 여느 해변과 별다를 게 없다. 하지만 아담한 규모의 조각공원이 있어 이곳 해변을 조금 더 특별하게 만들어준다. 조각에 문외한인 사람들에게는 조금은 그로테스크하게 보이는 작품들이 많이 전시되어 있는데, 바닷가 풍광과 어우러져서 꽤나 독특한 풍광을 만들어 낸다. 가끔씩 머리에 닿을 듯이 낮게 날며 인천공항을 향해 가는 항공기들도 이곳 풍경의 한 부분을 차지한다.

배미꾸미해변에서 자전거를 돌려 다시 시도의 수기해수욕장으로 달려간다. 일부러 천천히 페달을 밟더라도 어느새 목적지에 도착하게 된다. 수기해변은 섬의 북쪽에서 강화도 동막해변을 바라보는 아주 아담한 해수욕장이다. 섬의 분위기와 딱 맞아떨어지는 이곳은 캠핑하기 좋은 곳으로도 알려져 있다. 바로 옆에는 드라마 〈슬픈연가〉의 촬영지가 있다. 이곳에서 신도선착장으로 돌아가면 세 섬을 둘러보는 짧고 아기자기했던 라이딩이 마무리된다.

① 배미꾸미조각공원의 그로테스크한 조각품. ② 배미꾸미조각공원의 느티나무 형상의 조형물.

여행정보 PLUS

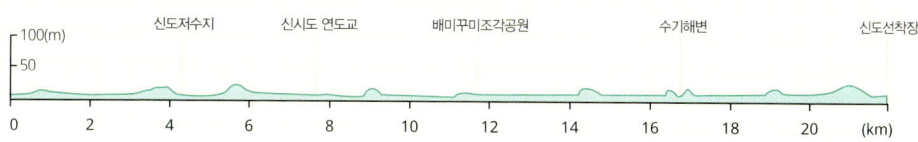

코스 접근

영종도 삼목선착장에서 신도행 배가 운행된다. 대중교통을 이용해 삼목선착장까지 가려면 공항철도 운서역에서 내려 공도 구간 4.3km를 주행해야 한다. 자가운전으로 갈 경우 공항고속도로를 이용한다. 이용료는 승용차 기준 편도 6,600원. 삼목선착장에서 신도까지 소요시간은 약 10분. 배편은 07:00부터 20분 간격으로 운행된다. 성수기에는 수시로 운항한다. 요금은 왕복 기준 성인 4,000원, 자전거 2,000원, 승용차 2만원이다. **세종해운**(☎ 032-751-2211)

코스 가이드

신도와 시도, 모도는 영종도와 강화도 사이에 위치하고 있다. 신도(면적 6.92km^2), 시도(2.46km^2), 모도(810m^2)가 모두 연륙교로 연결되어 있다. 세 섬의 면적을 모두 합해봐야 무의도와 비슷한 크기의 아담한 섬들이다. 신도 중앙에 있는 해발 180m의 장군봉이 최고봉이다. 신도에는 장군봉을 중심으로 일주도로가 만들어져 있다. 어떤 방향으로 돌아도 난이도는 평이하다. 신도를 한 바퀴 돌고 모도의 배미꾸미해변과 시도의 수기해변을 들렸다 나오면 약 22km를 주행하게 된다.

난이도

최대 해발고도가 45m로 거의 언덕이 없는 평지 구간이다. 각 섬과 해변으로 들어갈 때마다 작은 언덕을 넘어가야 한다.

여행 정보

세 섬 곳곳에 벚나무가 식재되어 있어 개화시기를 잘 맞춰가면 벚꽃 라이딩을 즐길 수 있다. 개화시기는 서울보다 약 2주 정도 늦다. 수기해변에서 캠핑이 가능하다. 해변과 맞붙은 숲 속에 좋은 자리들도 보인다. 매점, 화장실, 개수대 시설이 있으며 하절기에 운영되는 야외 샤워장도 있다. 이곳의 가장 이름난 볼거리는 배미꾸미조각공원이다. 펜션과 같이 운영을 하는데, 조각가 이일호의 초현실주의 작품들이 전시되어 있다. 사진동호인들의 출사 포인트로 인기가 많다. 입장료는 성인 2,000원

보급 및 식사

선착장 인근에 위치한 **계절식당**(☎ 032-751-1988, 주소: 인천 옹진군 북도면 신도로54)은 시설이나 밑반찬이 깔끔한 곳이다. 소라비빔밥(1만원)이나 해물칼국수(1만원)가 대표 메뉴다. 배미꾸미공원 안의 카페에서 바다를 바라보며 차 한잔의 시간을 갖는 것도 즐거운 일이다. 유자청차(7,000원).

① 신도의 벚꽃길, 육지보다 1~2주 개화시기가 늦은 편이다.
② 시도와 모도 사이에 놓인 연륙교.
③ 신도 · 장봉도행 차도선. 신도를 들렀다가 장봉도로 들어간다.

섬 라이딩 시 주의점

날씨에 신경 쓰자

일반적으로 자전거 라이딩을 계획하고 있다면 해당일자의 기상상황에 귀를 기울이게 된다. 만약 라이딩 장소가 섬이라면 몇 가지 더 확인해야 하는 것이 있는데, 바로 안개와 바람이다. 안개는 특히 서해안 섬으로 가는 배편의 출항여부를 결정짓는 중요한 요인이다. 라이딩 하기 좋은 계절인 봄과 가을에는 큰 일교차로 인해 오전에 안개 끼는 날이 많다. 안개가 너무 짙으면 결항되어 낭패를 볼 수 있다. 바람도 중요한 요인이다. 육지에서는 맑고 바람이 별로 없어도 먼 바다에서는 강한 바람이 부는 경우가 많다. 바람이 심하면 라이딩에 영향을 주는 것은 물론이고, 파도가 높아 배멀미를 할 수도 있다. 따라서 전날 일기예보를 확인하고 해당 선사에도 문의하는 게 좋다.

배편은 미리미리 예약하자

성수기 인기노선의 배편은 일찍 예약이 마감되어 가고 싶은 섬에 들어가지도 못하는 상황이 종종 발생한다. 특히, 주말의 경우 예약은 필수이다. 노선을 운행하는 해당선사에서는 인터넷과 함께 전화로도 예약을 받는다. 입금을 하지 않고 구두로 예약을 받아주는 곳도 많아 섬 라이딩 계획이 있다면 미리미리 예약하자.

배 출항지와 기항지를 확인하자

섬으로 가는 배의 출항지는 한 곳이 아닌 경우도 많다. 예를 들어 울릉도 행 배는 강릉, 묵호, 후포, 포항에서 출항한다. 덕적도는 인천연안부두와 방아머리선착장 두 곳에서 배편이 운항한다. 성수기나 주말에 표를 구하지 못했다면 다른 선착장을 알아보자. 출발지별로 매표 사정은 다르기 때문이다. 또 출발지에 따라 도착항이 달라지는 경우가 있으니 배를 타는 항구를 꼭 확인하자. 제주도로 들어가는 배는 거의 제주항으로 입항한다. 하지만 전남 장흥에서 출발하는 배는 성산포항으로 들어간다. 또 강릉에서 출발하는 울릉도행 배편은 사동항으로, 묵호에서 출발하는 배는 도동항으로 간다.

작은 섬은 간식을 준비하자

섬은 음식을 선택할 수 있는 폭이 적다. 해산물도 예외는 아니다. 섬이 회 값이 싸다고 생각한다면 오산이다. 관광지는 오히려 더 비싸게 받는다. 작은 섬은 횟집이 없는 곳도 많다. 제주도, 울릉도, 백령도 같이 큰 섬들은 고유의 특색 있는 음식들이 있지만 작은 섬의 경우에는 그렇지 않은 경우가 많다. 서해안 섬은 해물칼국수가 무난하다. 미리 간식을 준비해 가는 것도 좋다.

≫ 로드 또는 임도 라이딩, 조개잡이, 그리고 캠핑. 장봉도는 이처럼 다양한 아웃도어를 즐길 수 있는 섬이다. 다만, 업힐이 많고, 비포장 구간이 있어 로드 자전거보다는 산악 자전거가 어울린다.

난이도	40–50점 (도로–임도)		도로 (왕복)	임도 (왕복)
		코스 주행거리	15km(하)	8.5km(하)
		상승 고도	261m(하)	255m(하)
		최대 경사도	10% 이하(중)	10% 이상(상)
		칼로리 소모량	318kcal	422kcal

코스 접근성	71km (대중교통 가능)	자전거 5.7km → 공항철도 7정거장 52km → 자전거 4.3km → 여객선 9km 반포대교 서울역 운서역 삼목선착장 장봉도

| 소요시간 | 6시간 46분
(당일 코스,
1박2일 추천) | 가는 길
자전거 23분
철도 1시간 2분
자전거 18분
배 40분
총 2시간 23분 | 도로주행
1시간 | 임도주행
1시간 | 오는 길
배 40분
자전거 18분
철도 1시간 2분
자전거 23분
총 2시간 23분 |

04-9 서부권 코스

캠핑도 하고, 산악 자전거도 타고
장봉도 | 인천시 옹진군

　장봉도는 신도 시도 모도와 이웃한 섬이다. 삼목선착장에서 출발한 차도선이 신도선착장을 들렀다가 30분을 더 가면 장봉도에 도착한다. 장봉도는 좌우로 길쭉한 모양을 하고 있다. 따라서 섬 안의 도로는 해안선을 따라 일주하는 형태가 아닌 섬 중심의 산자락을 따라서 좌우로 길게 연결되어 있다. 사정이 이렇다 보니 장봉도선착장 도착과 동시에 섬의 척추를 따라서 섬 안의 최고봉인 국사봉을 지나갈 때까지 완만한 업힐이 길게 이어진다. 이렇게 이어지는 도로는 진촌해변 입구부터 비포장 임도로 바뀌어 섬의 서쪽 끝까지 연결된다.

　장봉도의 도로는 평지보다는 업힐 구간이 많으며 포장도로와 임도 구간이 섞여 있다. 포장도로 구간에서는 일반 자전거나 로드 자전거 주행이 가능하다. 하지만 비포장 임도 라이딩을 생각한다면 산악 자전거가 좀 더 어울린다. 장봉도 역시 가로수로 벚나무를 많이 심어놨다. 개화시기에 맞춰 벚꽃축제도 열릴 만큼 꽃길이 유명하다. 일정만 잘 맞추면 벚꽃 라이딩도 가능하다.

　장봉도는 동서로 길게 누워 있는 섬의 지형 탓에 해변이 제법 넓은 해수욕장 세 곳을 품고 있다. 섬의 남쪽에는 옹암해수욕장과 한들해수욕장이 있는데, 해변을 따라서 솔밭도 울창하다. 반대편 북쪽에는 진촌해변이 자리잡고 있다. 장봉도에 있는 세 곳의 해변에서는 모두 캠핑이 가능하다. 선택의 폭이 넓고 자리잡기도 수월해 캠핑과 라이딩을 겸하기 좋다.

① 옹암해수욕장 ② 진촌~채석장 사이의 임도 구간. 임도에도 벚나무가 많이 심어져 있다.

장봉도선착장에 도착해 옹암해수욕장을 지나가면 바로 능선을 따라 만들어져 있는 도로를 타고 오르막 라이딩이 시작된다. 부담스럽지 않은 완경사 업힐을 따라 올라가다 보면 간간히 나무 사이로 바다가 내려다보이는데, 위에서 내려다보는 바다는 또 다른 풍경이다. 오르막이 끝나고 내리막이 시작되면 스치듯이 한돌해변을 지나고, 섬 중심에 있는 마을을 통과해서 진촌해변에 도착하게 된다.

섬의 북쪽에 있는 진촌해변은 꽤나 아늑하다. 해변 뒤 언덕 부근에 20여 동의 텐트를 칠 수 있는 공간이 있다. 다만, 차량이 모래사장 안으로 진입할 수 없어 이곳에서 캠핑을 하려면 주차장부터 수십 미터 짐을 옮기는 수고를 해야 한다. 진촌해변 입구 팔각정부터 섬의 서쪽 끝 채석장까지는 비포장 임도로 연결되어 있다.

비포장 임도를 따라서 벚나무가 심어져 있다. 임도의 노면 상태는 중간중간 무너진 끝부분을 제외하면 일반 자전거로도 라이딩이 가능할 정도로 매끄럽다. 섬 안의 임도는 육지의 임도보다 훨씬 고요하다. 산 정상 부근의 능선을 따라 포장도로가 있던 동쪽 구간과 달리 쉴새없이 오르막과 내리막을 반복한다. 길이 끝나는 곳에 채석장이 있다. 섬의 끝에 있는 오래된 채석장은 적막하면서도 묘한 여운을 안겨준다.

도로를 따라 걷는 도보 여행자들. 섬의 도로를 운행하는 차량은 거의 없다.

① 진촌해변의 노을.
② 진촌해변에서 조개 잡는 아이들.
③ 해발 150m의 국사봉 정상.
④ 벚꽃이 만개한 섬 종주 도로.

여행정보 PLUS

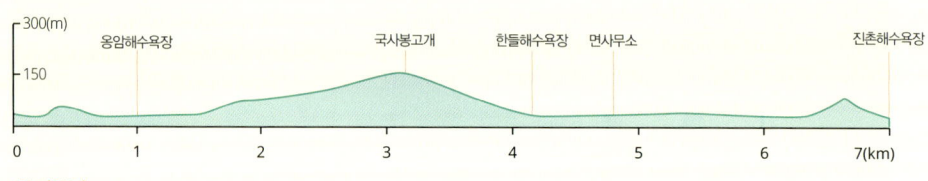

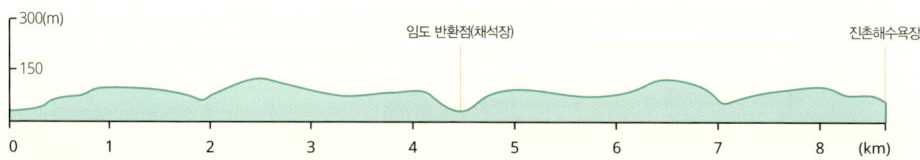

코스 접근

영종도 삼목선착장에서 신도를 거쳐 장봉도로 가는 도선이 운행된다. 대중교통을 이용해 삼목선착장까지 가려면 공항철도 운서역에서 내려 공도구간 4.3km를 주행해야 한다. 자가운전으로 갈 경우 공항고속도로를 이용한다. 이용료는 승용차 기준 편도 6,600원. 삼목 선착장에서 장봉도까지 소요시간은 약 30분. 배편은 07:00부터 20분 간격으로 운행된다. 성수기에는 수시로 운항한다. 요금은 왕복 기준 성인 6,000원, 자전거 3,000원, 승용차 3만원이다. 신도에서도 장봉도로 가는 배를 탈 수 있다. **세종해운**(☎ 032-751-2211)

① 진촌해변 모래사장의 조개띠. ② 진촌해수욕장의 화장실과 개수대. ③ 장봉도 마트에서 구입한 백합조개.

코스 가이드

장봉도는 면적 7km², 해안선 길이 22.5km이다. 약 300여 세대가 거주하고 있으며 인천에서 서쪽으로 21km, 강화도에서 남쪽으로 6.3km 해상에 위치한다. 장봉도라는 이름은 섬의 형태가 길고 산봉우리가 많은 데에서 유래했다. 장봉도를 동서로 가로지르는 7km의 일반 도로가 있지만 도로와 나란히 능선을 따라 가는 등산로에서 싱글 임도를 즐기는 것도 가능하다. 물론 멜바와 끌바는 필수! 진촌해수욕장 초입에서 시작되는 임도의 노면상태는 채석장으로 내려가는 마지막 부분을 제외하고는 매우 양호하다.

난이도

해발 166m의 국사봉 고개를 넘어가야 하지만 경사도 10% 이상의 급경사는 없다. 시작부터 끝까지 완만하게 치고 올라갔다 내려온다. 임도는 왕복 8km 거리에 업 다운이 반복되지만, 노면상태가 양호해서 오프로드 주행에 큰 부담을 갖지 않아도 된다.

여행 정보

신도와 마찬가지로 일반 도로와 임도에 벚나무를 가로수로 심었다. 때를 잘 맞춰가면 벚꽃길 라이딩을 즐길 수 있다. 매년 4월 '장봉도 벚꽃맞이 가족사랑 걷기대회'도 열린다. **북도면사무소**(☎ 032-899-3410).

옹암, 한들, 진촌해수욕장에서 캠핑을 할 수 있다. 진촌해변에는 개수대와 화장실이 마련되어 있지만, 샤워장은 여름에만 운영한다. 서해안은 해변 가까이서 캠핑을 할 경우 밀물 때의 경계선을 잘 확인하고 사이트를 구축해야 한다. 그렇지 않으면 한밤중에 텐트를 들고 이동하는 황당한 경험을 할 수도 있다. 밀물 경계선은 백사장의 조개가 밀려온 띠를 확인하거나 하루 먼저 온 사람에게 물어본다.

보급 및 식사

섬 중심에 있는 마을에 마트가 있다. 인근에서 잡은 조개류를 판매하기도 한다. 식당은 마을 중심과 선착장이 있는 옹암해수욕장 인근에 모여 있다. 횟감을 따로 구입할 만한 곳은 찾기 어렵다. 주말이면 소라 같은 해산물을 판매하는 상인들이 배 시간에 맞춰서 선착장 인근에 나오기도 한다. 해수욕장의 개펄에서는 조개를 제법 캘 수 있다. 다만, 대부분의 조개가 해감이 어려운 일명 '떡조개'다.

>>> 강화도는 큰 섬이다. 역사도 깊다. 섬이 크고 볼거리가 많다보니 반 바퀴만 돌아도 결이 다른 세 개의 코스를 경험할 수 있다. 역사 탐방과 원도심, 그리고 터프한 낙타등 코스를 한 번에 모두 경험할 수 있는 곳이 바로 강화도 남부다.

난이도	70점	코스 주행거리	75km(중)
		상승 고도	610m(상)
		최대 경사도	5% 이상(중)
		칼로리 소모량	2,067kcal
코스 접근성	51km (대중교통 불가)	자가용 51km 반포대교 ──────────── 초지진	
소요시간	9시간 10분 (당일 코스)	가는 길 자가용 1시간 5분 총 1시간 5분	코스주행 7시간	오는 길 자가용 1시간 5분 총 1시간 5분

04-10 서부권 코스

세 갈래 자전거길 삼색 매력에 빠지다
강화도 남부 일주 | 인천시 강화군

우리나라에서 강화도 만큼 다양한 문화유적을 품고 있는 섬은 없다. 고대 장례문화를 알 수 있는 고인돌부터 단군에게 제를 올렸다는 마니산 첨성대, 고려시대 대몽 항쟁을 벌였던 임시 수도, 근대 서양 세력과 맞서 싸웠던 전적지 등 섬 전체에 문화유적이 즐비하다. 이처럼 볼 것 많은 섬이다보니 수도권의 자전거 동호인이라면 한번쯤 강화도 일주 라이딩을 꿈꿨을 것이다. 그러나 역설적이게도 섬이 너무 크고 볼거리가 많아 라이딩을 계획하기가 어려운 면이 있다.

강화도는 우리나라에서 네번째로 큰 섬이다. 해안선을 따라 섬을 한 바퀴 도는 데만 90km 이상을 달려야 한다. 중간에 기차나 버스를 이용해서 점프할 수도 없다. 일단 시작했으면 무조건 라이딩으로 끝장을 봐야 한다. 일부 구간은 공도를 주행해야 한다. 이처럼 강화도 일주는 초보자에게는 쉽지 않다. 그러나 꼭 전체를 일주할 필요는 없다. 강화도 절반인 남부 일주 루트만 돌아도 알차다. 초지진~강화읍~외포항~동막해변~초지진을 도는 거리만도 74km가 나온다.

강화도 남부를 도는 루트는 결이 다른 세 개의 코스를 이어 달린다. 출발지인 초지진에서 북쪽으로 강화해협을 따라 강화읍으로 가는 해안 자전거길은 편한 코스다. 이동 경로 상에 구한말 개항을 요구하는 서양 군함에 맞서 치열한 전투를 벌였던 초지진, 덕적진, 갑곶돈대 등의 유적지가 있다. 강화읍내로 들

하늘에서 내려다본
강화도 남부 일주 출발지 초지진.

259

어서면 읍성 안 여기저기 흩어져 있는 관광명소를 찾아 다니는 원도심 투어로 바뀐다. 강화읍성의 대문이었던 남문을 지나서 과거 고려궁터와 성공회 강화성당, 그리고 SNS 성지로 떠오른 조양방직 카페까지 자전거로 돌아다니며 구경하는 재미가 제법 쏠쏠하다. 자동차를 타고 휙 지나다녔던 강화읍의 재발견이다.

    강화읍에서 내륙으로 강화도를 횡단한다. 강화읍에서 외포항으로 가는 길은 강화도 남부 일주 코스에서 가장 재미없는 구간이다. 석모도가 마주 보이는 외포리에 도착하면 자전거도로는 해변과 착 붙어서 테두리 따기를 한 것 같이 쭈욱 이어진다. 이곳부터는 제법 속도를 내며 달릴 수 있다. 선수포구를 지나 섬의 남쪽으로 접어들면 업다운이 반복되는 소위 낙타등 구간이 시작된다. 주변 경관은 잠시 잊고 라이딩에 집중하게 되는 터프한 구간이 쭈욱 이어진다. 힘이 부칠 즈음 낙타등 구간은 끝이 나고 출발지였던 초지진으로 라이더를 내려 놓는다.

초지진에서 염하를 따라 강화읍으로 올라가는 해안도로와 자전거길.

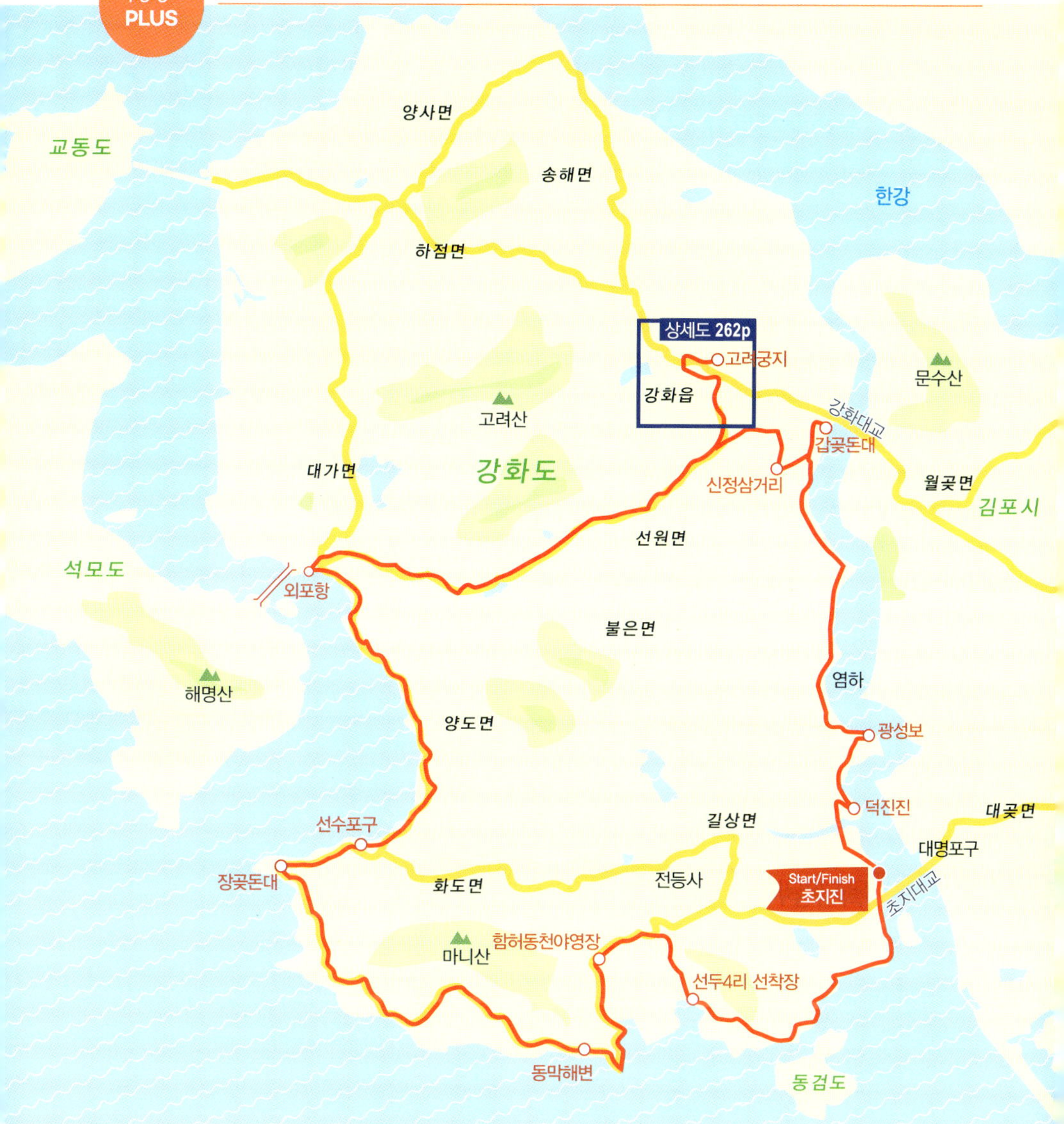
교동도
양사면
송해면
한강
하점면
상세도 262p
고려궁지
문수산
강화읍
고려산
강화대교
갑곶돈대
대가면
강화도
신정삼거리
월곶면
김포시
선원면
석모도
외포항
불은면
해명산
염하
양도면
광성보
덕진진
길상면
대곶면
선수포구
대명포구
장곶돈대
화도면
전등사
Start/Finish
초지진
초지대교
함허동천야영장
마니산
선두4리 선착장
동막해변
동검도

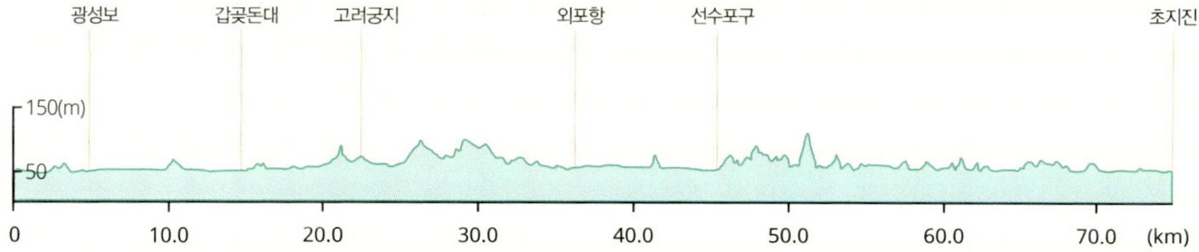
광성보
갑곶돈대
고려궁지
외포항
선수포구
초지진
150(m)
50
0
10.0
20.0
30.0
40.0
50.0
60.0
70.0
(km)

코스 접근

강화도까지 대중교통으로 점프할 수 있는 방법은 없다. 자가용을 이용해 점프하거나 아니면 자전거로 진입하는 방법 두 가지 중에서 선택해야 한다. 중급 이상 라이더라면 자전거로 갈 수 있지만, 초보자는 자가용으로 점프하는 게 좋다. 자가용으로 이동한다면 초지진을 출발지로 삼는 게 좋다. 초지진은 초지대교와 인접해 있고, 무료 주차장과 화장실 등 편의시설이 잘 갖춰져 있다. 자전거로 접근한다면 아라자전거길~대명항(김포반도 유람편 참조 284p) 코스를 따른다. 대명항과 강화도를 연결하는 초지대교는 자전거 진입이 가능하다. 이 경우 편도 28km(왕복 56km)를 추가로 달려야 한다. 강화도 남부 일주와 합치면 총 130km의 장거리 코스가 된다. 이렇게 되면 중급자 이상의 라이더가 도전해볼 만한 하드코어 코스가 된다. 초급자는 코스를 나눠 1박2일 일정으로 진행하는 것도 가능하겠다.

코스 가이드

강화도는 아직까지 섬을 일주하는 자전거도로망이 구축되어 있지 않다. 2024년에야 84.8km 거리의 강화도 순환 자전거길이 완성될 예정이다. 현재는 구간별로 산발적으로 자전거길이 만들어져 있다. 이 책에서는 최대한 자전거길을 이용할 수 있게 코스를 안내한다.

초지진에서 시계 반대 방향으로 돈다. 이렇게 도는 이유는 바다를 오른쪽에 놓고 달릴 수 있기 때문이다. 또 자전거도로가 상행선 방향에만 조성되어 있는 이유도 크다. 초지진, 덕적진, 광성보를 차례로 들려 강화전쟁박물관이 있는 갑곶돈대까지 올라간다. 여기까지 14km다. 이곳에서는 강화대로를 타고 읍내로 진입하는 것이 최단 코스지만 자전거도로가 있는 우회도로로 안내한다. 갑곶돈대에서 왔던 길로 다시 800m 내려오면 신정리삼거리에 도착한다. 이곳에서 우회전한다. 800m 직진해서 신정삼거리에서 다시 우회전하면 강화읍성 남문을 거쳐서 읍내로 진입하게 된다. 강화읍에서는 성공회성당, 고려궁지, 조양방직 순으로 돌아본다. 이후에는 왔던 길로 되돌아 나와서 중앙로를 따라 서쪽 외포항을 향해 강화도를 횡단한다. 도로 양쪽에 자전거도로가 있는데, 길이 그렇게 매끄럽지는 않다.

외포항에 도착한 뒤에는 해안가 자전거도로를 따라서 남하한다. 자전거길이 시원스럽게 연결되다가 선수포구 인근에서 끊긴다. 이곳부터는 공도 주행을 해야 한다. 동막해수욕장을 향해 크고 작은 언덕이 쉴새 없이 나오는 낙타등 구간이 시작된다. 끊어졌던 자전거길은 선두4리 선착장에서 다시 나타나서 초지진까지 연결된다. 강화도 남부 일주는 전 구간 포장도로를 이용한다. 안내표시는 별도로 없다. 전체 코스 가운데 자전거 전용도로는 약 60%다.

① 강화도 자전거길과 일부 구간을 공유하는 강화나들길. ② 조선 말기 개항을 요구하는 서구 열강에 맞서 싸웠던 덕진진. ③ 김포시 대명항과 강화도를 연결하는 초지대교.

① 석모도와 마주보는 강화도 서쪽 해변으로 난 자전거길. ② 공도를 주행해야 하는 강화도 남부 낙타등 구간. ③ 고려가 몽골에 맞서 강화도로 수도를 옮겨 대몽항쟁을 벌였던 고려궁지.

라이더 수준별 추천 코스

초급 : 초지진에서 갑곶돈대까지만 왕복한다. 이 구간은 오르막 없는 평지인데다 자전거 전용도로로 주행해 어려움이 없다. 거리는 왕복 28km다. 구한말 유적지를 둘러보며 라이딩할 수 있어 아이들과 함께 역사 탐방하기에 좋다.

중급 : 갑곶돈대 지나 강화읍까지 돌아본 후 출발지로 되돌아온다. 해안도로 라이딩과 강화읍 원도심 투어를 즐길 수 있어 한나절 여행 코스로 충분하다. 주행거리는 왕복 약 40km다.

상급 : 강화도 남부 일주를 완주하면 총상승 고도 610m가 된다. 후반부로 갈수록 오르막 코스가 반복된다. 일부 구간에서는 차량과 함께 공도 주행도 해야 한다. 공도 주행 경험이 있는 중급자 이상에게 추천한다.

주의 구간

선두포구에서 선두4리 선착장까지 20km가 공도 주행 구간이다. 도로 폭이 좁은 왕복 2차선 도로인데다 업다운과 굴곡이 있다. 차량 통행은 그렇게 많지 않지만 그래도 조심해서 라이딩해야 하는 구간이다.

여행 정보

강화도 주요 관광지는 입장료를 받는다. 강화도 남부 일주 코스에 있는 초지진, 덕진진, 광성보, 갑곶돈대, 고려궁지를 관람하려면 성인 1인당 4,300원의 요금을 내야 한다. 5곳 이상 모두 관람하려면 일괄 관람권을 구매하는 게 저렴하다. 일괄 관람권은 20% 할인을 적용 받아 3,400원이다.

보급 및 식사

해안도로 곳곳에 편의점이 있어 보급하는데 전혀 문제가 없다. 이름난 횟집도 많지만, 75km를 완주해야 하는 라이더에게는 그림의 떡일 뿐이다. 강화 읍내에 식당이 많다. 이곳에서 점심을 먹는 게 좋다. **신아리랑**(☎ 032-933-2025)은 강화도의 별미 젓국갈비를 잘한다. 젓국갈비는 새우젓과 호박 등의 야채를 넣고 돼지갈비와 함께 자작하게 끓여내는데, 시원한 국물이 일품이다. 젓국갈비(소 2만원)에 돌솥굴밥(1만원)을 곁들이면 훌륭한 한끼 식사가 된다.

최근 강화도에서 가장 핫한 곳은 **조양방직**(☎ 032-933-2192)이다. 전등사는 안 들려도 조양방직은 꼭 들렀다 갈만큼 인기다. 조양방직은 일제시대 방직공장으로 운영되다 폐업한 공장 부지를 카페 겸 문화공간으로 탈바꿈시켰다. 넓은 공간에 과거의 추억어린 소품들을 전시해 놨다. 아메리카노 7,000원.

① 기와집으로 지은 천주교 강화성당의 예배당. ② 강화도 핫플레이스로 떠오른 조양방직 카페. ③ 신아리랑식당의 젓국갈비 상차림.

≫≫ 전득이고개를 우회하는 자전거도로가 만들어져 초보자도 부담없이 라이딩을 즐길 수 있다. 섬을 한 바퀴 도는 일주도로에서 바라보는 풍경도 멋있다. 라이딩 후 무료로 온천까지 즐길 수 있어 한나절 자전거 여행하기 좋은 곳이다.

			일주코스	우회코스
난이도	60-20점 (일주코스-우회코스)	코스 주행거리	19km(하)	25km(하)
		상승 고도	252m(하)	117m(하)
		최대 경사도	10% 이상(상)	5% 이하(하)
		칼로리 소모량	931kcal	876kcal
코스 접근성	78km	반포대교 —————————— 자가용 78km —————————— 석모도선착장		
소요시간	5시간 5분 (당일 코스)	가는 길 자가용 1시간 40분 총 1시간 40분	일주코스 1시간 45분	우회코스 1시간 30분	오는 길 자가용 1시간 40분 총 1시간 40분

부담없는 라이딩, 무료온천은 덤

석모도 | 인천시 강화군

석모도는 강화도 서쪽 외포리 맞은편으로 1.5km 떨어져 있는 섬이다. 섬 안에는 보문사와 민머루해수욕장, 그리고 해수온천 등의 관광지가 있다. 특히 보문사에서 내려다보는 주변의 풍경과 석양이 아름답다. 그 중 하리의 갯벌은 영화 <시월애>의 배경이 되었던 곳이다.

석모도는 강화도의 부속 섬이라 언뜻 작은 섬으로 느껴질 수 있다. 하지만 작은 섬은 아니다. 석모도는 덕적도의 약 2배, 장봉도의 7배 넓이다. 백령도와 비슷한 크기다. 석모도는 서울에서 1시간 30분이면 도달할 수 있어 접근성이 좋은 편이다. 강화도에서 손을 뻗으면 닿을 것 같이 지척에 위치한 석모도는 2017년 6월 석모대교가 개통되면서 마침내 본섬과 연결되었다. 도선을 타고 들어가면서 갈매기들에게 새우과자를 던져주던 풍경도 이제는 추억 속의 장면이 되어 버렸다. 다리의 길이는 1.4km. 강화도와 삼산면에 속한 석모도를 연결한다 해서 삼산연륙교로 불리기도 한다.

석모도는 섬 중심에 해명산과 상봉산이 있고, 해안을 따라 한 바퀴 도는 일주도로가 있다. 일반적으로 라이딩할 때는 이 일주도로를 따라 움직이게 되는데, 섬의 북쪽과 남쪽에 각각 업힐 구간이 있다. 업힐 정상에서 내려다보이는 풍경이 볼만하지만 도로의 경사도가 10%를 넘나들어 초보자들에게는 좀 버겁게 느껴진다. 다행히 섬의 남쪽 난이도가 가장 높은 전득이고개를 피해 갈 수 있게 우회도로가 있다. 우회도로를 따라 자전거 전용도로도 조성해놔 초보자도 업힐을 하지 않고 민머루해변과 보문사를 돌아볼 수 있다.

석모도에 도착하면 라이딩 방향을 선택해야 한다. 북쪽 시계 반대 방향으로 도는 길은 석모도를 한 바퀴 일주하고 싶을 때 택하는 게 좋다. 반면, 우회도로를 따라 업힐 구간을 피해 보문사와 민머루해수욕장을 가고 싶다면 남쪽 시계 방향으로 도는 코스를 선택해야 한다.

갈림길에서 시계 반대 반향으로 잡고 북쪽으로 향하면 오른쪽으로 보이는 경관이 예사롭지 않다. 바다 건너에 강화도가 보이고, 강 같은 바다에는 석모도에 딸린 돌섬과 섬돌머루가 있다. 바다와 섬이 어울려 경치가 한껏 아름답다. 바다 풍경에 취해 작은 언덕들을 오르내리다 보면 어느새 보문사로 가는 갈림길이 나온다. 하리선착장이나 서검도, 미법도로 갈 것이 아니라면 이곳에서 좌회전하면 된다.

생각보다 일주도로가 짧다고 생각될 때쯤 경사도 10%의 꽤 긴 업힐 구간이 나온다. 고개 정상까지 힘든 오르막을 오르면 풍경이 바뀐다. 서쪽으로 주문도와 아차도, 불음도가 떠 있고, 그 너머로는 서해바다가 아스라하다. 해안도로를 따라서 아기자기한 모습의 펜션들이 자리잡고 있다. 이곳에서 보는 석양이 일품이다. 봄에는 산비탈을 따라 철쭉이 만개한다.

내리막이 끝나면 보문사 입구가 나타난다. 이곳에서 민머루해수욕장으로 들어가는 갈림길이 시작되는 곳까지 약 4km 구간에 걸쳐서 자전거 전용도로가 만들어져 있다. 선착장으로 돌아가기 위해서는 두 가지 방법이 있다. 섬의 남쪽 해안선을 따라난 우회도로를 이용하는 것과 전득이고개를 넘어가는 코스가 있다. 전득이고개는 섬의 북쪽에서 보문사로 넘어왔던 고개와 비슷한 수준의 업힐 구간이다.

삼산북로에서 바라본 바다풍경. 오른쪽에 강화 국수봉,
왼쪽에 돌섬과 섬돌머루가 보인다.

망월리
하리
상리
구하리
강화도
하리선착장
황청리
석모대교
국수산
석모교삼거리
삼산면
상봉산 업힐
석모도
Start/Finish
석포리선착장
낙가산
보문사
석포리
전득이고개
우회로 갈림길
해명산
전득이고개
전득이고개
우회로 갈림길
민머루해수욕장

우회코스

전득이고개
우회로 갈림길
민머리해수욕장
보문사 입구
전득이고개
우회로 갈림길
석포리선착장
100(m)
50
0
2
4
6
8
10
12
14
16
18
20
22
24
(km)

일주코스

석모교삼거리
상봉산 업힐
보문사 입구
전득이고개
석포리선착장
100(m)
50
0
2
4
6
8
10
12
14
16
18 (km)

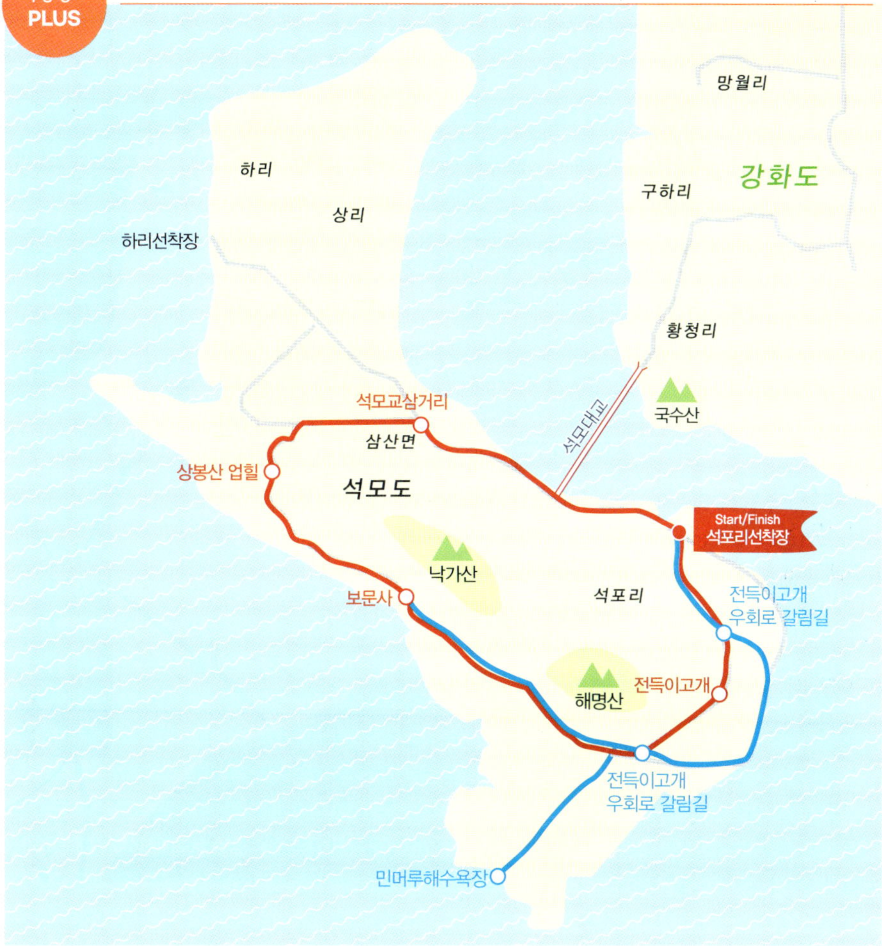

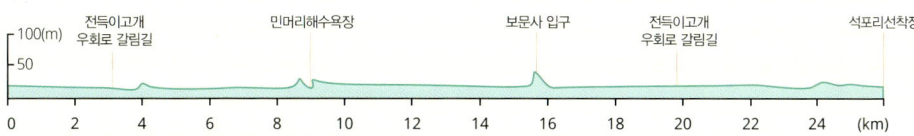

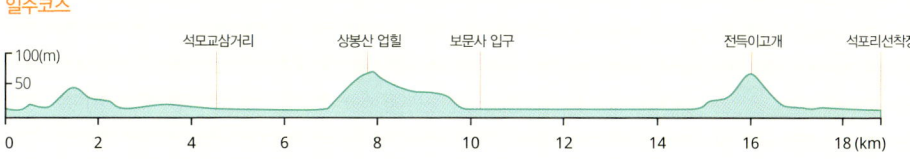

코스 접근

서울고속버스터미널 기준으로 석포리선착장까지 약 78km 거리다. 올림픽대로와 최근 새로 개통된 김포 자동차 전용도로로 갔을 때 약 1시간 40분 정도 걸린다. 전용도로가 끝나는 운양삼거리에서 종종 정체된다. 석모대교에는 보행로가 만들어져 있어 강화도에서 자전거로도 넘어갈 수 있다. 단 보행로의 폭이 좁아서 서행해야 한다.

코스 가이드

석모도의 면적은 42.841km², 해안선 길이는 41.8km이다. 섬의 남동쪽 끝에 있는 해명산(327m)과 중앙의 상봉산(316m)으로 인해 중부와 남부는 산지를 이루고, 북부와 서부의 간척지는 평지를 이룬다.
일주코스는 석포리선착장에서 시계 반대 방향으로 돌아 보문사를 들렀다가 전득이고개를 넘어 되돌아온다. 우회 코스는 선착장에서 보문사 방면 시계 방향으로 돈다. 업힐이 시작되기 2km 전 자전거도로를 따라 삼산남로 173번 길로 진입하면 전득이고개를 우회할 수 있다. 민머루해수욕장과 보문사를 들렀다가 다시 왔던 길로 되돌아 나오면 된다.

난이도

평균 경사도 10%, 길이 1km의 업힐 두 곳을 넘어야 섬 일주를 할 수 있다. 무의도의 실미재 같이 15%를 넘나드는 극단적인 경사도는 없지만 초보자들은 꽤나 헐떡거리게 만드는 구간이다. 우회 코스는 업힐이 거의 없는 평지구간이다.

여행 정보

매음리에 있던 용궁온천은 폐쇄되었다. 대신 보문사 인근에 **강화석모도미네랄온천**(☎ 032-930-7053, 인천광역시 강화군 삼산면 매음리 645-27)이 개장했다. 입장료는 성인 9,000원. 야외에 무료 족욕탕도 있어 라이딩 후 피로를 풀고 가기에 좋다.

보문사는 우리나라 3대 해수관음도량의 하나로 불린다. 절에서 내려다보는 서해바다와 저녁 무렵 노을이 멋진 곳이다. 자전거는 두고 올라갔다 와야 한다. 절 입구에는 이곳을 찾는 관광객을 상대로 장사를 하는 노점들이 모여 있다. 입장료는 성인 2,000원.

보급 및 식사

강화도와 석모도는 숭어, 주꾸미, 밴댕이 등 바다에서 나는 먹거리가 유명하다. 각자 제철이 있는데, 찬바람 부는 겨울에는 숭어가 맛있다. 동백꽃 필 무렵인 이른 봄에는 주꾸미가 나오기 시작한다. 밴댕이회는 5~6월이 제철이다. 강화도에도 회를 떠서 먹을 수 있는 시장이 있다. 강화도에서 시장을 검색하면 강화중앙

① 석모교삼거리. 이곳에서 좌회전하면 일주도로, 직진하면 하리 선착장과 만난다. ② 민머루해수욕장.

시장과 강화풍물시장이 나온다. 둘 중에서 **풍물시장**(인천광역시 강화군 강화읍 갑곶리 849)으로 가야 한다. 또한 강화도는 인삼막걸리가 유명하다. 인삼막걸리는 두 종류가 있는데, 병 마개 색깔로 구별할 수 있다. 노란색은 공장에서 나온 막걸리이며, 검은색이나 흰색 병마개는 여기에 추가로 인삼을 더 첨가한 것이다. 맛은 병마개가 노란색인 것이 좀 더 가볍다. 다른 것은 좀 더 걸쭉하다. 석모도에는 민머루해수욕장 부근에 횟집이 모여 있다. 보문사 입구에도 식당이 여럿 있다. 가격은 산채비빔밥 7,000원, 산채정식 2인 기준 2만5,000원 선이다.

전득이고개길과 우회도로 갈림길. 우회도로를 이용하려면 보문 선착장 방향으로 가야 한다.

① 전득이고개 정상으로 가는 업힐.
② 강화도의 별미 인삼막걸리.
③ 풍물시장에서 맛볼 수 있는 석모도의 별미 숭어회.

>> 민통선 북측에 위치한 교동도는 독특한 섬이다. 이 섬은 북한 접경지역에 위치해 있지만, 섬의 분위기는 의외로 차분하다. 섬을 한바퀴 도는 자전거길도 평화롭다. 섬 라이딩이지만 바닷가 풍경보다는 벼 이삭 출렁이는 들녘이 더 기억에 남는다. 봄부터 가을까지 이 섬을 달려야 하는 이유다.

난이도	40점	코스 주행거리	32km(중)
		상승 고도	126m(하)
		최대 경사도	5% 이하(하)
		칼로리 소모량	851kcal
코스 접근성	78km (대중교통 불가)	자가용 78km 반포대교 ———————————————— 교동제비집	
소요시간	5시간 52분 (당일 코스)	가는 길 자가용 1시간 30분 총 1시간 30분	코스주행 2시간 52분	오는 길 자가용 1시간 30분 총 1시간 30분

04-12 서부권 코스

자전거 타고 민통선 돌아보기
교동도 | 인천시 강화군

교동도는 금단의 섬이었다. 북한과 마주보는 접경지역에 자리해 섬 전체가 민간인 출입 통제선(이하 민통선) 위에 있다. 2014년 교동대교가 놓이며 강화도와 연결되기 전까지는 들어갈 이유도, 들어가기도 쉽지 않은 오지의 섬이었다. 지금도 섬으로 들어가려면 섬 입구에서 통행증을 받아야 한다.

그랬던 교동도가 변했다. 오랫 동안 고립되면서 1960년대 골목 풍경이 그대로 남아 있는 대룡시장 풍경이 여행자의 향수를 불러일으켰다. 빛 바랜 사진 속에서 본 것 같은 오래된 양복점과 이발소, 다방 같은 업소에서 품어져 나오는 레트로한 분위기가 여행자들을 불러모았다. 여기에 교동도를 한바퀴 도는 자전거길이 만들어지면서 라이더들도 심심치 않게 이 섬을 찾고 있다.

교동도는 강화도 부속 섬이지만 제법 큰 섬이다. 우리나라에서 18번째로 큰 섬으로 여의도 면적의 17배나 된다. 이 섬을 일주하는 자전거길의 이름은 평화자전거길이다. 전체 길이는 약 30km. 주로 농로를 이어 자전거길을 만들었다. 보통 섬 라이딩 하면 바다를 마주보며 해안도로를 따라 달리는 풍경을 기대한다. 하지만 교동도는 좀 다르다. 라이딩을 하며 바다를 볼 수 있는 곳이 많지 않다.

교동도는 남쪽 남산포와 월산포 주변을 제외하고 섬 전체가 거대한 요새처

① 난정마을 해바라기밭. ② 끝없이 펼쳐진 교동평야 속으로 난 자전거길.

럼 철책선으로 둘러쳐져 있다. 철책의 보호를 받는 것인지 철책 속에 갇혀 있는 것인지 구분이 되지 않을 정도다. 드넓은 교동평야도 인상적이다.

교동도는 본래 3개의 섬이었으나 간척을 통해 합쳐져 오늘에 이른다. 간척지에 벼를 심으며 평야가 조성되었고, 이 평야에 자전거길이 난 것이다. 교동평야의 존재감은 가을에 한껏 빛을 발한다. 벼가 누렇게 익어가는 황금 들녘을 라이딩하는 묘미가 의외로 인상적이다.

철책에 가려져 있는 교동도 자전거길은 북쪽 망향대와 서쪽 난정리 전망대에서 잠시 숨통을 트여준다. 망향대에는 바다 건너 황해도 연백군 연안읍에서 피난 온 실향민들이 세운 비석과 제단이 있다. 고향을 코앞에 두고도 바라만 봐야 하는 실향민들의 설움이 묻어나는 곳이다.

라이딩의 마침표는 교동읍 대룡시장에서 찍는다. 이곳에서 잠시 지난 세월의 흔적을 더듬어 보면서 국밥으로 허기를 달랜다. 옛날식 다방에 앉아 쌍화차를 마시며 금단의 섬을 달렸던 자전거 여행을 마무리 한다.

교동도 자전거길 안내 표시.

여행정보 PLUS

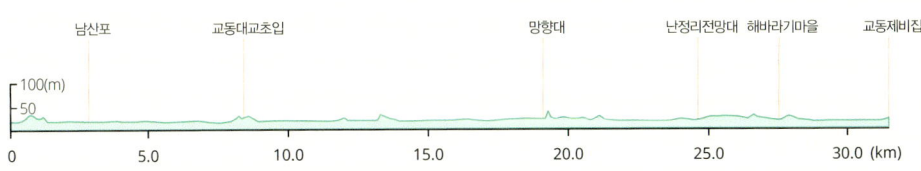

① 강화도와 교동도를 잇는 교동대교. ② 교동도 자전거 여행의 출발지 교동제비집.

① 교동도는 군사접경지역이라 해안선을 따라 철책선이 있다. ② 교동도 서쪽에 있는 난정마을 해바라기정원. ③ 수정산에 있는 조선시대 한증막터.

코스 접근

교동도는 강화도와 마찬가지로 대중교통을 이용해 점프할 수 있는 방법이 없다. 자가용을 이용해서 점프하거나 자전거로 가는 방법 가운데 선택해야 한다. 수도권에서 교동도를 당일로 자전거로 돌아보기는 무리다. 아라자전거길 초입에서 교동도까지 왕복하는 거리만 120km에 달한다. 여기에 교동도 라이딩 30km를 더하면 150km 가까이 된다. 웬만한 체력과 경험이 아니고서는 어렵다. 차량으로 이동 시 기점으로 삼기 좋은 곳은 교동제비집(www.gyodongjebi.co.kr)이다. 관광안내소와 방문자 센터를 겸하고 있는 교동제비집은 대룡시장 맞은편에 있다. 인근에 무료 주차장도 있어 여행의 베이스 캠프로 삼기 좋다. 교동제비집은 카페와 체험시설, 자전거 대여소도 운영된다. 자전거 대여료는 3시간 5,000원이다. 운영시간은 10:00~18:00(매월 2,4번째 월요일 휴무).

코스 가이드

교동제비집을 출발해 해안의 자전거도로로 합류한다. 주차장에서 나와 교동남로를 타고 남쪽으로 2km 가면 남산포 방향 이정표가 보인다. 이곳에서 우회전해 800m쯤 가면 교동도 순환 자전거길과 만난다. 이곳부터 시계 반대 방향으로 진행한다.

자전거길은 교동읍성을 거쳐 섬의 동쪽 해안으로 향한다. 교동대교 초입을 지나면서는 섬의 북쪽 해안을 따라 달린다. 자전거길은 시멘트로 포장된 농로를 따라 나있다. 자전거길 안내표시는 도로 바닥에 그려진 하늘색 실선이다. 교동도제비집에서 19km 주행하면 섬의 가장 북쪽에 자리한 망향대에 닿는다. 망향대는 자전거도로에서 300m쯤 벗어나 있다. 망향대에서 다시 5km 진행하면 섬 서쪽에 위치한 난정리전망대를 지나간다. 이곳을 지나면 조선 후기 한증막터를 지난다. 난정저수지 일대는 해바라기밭이 조성되어 있다.

난정리를 빠져나오면 교동서로로 진입한다. 도로 오른쪽에 있는 자전거길을 따라 읍내로 돌아오면 섬 일주 라이딩은 마무리 된다. 교동도 순환 자전거길은 남산포 인근에 짧은 비포장길이 있지만 거의 대부분 포장도로다. 자전거길 안내표시도 잘 되어 있다. 교동도 일주만으로 부족하다면 이웃한 석모도(266p 참조)와 연계해 라이딩 계획을 세워도 좋다.

난이도

총 상승 고도 126m다. 전 구간 거의 오르막이 없는 평지다. 자전거도로로 이용되는 농로는 거의 무인지경일 만큼 한가롭다. 일반 도로도 차량 통행량이 많지 않다. 초보자도 라이딩을 즐기기에 무리 없다.

주의 구간

전 구간 포장도로이지만 교동읍성 인근에 짧은 비포장 구간이 존재한다. 코스 대부분이 콘크리트로 포장된 농로를 이용해 로드 자전거는 주행감이 부드럽지 않다. 섬 전체가 민간인 통제구역이라 사진 촬영 시 군사시설을 찍거나 이를 SNS에 올리는 것은 문제의 소지가 있어 주의가 필요하다. 해안가에서는 종종 북측에서 떠내려온 목함지뢰가 발견된다. 뻘이나 제방 하단 출입을 자제하고, 이상 물체 발견 시에는 만지지 말고 군부대로 신고해야 한다.

여행 정보

난정리전망대 지나면 나오는 조선시대 한증막은 아주 흥미로운 곳이다. 도로 오른쪽 수정산 자락에 위치한 한증막터는 조선시대에도 사우나를 즐겼다는 것을 알려주는 유적이다. 자진거길에서 100m 정도 올라가면 돌무덤처럼 생긴 곳이 나온다. 이곳이 바로 한증막터다. 돌무덤 속에 소나무로 불을 지펴 돌을 달군 다음 물을 뿌려 수증기를 만들어 가마니를 두르고 땀을 내는 방식으로 이용했다고 한다. 난정리 해바라기마을에서는 해바라기가 만발하는 여름에 꽃놀이를 즐길 수 있다. 라이딩 출발점 교동제비집 인근에 있는 대룡시장은 과거 시장 풍경이 고스란히 남아 있다. 식사도 할겸 골목을 누벼보는 게 좋다.

보급 및 식사

출발지인 대룡시장 주변을 제외하면 식사를 할 수 있는 식당은 물론 매점도 찾아보기 힘들다. 보급과 식사는 출발지에서 해결해야 한다. 대룡시장은 교동도에서 가장 유명한 관광명소다. 육지와의 교류가 더뎠던 탓에 1960~70년대의 모습이 그대로 남아 있어 레트로 여행의 명소가 됐다. 시장 안에는 관광객을 상대로 하는 업소와 과거부터 자리를 지켜온 업소가 혼재되어 있다. **대풍식당(☎032-932-4030)**은 순대국밥(7,000원)과 냉면(7,000원)으로 입소문 난 곳이다. 냉면은 황해도 실향민이었던 시어머니에게 전수받은 방식으로 만들어 내는데, 평양냉면과 함흥냉면 중간 정도로 찰진 면발의 식감이 독특하다. **교동다방(☎032-932-4085)**은 계란 노른자 동동 띄운 쌍화차(6,000원)를 마셔볼 수 있는 곳이다. 옛날 시골 다방의 모습이 그대로 남아 있어 중장년층에는 추억을, 청년층에게는 새로운 분위기를 접해볼 수 있는 대룡시장의 명물이다. tvN 예능프로그램 '알뜰신잡'에 소개되어 유명세를 탄 곳이다.

①② 교동시장의 명물 교동다방(위)과 쌍화차.

》》 덕적도는 서해안의 섬이라는 생각이 안들 정도로 이국적인 풍광을 보여준다. 특히 해변은 남해안이나 제주의 어느 해수욕장 뺨칠 만큼 아름답다. 서포리해수욕장은 야영하기 좋은 곳으로 캠핑과 자전거 여행을 함께 즐기기 안성맞춤인 곳이다. 도로의 경사도 적당히 있어 중급자도 만족스럽게 라이딩을 할 수 있다.

난이도	60점	코스 주행거리	26km(하)
		상승 고도	598m(중)
		최대 경사도	10% 이상(상)
		칼로리 소모량	851kcal
코스 접근성	101km (인천항 출발 시 대중교통 가능)	자가용 61km → 여객선 40km 반포대교　　　　　　방아머리 선착장　진리도우 선착장	
소요시간	9시간 (당일 코스, 1박2일 추천)	가는 길 자가용 1시간 4분 배 1시간 30분 총 2시간 35분	코스주행 4시간	오는 길 배 1시간 30분 자가용 1시간 4분 총 2시간 35분

인천 섬여행의 백미

덕적도 | 인천시 옹진군

　덕적도는 덕적군도에서 가장 큰 섬이다. 행정구역상으로는 인천광역시에 속해 있지만 인천에서 75km 떨어진 먼 바다에 있어 접근성이 그렇게 좋은 편은 아니다. 그럼에도 불구하고 덕적도로 가는 안산 방아머리선착장은 주말과 평일 가리지 않고 여행객들로 북적거린다. 그 이유는 덕적도가 가진 아름다운 풍경 때문이다. 덕적도에는 서포리해수욕장을 비롯해 진리, 밧지름, 능동자갈마당 등 해변이 4개 있다. 그 중 국민관광지로 지정된 서포리해수욕장은 3km에 이르는 넓은 백사장과 울창한 솔숲이 있어 많은 관광객이 찾는다. 또한 이곳에 있는 솔숲은 캠핑하기에 더없이 좋은 장소이다.

　덕적도는 면적이 석모도 절반 정도로 크지 않은 섬이다. 하지만 국수봉(314m)과 비조봉(292m)을 중심으로 크고 작은 산들이 많다. 이 때문에 섬을 일주하는 도로 곳곳에서 오르막 구간을 만나게 된다. 그 중에서도 성황당과 국수봉 업힐 두 곳이 이 섬의 최대 업힐 구간이다. 북리에서 진리로 넘어가는 성황당 업힐과 서포리에서 북리로 넘어가는 국수봉 업힐은 두 곳 모두 경사가 10%를 넘는다. 거리도 1km 이상이라 상당한 체력이 필요하다. 그러나 우회도로가 없어 섬을 일주하려면 반드시 두 곳을 넘어가야 한다. 만약 업힐에 자신이 없는 초급자라면 섬 일주보다는 진리선착장(정식 명칭은 진리도우선착장)에서 진리해변~밧지름해변~서포리해변까지 섬의 남쪽을 시계 방향으로 돌아보고 되돌아오는 코스를 추천한다. 섬의 북쪽 끝에 있는 능동자갈마당은 막다른 곳이라 들어갔다가 되돌아 나와야 한다.

　덕적도로 가는 길목은 안산 방아머리선착장. 이곳을 출발한 도선은 자월도와 소야도를 거쳐 덕적도 진리선착장에 도착한다. 서포리해변을 목적지로 시계 방향으로 코스를 잡고 출발한다. 선착장에서 라이딩을 시작하자마자 작은 언덕이 나온다. 이곳을 넘어가면 해안선과 마주치게 되는데, 높은 하늘과 서해 안답지 않게 맑은 바다가 눈앞에 펼쳐진다.

진리해변을 지나면 적당한 오르막과 내리막이 반복되는 재미있는 구간이 4.5km 가량 이어지다 밧지름해수욕장에 닿는다. 덕적도에서 만나는 두번째 해변이다. 그 뒤 일주 도로는 잠시 해안과 멀어졌다가 서포리해변 인근에 도착한다. 언덕 위에서 내려다본 서포리는 마치 경남 남해군의 상주 은모래해수욕장과 닮았다. 해변으로 들어가면 이곳 역시 서해안답지 않은 고운 모래와 맑은 바다가 인상적이다. 서포리국민관광지의 유명세는 허튼 것이 아니다.

벗개방조제길을 지나 북리로 향하면 국수봉 업힐 구간이 기다린다. 이곳 업힐 구간은 1.2km 거리에 경사도가 12%나 된다. 급하고, 짧고, 굵게 감아 올라가는 업힐이기에 웬만한 성인도 힘에 부쳐 한다. 국수봉을 넘어가면 북리선착장에 삼거리가 있다. 이곳에서 우회전하면 섬 일주도로를 따라간다. 왼쪽으로 방향을 잡으면 능동자갈마당으로 간다. 능동자갈마당은 다른 곳과 달리 몽돌이 깔린 해변이다. 이곳은 막다른 길로 작은 급경사 언덕을 넘어서 들어갔다가 왔던 길로 다시 되돌아 나와야 한다.

북리선착장에서 잠시 휴식을 취한 다음 덕적도 일주 라이딩의 마지막 업힐 구간인 성황당 업힐로 향한다. 성황당 업힐은 국수봉과는 달리 직선으로 한 번에 치고 올라가는 코스라 도로의 경사도 경사지만 심리적으로 더욱 힘들게 느껴진다. 이 고개를 넘어가면 출발했던 진리선착장이 나온다.

남쪽 일주도로 삼산남로에서 바라본 바다 풍경.

여행정보 PLUS

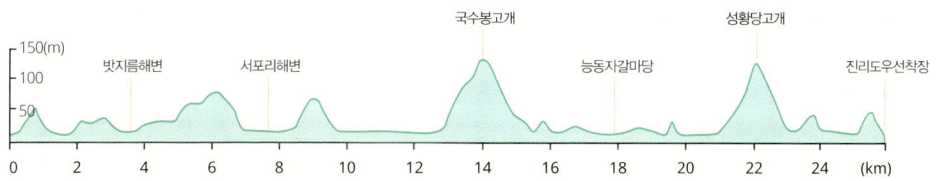

① 넓은 모래사장과 송림이 인상적인 서포리해수욕장.
② 국수봉 다운힐. 맞은편이 북리선착장이다.

04 서부권 코스 281

코스 접근

덕적도로 들어가는 배편은 인천연안여객터미널과 대부도 방아머리선착장 두 곳에서 출발한다. 대부도에서는 **대부해운**(☎ 032-886-7813)의 차도선이 운항한다. 동절기(4월 29일 이전)와 하절기 평일에는 1일 1회 운항한다. 09:30에 출발해 16:00에 되돌아온다. 하절기 주말과 연휴에는 1일 2회(08:00, 12:30)로 증편된다. 요금은 성인 왕복 1만9,600원, 자전거는 1만 2,000원이다. 인천에서는 쾌속선과 차도선이 운항하는데, 쾌속선에는 자전거를 반입할 수 없다.

코스 가이드

덕적도는 면적 20.87km^2, 해안선 길이 37.6km이다. 덕적군도에서 가장 큰 섬으로 인천에서 남서쪽으로 75km 해상에 위치하며, 최고점은 국수봉(314m)이다. 섬의 대부분이 산지로 이루어져 있으며 진리선착장 맞은편의 소야도와 바로 마주보고 있다.

덕적도에는 22km 정도의 자전거 코스가 만들어져 있다. 자전거 코스는 진리선착장에서 서포2리 마을회관까지 12km의 일반인 구간과 상황당에서 진리 업힐을 넘어 진리선착장으로 돌아오는 중급자 코스(6km), 능동자갈마당까지 들어갔다 나오는 왕복 4km로 구분

① 언덕에서 내려다본 서포리 해변. ② 덕적도를 향해 가는 철부선. ③ 서포리해변으로 들어가는 진입로 데크길. ④ 국수봉 오르막은 경사도 10.1%에 길이 1,200m에 달한다.

될 수 있다. MTB 코스도 3km가 있다.

난이도

진리선착장에서 서포리해변까지는 작은 언덕들이 나오지만 무리 없는 업 다운이 계속된다. 그러나 국수봉 업힐 구간과 진리 업힐 구간은 경사도 10%를 넘나들어 초급자에게는 끌바를 강요한다. 체력적으로 자신이 없다면 일반인 구간만 왕복하는 것도 방법이다.

여행 정보

덕적도는 인기가 많은 섬이다. 특히, 성수기 주말은 예약이 어렵다. 방아머리선착장에서 운행하는 대부해운의 경우 인터넷 예약으로 80% 좌석을 판매하고, 나머지 20%는 현장에서 판매하니 참고하자. 08:00 첫 배편의 경우 현장판매는 06:00부터 시작하고, 07:00부터 차량 선적을 시작한다. 따라서 인터넷 예약 불가라도 우선 전화로 문의해보는 것이 좋다. 덕적도에서 나오는 배는 12:00, 16:00에 있다. 만약 토요일에 들어가서 1박을 하고 일요일에 나올 경우에는 12:00에 출발하는 배가 덜 복잡하다. 섬은 일찍 들어갔다 일찍 나오는 게 좋다. 옹진군은 옹진군의 섬에서 1박 이상 머물 경우 여객 운임의 50%를 지원해주는 '옹진 섬나들이' 지원사업을 하고 있다. 자세한 내용은 선사에 문의.

서포리해변의 송림은 캠핑하기 좋다. 자전거를 이용한 캠핑이라면 백패킹 스타일로 가볍게 캠핑을 하는 게 좋다.

보급 및 식사

섬 안에서 다양한 음식을 기대하기는 어렵다. 선착장 인근에는 종종 해산물을 파는 작은 난전이 선다. 운이 좋으면 싱싱한 해산물을 저렴하게 구입할 수 있다. 진리선착장 앞에 식당이 모여 있다. 진리선착장 맞은편에 있는 **회나라식당**(☎ 032-831-5324, 옹진군 덕적면 진리 83)은 바지락칼국수(7,000원)를 잘한다.

① 방아머리선착장. ② 배 안에서 여유를 즐기는 여행객. ③ 서포리해변에서 야영을 준비하는 캠핑족. ④ 회나라식당의 해물칼국수.

>>> 평소 접근이 어려웠던 한강 하구와 강화해협, 염하까지 김포반도를 한 바퀴 둘러보는 자전거길이다. 민통선 안쪽을 달리는 구간은 짧지만 강렬한 인상을 준다. 라이딩 종료지점에서 출발지까지 되돌아가는 여정을 잘 고려해야 한다. 무난한 코스지만 하루가 꼬박 걸린다.

			일주코스	복귀코스
난이도	70점	코스 주행거리	68km(중)	28km(하)
		상승 고도	232m(하)	111m(하)
		최대 경사도	5% 이상(중)	5% 이하(하)
		칼로리 소모량	2,063kcal	641kcal
코스 접근성	25km (한강자전거길과 연결)	반포대교 ———— 자가용 25km ———— 아라김포여객터미널		
소요시간	8시간 55분 (당일 코스)	가는 길 자동차 40분 총 40분	일주코스 5시간 55분	오는 길 자전거 1시간40분 자동차 40분 총 2시간 20분

한강 지나 소금강을 따라 달리다
김포반도 유람(평화누리자전거길 1, 2코스)
| 김포시

군사접경지역을 자전거로 여행한다는 것은 설렘을 넘어 스릴 넘치는 일이다. 서울과 강화도 사이에 자리한 김포반도도 그런 스릴을 느낄 수 있는 곳이다. 김포반도 일주는 행주대교 남단에서 시작해서 한강 하구를 거쳐 강화도를 마주보는 대명항까지 가는 코스로 평화누리자전거길 1, 2구간이다. 이 자전거길이 열리면서 서울에서 서해로 진출하는 길이 하나 더 생겼다.

김포반도 유람은 아라자전거길이 시작되는 아라김포여객터미널을 기점으로 하는 순환 코스다. 아라자전거길 코스가 정서진으로 가는 고속도로라면, 한강을 따라 가 김포반도 해안선을 따라 일주하는 이 길은 지방도로 같다. 민통선 구간도 지나고, 가끔은 마을에서 길 찾기도 해야 한다. 한강 하구를 향해 북으로 달리기 시작하면 철책선이 강과 도로 사이를 나눈다. 작은 포구 전류리항 지나 김포반도 최북단 시암리에 접어들어서야 자전거길은 철책선과 멀어진다.

김포는 평야지대로 유명하다. 하지만 반도의 북쪽 끝은 낮은 산으로 이루어진 구릉지대다. 이 구간은 나지막한 언덕 속에 숨바꼭질하듯 숨어 있는 마을과 마을을 잇는 경로를 찾아가며 페달을 밟아야 한다. 민통선 경계선을 따라 가던 자전거길은 문수산이 있는 용강리에서 딱 한 번 민통선 안으로 나 있다. 용강리 검문소에서 신원 확인 절차를 마치면 통행증을 차고 마을 안으로 진입한다.

① 평화누리자전거길 안내 표시. ② 김포반도 끝 부분에 있는 문수산성.

민통선 출입이 허가된 구역은 약 4km. 10분 남짓 되는 짧은 구간이다. 평범한 농촌마을을 지나는 풍경이지만 팽팽한 긴장감이 감돈다. 북측 해안선이 가까워지며 철책선 너머로 작은 섬이 보인다. 1996년 대홍수로 북한에서 떠내려온 소를 구했던 '유도'다. 유도 뒤로 희미하게 개성 송악산이 보인다.

짧았던 금단구역을 통과하면 자전거도로는 강화도와 김포반도 사이의 좁은 해협을 따라 남쪽으로 향한다. 이 해협은 폭이 좁고 물살이 빨라 강과 같다 해서 염하鹽河라 불린다. 자전거도로와 농로, 공도를 번갈아가며 달리다 보면 자전거길 종착점인 대명항에 도착한다. 어판장의 싱싱한 해산물이 유혹하지만 아직 긴장을 늦춰서는 안 된다. 이제 전체 여정의 7할을 달렸을 뿐이다. 이제부터 출발지로 되돌아가는 길을 찾아야 한다.

① 한강 건너편에 일산 시가지가 보이는 평화누리자전거길. ② 김포반도 끝자락의 한적한 자전거길. ③ 군사접경지역이라 한강을 따라 철책선이 있는 평화누리자전거길.

평화누리자전거길 1, 2 코스

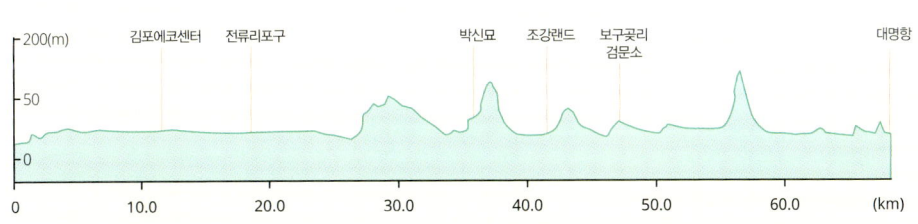

복귀코스(대명항~김포여객터미널)

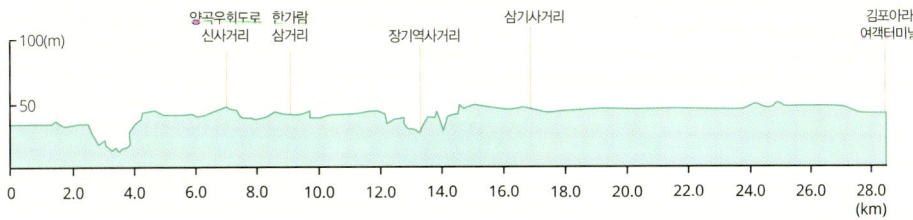

04 서부권 코스 287

코스 접근

IN : 김포반도 일주 코스는 아라김포여객터미널(김포시 고촌읍 아라육로270번길 74)을 출발지로 삼는다. 이곳은 넓은 주차장이 있어 자가용으로 이동 시 주차 후 움직이기에 좋다. 주차료도 무료다. 한강자전거길 반포대교를 기점으로 약 25km거리다. 자전거로 접근한다면 편도 1시간 40분 정도를 추가로 달려야 한다. 대중교통 이용 시 김포아라여객터미널에서 가장 가까운 역은 5호선 방화역이다. 역에서 하차 후 터미널까지 8km 추가 라이딩을 해야 한다.

OUT: 자전거길 종착지인 대명항에서는 서울로 점프할 대중교통이 없다. 9km 떨어진 곳에 김포골드라인 양촌역이 있지만, 아쉽게도 김포골드라인은 차량이 두 칸에 불과한 경전철이다. 평일은 물론 휴일에도 자전거 휴대 탑승 불가다. 접이식 자전거도 반입 불가다. 따라서 자전거를 이용해서 출발지까지 되돌아와야 한다. 출발지 아라김포여객터미널로 돌아오는 길은 김포반도를 가로질러 김포신도시를 경유해 다시 평화누리자전거길을 이용하거나 공도를 따라 남쪽으로 내려와 아라자전거길을 이용하는 두 가지 방법이 있다. 복귀 경로는 뒤쪽에 추가로 안내(290p)한다.

코스 가이드

김포반도 일주 코스는 출발지와 목적지가 다르다. 자전거길이 대명항에서 종료되기 때문에 복귀 코스를 숙지하고 출발해야 한다. 초행길은 거리에 비해 소요시간이 많이 걸리기 때문에 시간 계획을 잘 세워야 한다. 특히, 김포반도 일주는 대명항에서 출발지 아라김포여객터미널까지 돌아오는 복귀 일정도 포함하면 하루가 꼬박 걸릴 수 있다. 일몰 전 여유 있게 라이딩을 마치려면 무조건 일찍 출발한다.

아라김포여객터미널에서 한강 하구로 가는 김포반도 북단길은 시원하게 자전거길이 뚫려 있다. 그러나 석탄리를 지나면서는 중간 중간 헷갈리는 구간이 많다. 출발지로부터 23km 지점은 갑자기 자전거길이 차단되어 있다. 자전거도 안내도에는 자전거길로 표시되어 있지만 군 작전 시 수시로 통행이 금지된다. 길이 막혔다면 좌회전 해서 농로를 따라 가 직진하면 차단 구간을 우회해 다시 자전거길과 만나게 된다. 27km 지점은 안내표지판도 없는 사거리다. 직진해서 비포장도로로 진입한다. 약 300m 주행하면 다시 포장도로와 합류한다. 이곳 이외에도 대명항 도착 10km 직전 지점에도 300m 거리의 비포장 구간을 통과해야

평화누리길은 걷기길 or 자전거길?

평화누리길은 DMZ 접경지역인 김포, 고양, 파주, 연천 등 4개의 시군에 걸쳐 조성된 우리나라 최북단의 걷기길이다. 함께 만들어진 평화누리자전거길은 이 걷기길을 공유한다. 산으로 올라가는 일부 등산로 구간은 일반 도로나 임도를 따라 우회하도록 설계되어 있다. 현재 자전거길은 연천군까지 정비가 완료되었다. 2021년 말까지 강원도 고성까지 연결되는 607km 전 구간이 완전 개통될 예정이다. 이 자전거길이 완공되면 국토를 서에서 동으로 가로지르는 새로운 종주 코스가 탄생한다. 김포반도 일주 코스는 평화누리자전거길 1,2코스에 해당된다. 걷기 길로는 평화누리길 1, 2, 3코스다.

① 김포반도 일주 출발지 김포아라마리나. ② 석탄리에 있는 천연기념물 재두루미 서식지 전망대. ③ 푸짐한 뚝방국수의 비빔국수.

한다. 김포반도 동쪽 코스와 달리 북쪽과 서쪽은 로드 자전거로 주행하기에 편안한 코스는 아니다.
일부 짧은 비포장 구간을 제외하고 전 구간 포장도로다. 평화누리 자전거길 안내표시도 있다.

난이도

아라김포여객터미널에서 26km까지는 오르막 하나 없는 평지다. 이후 구릉지대로 진입하면서 오르막길이 나타나지만, 대부분 해발 100m 이하의 낮은 고개들이다. 거리가 길고 시간이 많이 걸릴뿐 오르막이 부담스러운 코스는 아니다.

주의 구간

아라김포여객터미널에서 38km 지점 개곡초등학교 인근 코스 안내가 희한하게 되어 있다. 도로와 합류하면서 자전거길 안내표시가 갑자기 사라진다. 횡단보도가 없어 도로를 무단 횡단한 뒤에 역방향으로 올라가야 자전거길과 다시 만난다. 길을 잃어버리기 딱 좋은 곳이다. 도로 횡단 시 주의가 필요하다. 코스 주행 중에 1회 민통선을 출입하게 된다. 용강리 검문소와 보구곶리 검문소 사이 4km 구간이다. 출입을 위해서는 신분증 제시와 출입명부 작성이 필요하다. 군 작전 시에는 출입이 통제된다. 검문소 초입에 우회도로 안내표지가 있다. 해병대2사단 제8733부대장(☎ 032-454-5538)

여행 정보

김포반도 끝에 있는 애기봉은 북녘을 조망하기 좋은 곳이다. 강화대교 지나 염하를 따라 대명항으로 가면 덕포진을 지난다. 염하 건너 초지진이나 덕진진과 마찬가지로 염하 물길을 지키던 요새다. 싱싱한 횟감을 살 수 있는 대명포구에는 김포함상공원이 있다. 2006년 퇴역한 상륙함이 있다.

보급 및 식사

일산대교 지나면 있는 **뚝방국수**(☎031-998-8377)는 비빔국수(5,000원)로 유명하다. 진득한 설탕 맛이 나는 옛날 스타일 국수를 내놓는다. 자전거도로에서 조금 벗어나 있다. 아라김포여객터미널에서 19km 지점 전류리 포구 직전 강변을 바라보는 곳에 이마트24 김포전류포구점이 있다. 야외 테이블이 있어 첫번째 보급소로 이용하기 좋다. 하성면 후평리에 있는 **들길따라**(☎031-989-6674)는 툇마루에 앉아 쉬어가기 좋은 찻집이다. 대추차와 솔차 각각 6,000원. 보구곶리 검문소 지나 문수산로를 따라 내려오다보면 강화대교 도착 전 오른쪽에 **주희네부추전**(☎010-7590-4895)이 있다. 정식 음식점이 아닌 부추밭 옆 노점인데, 부추전(5,000원)을 시키면 밭에서 부추를 캐서 즉석에서 전을 부쳐준다. 사과나 여주 같은 직접 재배한 농산물도 판매한다. 대명항은 싱싱한 횟감을 비롯해 다양한 먹거리가 있다.

대명항에서 아라김포여객터미널 복귀 코스

김포반도 유람 자전거길은 대명항에서 끝난다. 그러나 이곳에서 대중교통을 이용해 점프를 할 수 없다. 따라서 출발지인 아라김포여객터미널로 돌아오려면 자전거를 타고 와야 한다. 복귀 코스는 아라자전거길을 경유하는 것과 김포신도시를 경유해 한강을 따라 되돌아오는 두 가지 방법이 있다.

아라자전거길 경유 코스

지도를 보면 대명항에서 해안도로를 따라 남쪽으로 내려와 아라자전거길을 이용하는 것이 쉬워 보인다. 이 길을 따르면 김포반도를 크게 한 바퀴 도는 근사한 일주코스가 완성된다. 실재로 많은 라이더들이 이 경로를 이용해 라이딩을 한다. 대명항에서 아라자전거길까지 거리는 13km. 50분 밖에 소요되지 않는 짧은 구간이다. 하지만 이 길은 절대 추천하지 않는다.

대명항에서 공도를 따라 8km 가면 세어도 선착장부터 다시 자전거도로와 연결된다. 문제는 공도를 타고 가는 8km 구간이다. 이 길은 매우 위험하다. 편도 1차선에 도로 폭이 좁고 자전거가 피해갈 노견이 없다. 주변에는 레미콘공장과 인천화물터미널이 있어 평일 주간에도 대형 트럭의 통행이 빈번하다. 만약 늦은 시간 대명항에 도착해 야간에 이 구간을 통과한다면 악몽 같은 경험을 할 수도 있다. 68km의 평화누리자전거길과 43km의 아라자전거길을 잘 만들어 놓고, 단 8km를 연결하지 않아 라이더들이 위험한 구간을 달려야 된다는 것은 아이러니한 일이 아닐 수 없다. 지자체에서 자전거길을 조성하면서 해당 시군은 잘 만들지만, 타 시군과의 연계는 신경 쓰지 않기 때문에 이런 일이 발생한 것으로 보인다. 어쨌든 이 구간에 안전한 자전거길이 조성되지 않는다면 김포신도시를 경유하는 횡단코스를 이용하는 게 좋다.

① 노견이 없는 대명항에서 아라자전거길로 가는 도로. ② 세어도 선착장 지나 다시 나타나는 자전거길.

난이도	40점		대명항-아라근린공원	아라근린공원-아라김포여객터미널
		코스 주행거리	13Km(하)	21km(하)
		상승 고도	31m(하)	23m(하)
		최대 경사도	5% 이하(하)	5% 이하(하)
		칼로리 소모량	348kcal	610kcal

김포신도시 경유 코스

위험 구간이 있는 아라자전거길 경유 코스 대신 선택할 수 있는 코스다. 김포반도 허리를 횡단해 다시 평화누리자전거길을 역방향으로 주행해 출발지로 되돌아간다. 이 경우 대명항에서 아라김포여객터미널까지 추가로 28km를 주행해야 한다. 소요시간은 1시간 40분. 이 코스는 길이 복잡하고, 평화누리길 일부 구간을 다시 달려 라이딩 재미가 반감될 수 있다. 그러나 김포신도시의 잘 갖춰진 자전거도로를 이용하기 때문에 상대적으로 안전하다. 특히 장기역을 지나면서 보행자 겸용 자전거도로 폭이 두 배 가까이 넓어져 시원한 라이딩을 즐길 수 있다.

대명항에서 358번 지방도(대명항로)를 이용해서 김포신도시 방향으로 이동한다. 왕복 4선에 차량 통행이 빈번한 구간이지만 양 차선 끝에 폭넓은 노견이 있어 자전거도로로 이용되고 있다. 약 7km 직진하면 양곡우회도로 신사거리에 도착한다. 이곳에서 우회전 후 한가람삼거리에서 횡단보도를 건너 좌회전 한다. 계속 직진하다가 장기역사거리에서 좌회전한다. 삼재사거리에 도착하면 자전거도로 폭이 다시 좁아진다. 우회전 해서 약 70m 내려오면 회전 교차로와 마주하게 된다. 길 건너 '박씨네추어탕' 안내표지를 따라 걸포로192번길로 진입하면 평화누리자전거길과 다시 합류한다.

이 코스의 총 상승 고도는 111m다. 오르막을 거의 느끼지 못하는 평지 구간이다. 주요 교차로를 찾아가는 것이 신경 쓰일 뿐, 난이도가 있는 구간은 아니다. 다만, 일부 구간은 라이딩 시 주의가 필요하다. 대명항에서 358번 지방도로 진입 시 횡단보도가 없어 주의가 필요하다. 신호에 따라서 좌회전 차량과 동시에 진입해야 한다. 대명항에서 김포신도시 진입 직전까지 7km 구간은 자전거 통행 공간이 있지만 불법 주차된 차량과 적재물, 도로의 많은 차량 통행량으로 쾌적하지는 않다. 가장 재미없고 또 주의가 필요한 구간이다.

① 김포신도시의 자전거도로.
② 김포신도시를 가로지르는 운하와 자전거도로.
③ 노견을 따라 자전거도로가 있는 대명항에서 김포신도시로 가는 대명항로.

05
-자전거 여행 바이블-
북부권 코스

>>> 중랑천자전거길과 왕숙천자전거길을 일반 공도로 이어 붙여 만들어낸 코스다. 자전거도로만 달리다 첫번째 공도 주행을 경험하는 코스로 많이 찾는다. 광릉 국립수목원에서 마주하는 진한 숲 내음과 주변 풍광은 첫 공도 주행의 경험만큼이나 기억에 남는다.

난이도	70점	코스 주행거리	84km(상)
		상승 고도	327m(중)
		최대 경사도	5% 이상(중)
		칼로리 소모량	1,696kcal
코스 접근성	0km (한강자전거길에서 출발)		
소요시간	4시간 57분 (당일 코스)	코스주행	4시간 43분

05-1 북부권 코스

아찔한 첫 공도 주행의 추억

장화 코스 (중랑천, 부용천, 왕숙천)

| 서울시 · 의정부시 · 포천시 · 남양주시 · 구리시

    자전거도로를 벗어나 처음으로 일반 도로를 달리면 누구나 긴장하기 마련이다. 자동차와 같은 도로를 달린다는 것만으로도 핸들을 쥔 손에는 힘이 바짝 들어간다. 쉴새 없이 지나가는 자동차 소리에 심장 박동은 빨라진다. 몇 번 공도 라이딩을 하면 익숙해지지만, 첫 공도 주행의 추억은 모든 라이더의 기억 속에 생생하게 남아 있다.

    장화 코스는 자전거도로에서 벗어나 공도를 주행하는 구간을 포함하고 있다. 상당수의 초보자들이 이 코스를 달리면서 공도를 주행하는 첫 경험을 한다. 코스는 명료하다. 중랑천자전거길을 따라 북진한 뒤 부용천을 따라 동진한다. 이후 국립수목원을 경유해 왕숙천과 만나 출발지로 되돌아 온다. 주행 경로를 이어 붙이면 이탈리아 반도 같은 장화 모양이 된다고 해서 장화 코스로 불린다. 여기서 공도 주행은 부용천과 왕숙천을 잇는 구간이다.

    용비교에서 중랑천자전거길을 따라 서울 북쪽 끝자락으로 가면 도봉산의 웅장한 산세가 가깝게 다가온다. 의정부에서 부용천자전거길을 잠시 따라 가다 호국로로 불리는 43번 국도로 올라서 공도 주행을 시작한다. 초보자는 왕복 6차선 도로 그 자체만으로 압도당한다. 43번 국도는 경사도를 높이며 축석고개까지 거침없이 이어진다. 다행스럽게도 현충탑 입구에서 국도를 벗어나 옛길

①②장화 코스의 한 축을 담당하는 중랑천자전거길.

을 이용해 고개를 넘는다. 위압적인 넓은 도로와 달리 한적한 옛길은 자전거가 주인이라도 된 것처럼 마음이 편안해진다.

43번 국도에서 벗어나면 광릉수목원로를 따라 간다. 광릉 국립수목원 입구까지 좁고 구불구불한 도로가 이어진다. 광릉 국립수목원이 가까워지면 숲의 향기가 짙어진다. 가을이면 황금색으로 물드는 짧지만 환상적인 메타세쿼이아 가로수길도 지난다. 공도 주행의 두려움을 이기고 이곳까지 찾아온 라이더들이 보상받는 순간이다.

왕숙천으로 접어들면 자전거길은 다시 평온해진다. 자동차 눈치 볼 필요 없이 편안하게 페달만 밟으면 된다. 첫 공도 주행의 뛰는 가슴을 안고 남양주를 가로지른 뒤 구리에서 한강자전거길을 만나 출발지로 되돌아간다.

① 국립수목원 입구. ② 국립수목원의 산책로. ③ 한강 중랑천 합수부에 있는 용비교.

무림리고개
현충탑 입구
주의구간1(자금IC)
상세도(그림1) 298p
국립수목원 입구
국립수목원
중랑천-부용천 합수부
주의구간2
(왕숙천자전거길 시점)
상세도(그림2) 298p
의정부시
수도권제1순환고속도로
별내면
내각대교
오남읍
도봉산
수락산
왕숙천 자전거길
도봉구
중랑천자전거길
불암산
남양주시
진건읍
퇴계원
북한산
노원구
강북구
경춘철교
성북구
종로구
중랑구
구리시
와부읍
동대문구
한강자전거길
한강-왕숙천 합수부
중부고속도로
강동구
Start/Finish
용비교
성동구
광진구
팔당대교
한강
용산구
하남시

무림리고개
국립수목원
부용천합수부
경춘철교
한강합수부
용비교
350(m)
300
250
200
0
10.0
20.0
30.0
40.0
50.0
60.0
70.0
80.0(km)

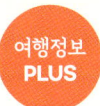

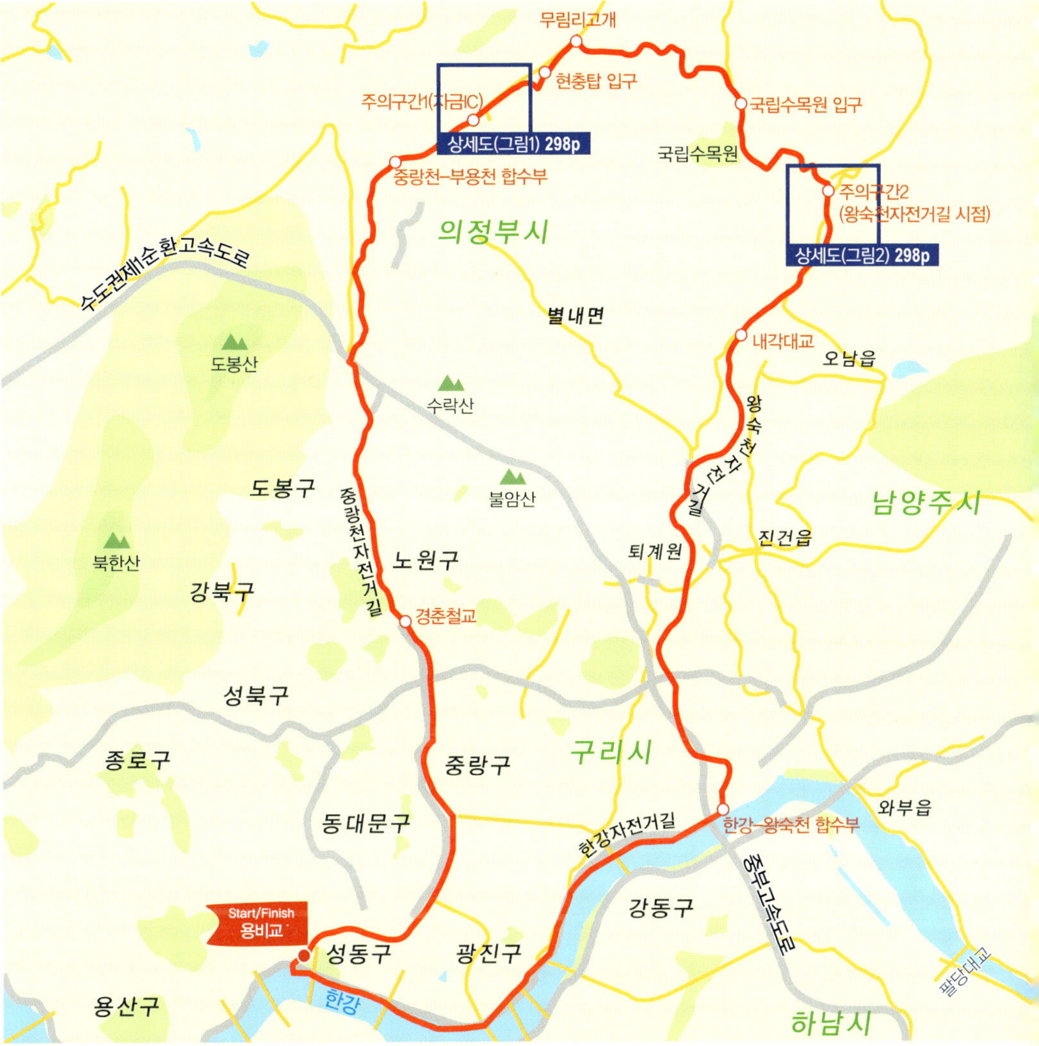

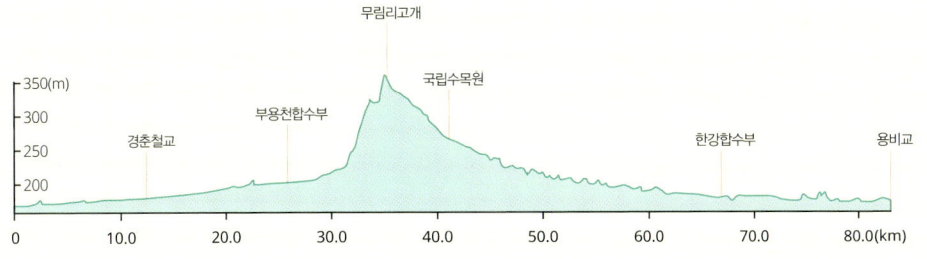

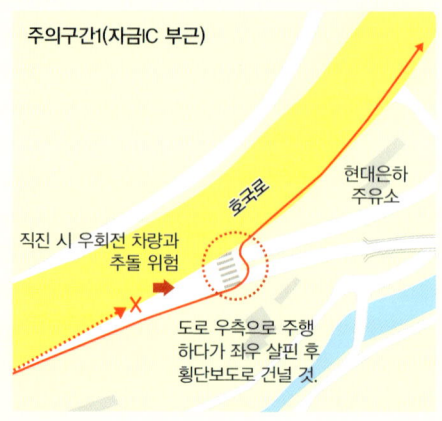

주의구간1(자금IC 부근)

그림 1

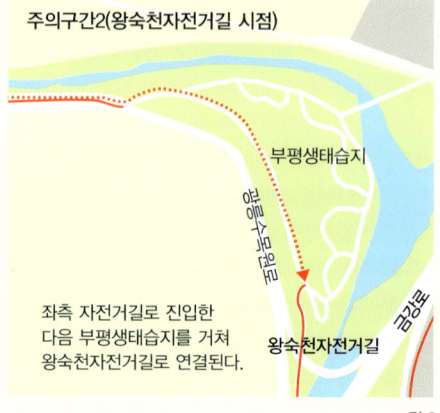

주의구간2(왕숙천자전거길 시점)

그림 2

코스 접근

순환 코스 특성상 장화 코스 경로 상이라면 어느 곳이든 출발지가 될 수 있다. 자신이 사는 곳에서 가까운 곳을 들머리로 잡으면 된다. 일반적으로 장화의 발끝 부분에 해당하는 중랑천과 한강 합수부에 있는 용비교를 출발지로 삼는다. 용비교까지 대중교통으로 접근한다면 한강자전거길과 바로 연결되는 옥수역을 이용한다.

코스 가이드

장화 코스 총 주행거리는 85km다. 서울을 출발해 의정부, 포천, 남양주, 구리를 거쳐 다시 서울로 되돌아온다. 서울 북부 순환 코스로 불러도 손색이 없다. 중랑천자전거길은 강 좌우에 자전거길이 있다. 어느 쪽으로 달려도 무방하다. 서울을 벗어나 의정부에 진입하면 중랑천과 부용천이 만나는 합수부에 도착한다. 용비교부터 27km 지점이다.

부용천자전거길은 중간에 왼쪽으로 빠져 나와야 해서 강 왼쪽 자전거길을 타고 가는 게 좋다. 부용천자전거길을 따라 의정부경전철과 나란히 달리다 효자역 지나 빠져나온다. 호국로와 천부로 교차로 지나 자금IC 방향으로 이동한다. 교차로를 따라 1km 직진하면 오른쪽으로 현충탑, 호국사로 들어가는 길이 있다. 이 길이 호국로를 벗어나 축석고개로 올라가는 우회도로다. 약 1.6km의 우회로는 현충탑을 지나 다시 호국로와 만난다.

축석사거리에서 우회전 해서 98번 지방도(광릉수목원로)를 따라 간다. 국립수목원 입구까지는 약 7km 거리다. 국립수목원 입구부터 왕숙천으로 진입하기 직전의 부평생태공원까지가 장화 코스에서 가장 아름답다. 왕숙천자전거길을 따라 계속 남진하면 한강자전거길과 만난다. 구리에서 한강자전거길을 따라 용비교로 되돌아온다.

장화 코스는 전 구간 포장도로를 이용한다. 자전거 전용도로 주행 80%, 공도 주행은 20%다. 장화 코스의 한축인 중랑천자전거길은 양주시에서 발원해 도봉구, 노원구, 동대문구, 중랑구, 성동구를 거쳐 한강으로 합류한다. 길이는 36km다. 장화 코스의 또다른 한축인 왕숙천자전거길은 진접읍 부평교에서 한강합수부까지 연결되는 32km의 자전거길이다. 구리시와 남양주시 사이를 흐른다.

난이도

고도표를 보면 축석고개까지 계속 오르막인 것처럼 보인다. 그러나 중랑천과 부용천까지는 거의 오르막이

① 주의해서 지나야 하는 3번 국도 합류 지점. ② 호국로에서 국립수목원으로 길이 나뉘는 축석령 갈림길. ③ 만추의 왕숙천자전거길.

느껴지지 않는 평지 같은 길이다. 본격적인 업힐은 호국로 들어서면서 시작된다. 축석고개까지 5km가 이 코스의 실질적인 업힐 구간이다. 이 구간도 경사도가 아주 가파르지는 않다. 축석고개를 넘어가면 오르막 없이 지속적으로 내리막길이 이어진다.

주의 구간

공도를 주행할 때는 오른쪽 가장자리를 따라 간다. 장화 코스에서는 주의해야 할 구간이 두 곳 있다. 첫번째는 자금교차로 부근이다. 오른쪽으로 차선이 갈라지면서 교차로로 진입하는데, 이때 직진하지 말고 도로 오른쪽 끝을 따라 주행하다가 횡단보도를 건너서 라이딩을 이어간다(**그림 1 참고**).

두번째 주의 구간은 봉선사 입구에서 왕숙천으로 진입하는 지점이다. 봉선사 입구를 지나면 자전거길이 건너편 차선에만 만들어져 있다. 역방향이지만 이 자전거도로를 타야 부평생태습지공원을 거쳐 매끄럽게 왕숙천자전거길로 진입할 수 있다(**그림2 참고**).

여행 정보

의정부지구 전투와 현충탑 : 한국전쟁 발발 이틀째 되는 날 축석고개를 넘어서 남진하던 북한군 전차부대와 국군 포대간 전투가 벌어졌다. 이곳을 사수하던 김풍익 소령과 장세풍 대위 휘하의 포병들은 105mm 포로 전차를 조준 사격하여 파괴하였으나 북한군의 반격으로 전원 산화한다. 현충탑은 의정부지구 전투 전적과 호국영령을 기념하기 위해서 세워진 탑이다.

국립수목원 : 우리나라 숲 가운데 가장 보존이 잘 된 곳 가운데 하나다. 2010년 유네스코 생물권 보전지역으로 지정됐다. 자전거는 수목원 내부로 진입할 수 없다. 일반 관람객도 홈페이지(https://kna.forest.go.kr)나 유선(031-540-2000)을 통해 사전 예약해야 입장할 수 있다. 입장 인원은 화~금 5,000명, 토~월요일 3,500명이다. 관람시간은 09:00~18:00, 입장료는 1,000원이다.

보급 및 식사

중랑천과 부용천 자전거길은 보급받을 곳이 마땅치 않다. 축석고개로 올라가는 길 현충탑 주차장에 **기념비휴식공간**(☎ 031-846-7029) 매점이 있다. 국수 같은 간단한 음식을 판다. 업힐 정상 부근이라 한숨 쉬어가기 좋은 위치다. 국립수목원과 광릉을 지나면 봉선사 입구 능안마을에 닿는다. 이곳에 편의점을 비롯해서 식당이 모여 있다. 왕숙천자전거길로 진입하면 다시 보급받을 곳이 없다. 왕숙천자전거길 퇴계원역을 지날 즈음 왼쪽으로 정육식당 몇 곳이 있다. **도축장명품한우판매장**(남양주시 진건읍 금강로 361번길 50)은 도축장에서 직영하는 식당으로 정육점에서 구매한 고기를 상차림 비용(1인 3,000원)을 내고 구워 먹는다. 라이딩 중 육고기가 땡기면 방문해보자.

≫ 행주대교에서 임진각까지 자유로와 함께 달리는 자전거길이다. 달리기 좋은 구간도 있고, 라이더를 당혹스럽게 만드는 구간도 있다. 아직은 보완해야할 점이 많은 투박스런 자전거길이다. 그래도 수도권 서부지역 라이더의 숨통을 틔워주었다는 점에서 두 팔 벌려 환영하는 길이다.

난이도	60점	코스 주행거리 상승 고도 최대 경사도 칼로리 소모량	57km(중) 117m(하) 5% 이하(하) 1,131kcal
코스 접근성	29km (대중교통 가능)	자전거 6km ➡ 전철(8개 정거장) 20km ➡ 자전거 2.4km 반포대교　　　　서울역　　　　　　　　능곡역　행주산성 　　　　　　　　　　　　　　　　　　(경의중앙선)	
소요시간	7시간 34분 (당일 코스)	가는 길 자전거 25분 전철 29분 자전거 9분 총 1시간 18분	코스주행 4시간 20분	오는 길 자전거 29분 전철 1시간 2분 자전거 25분 총 1시간 56분

05-2 북부권 코스

통일의 염원 담아 자유로 따라 달린다
평화누리자전거길 3, 4코스 (행주산성~임진각)
| 고양시 · 파주시

평화누리자전거길 3,4코스는 방화대교 북단에서 시작해 고양과 파주를 거쳐 임진각평화누리공원까지 연결된다. 이 길이 만들어지면서 서울 서북권으로 진출하는 자전거 여행의 숨통이 트였다.

행주산성은 동부권 팔당역과 마찬가지로 서부권 자전거 여행의 베이스캠프다. 일상과 여행의 설렘이 공존하는 지점이다. 이곳은 한강자전거길의 종점이자 장차 강원도 고성까지 이어질 평화누리자전거길의 시발점이다. 방화대교 북단을 지나 행주대교 남단에 도착한 라이더들은 이곳에서 두 갈래로 나뉜다. 다시 서울로 갈 사람들은 행주대교를 건너 되돌아가고, 평화누리길을 달릴 사람들은 북으로 북으로 페달을 밟는다.

김포대교 북단을 지나면 자전거길과 나란히 세워져 있는 철책선을 따라간다. 이곳에서 자유로 아래를 지나는 굴다리까지 거리는 1.7km. 하지만 군사지역인 탓에 이 구간이 개통되기까지는 자전거길 완공 후에도 몇년의 시간이 더 걸렸다. 굴다리에서 자전거를 들고 계단을 내려오면 자유로 오른쪽 밑으로 자전거길이 나 있다. 이곳부터 이산포IC와 파주출판단지를 거쳐 헤이리까지는 아스팔트 포장도로다. 자전거길이 착착 감기듯 매끄러운 승차감을 느껴볼 수 있

① 행주산성에서 한강을 따라 가다 신평리 초소에서 지하로 난 연결통로로 자유로 오른편으로 간다.
② 전철화 공사가 완료된 임진강역.

다. 특히 바퀴가 얇은 로드 자전거라면 그 차이가 더 크게 느껴질 것이다. 제법 속력을 내볼 수 있는 구간이 길게 이어진다.

파주출판도시를 지나면 오두산 전망대가 가까워진다. 사실 이 지역은 두물머리 같이 한강과 임진강이 만나는 합수부에 해당한다. 이곳부터는 부지불식간에 임진강 줄기를 따라 올라가게 되는 것이다. 매끄럽게 이어질 줄 알았던 자전거길은 문산 읍내를 코앞에 두고 야속하게 끊어져버린다. 내포IC에서 문산읍까지는 공도를 주행해야 한다. 사라졌던 자전거길은 문산읍으로 드는 임월교를 지나자마자 길 건너 왼쪽으로 이어진다. 조선의 명제상 황희 선생이 말년을 보냈던 정자 반구정에서 도도히 흐르는 임진강을 마음에 담아본 후 내처 임진각을 향해 달린다.

임진강역을 지나 공도를 따라 임진각으로 진입한다. 끊어진 철길과 망향의 동산이 있는 이곳이 종착점이다. 분단의 아픔이 서린 임진각에서 통일의 그날을 그리며 라이딩을 맺는다.

파주 헤이리마을을 지나 문산읍으로 향하는 평화누리자전거길. 자유로 오른편으로 나란히 달린다.

Finish
임진각
임진강역
문산읍
법원읍
반구정
문산역
상세도(그림2) 304p
길찾기 주의2
자전거도로 종점
임진강
파주읍
양주시
파주시
헤이리
오두산통일전망대
금촌읍
승촌교(공릉천-한강 합수부)
운정신도시
수원문산고속도로
김포시
파주출판단지
휴게소
수도권제2순환고속도로
일산동구
한강
일산서구
길찾기 주의1
고양시
덕양구
일산대교
상세도(그림1) 304p
한강신도시
은평구
신평리 초소
(굴다리)
행주대교
Start
행주산성
서대문구
김포국제공항
마포구

신평리 초소
출판도시
휴게소
승천교
자전거도로 종료
반구정
임진각
100(m)
50
0
0
5.0
10.0
15.0
20.0
25.0
30.0
35.0
40.0
45.0
50.0
55.0(km)

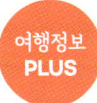

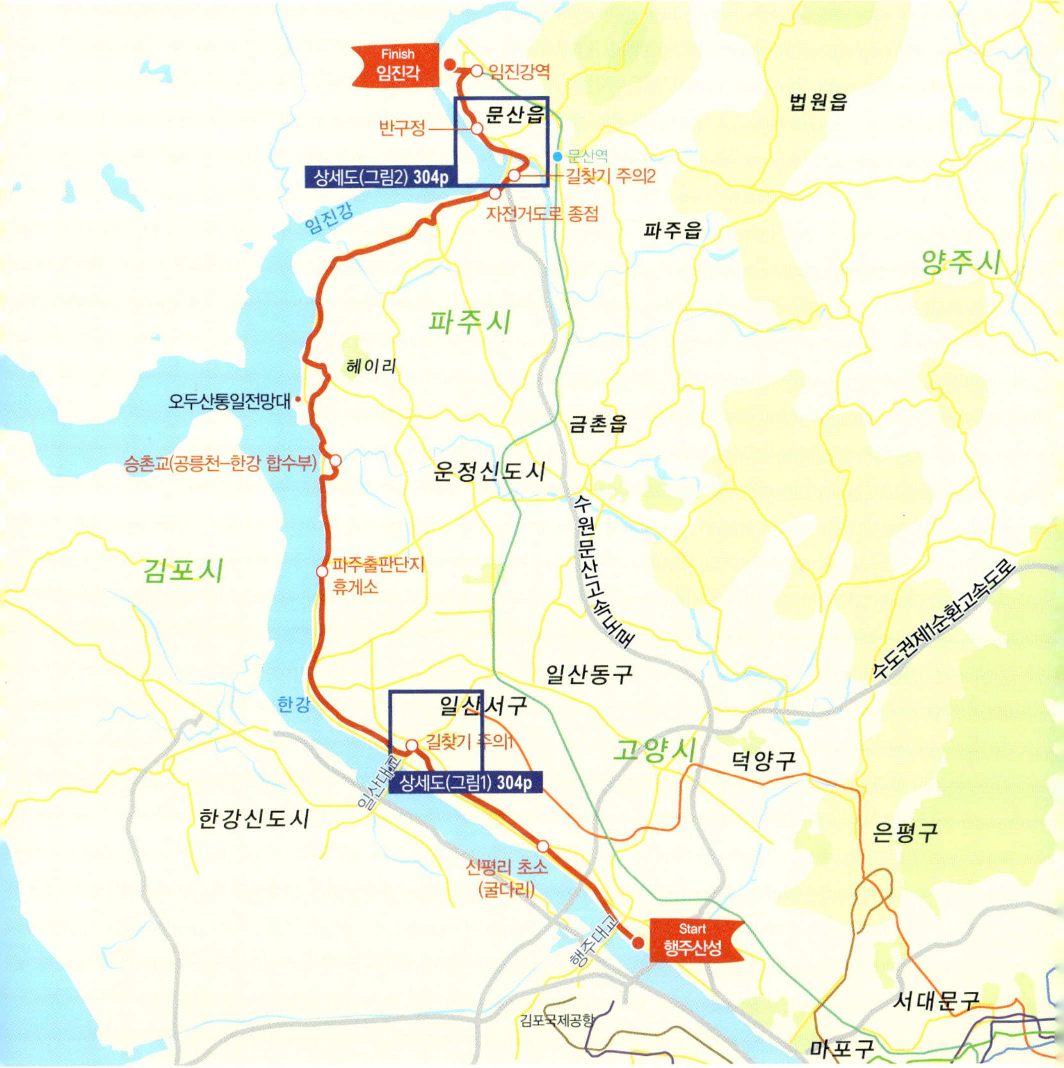

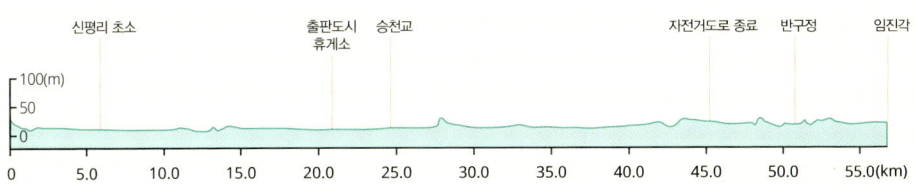

그림 1

그림 2

코스 접근

IN : 반포대교에서 한강자전거길로 이동하면 행주대교까지 21km 거리다. 1시간 30분 소요된다. 반포대교에서 점프 없이 자전거만 타고 가면 임진각까지 총 78km다. 자가용으로 이동 시에는 행주산성 주차장에 주차하고 움직이는 것이 좋다. 주차장에서 자전거길까지는 500m 거리다. 주차요금은 승용 기준 1일 2,000원(월요일 무료)이다. 대중교통을 이용해 행주산성 인근까지 이동한다면 경의중앙선 능곡역을 이용한다. 서울역이나 용산역에서 30분쯤 걸린다. 경의중앙선은 평일을 제외한 주말과 공휴일에 한해 자전거 휴대 반입이 가능하다.

OUT : 임진각까지 도착했다면 돌아오는 방법을 고민해야 한다. 행주산성까지 왕복한다면 114km의 장거리 코스가 된다. 임진각에서 가장 가까운 전철역은 임진강역이다. 이 역은 경원선 철도로 도라산역을 오고 가는 DMZ train이 운영되었으나 2020년 3월 문산역~임진강역 전철사업이 완료되면서 자전거 휴대승차도 가능해졌다. 단, 서울역~문산역 구간과 달리 열차 편수가 적다. 평일은 2회(10:45, 17:25), 주말과 공휴일은 4회(10:00, 11:00, 16:10, 17:20) 운행한다. 문산역에서 서울역 방향 열차로 환승한다. 임진강역에서 출발하는 열차 시간이 맞지 않는다면 7km 떨어져 있는 문산역으로 이동해 경의중앙선을 타고 점프해야 한다.

코스 가이드

평화누리자전거길 3코스 고양 구간은 21km, 4코스 파주 구간은 28km다. 파주출판단지가 코스의 경계지점이다. 행주산성에서 출발해 6km 주행하면 신평리 초소에 도착한다. 이곳에서 자전거길은 끊긴다. 오른쪽 계단을 따라 내려가 굴다리를 통과한 다음 다시 자전거길과 연결된다. 이곳부터는 외길로 달리기 때문에 길을 잃을 염려가 없지만 길이 헷갈리는 곳이 몇 곳 있다.

행주산성에서 13km 가면 일산대교 인근에 헷갈리는 지점이 있다. 평화누리길 안내표지는 파주출판단지로 우회전 하라고 안내한다. 하지만 이 길로 들어가면 길이 끊겨 다시 되돌아 나와야 한다. 그대로 직진해 고양대로 아래로 난 굴다리를 지나 좌회전 하면 다시 자전거길과 만난다(**그림1 참고**). 이런 곳이 한 곳 더 있다. 문산읍 진입을 앞두고 자전거길이 사라진다. 공도를 따라 읍내로 진입해야 한다. 이전까지는 문산 읍내에서 당동 삼거리 구간도 공도 주행을 해야 했다. 그러나 최근 문산읍 구간을 우회하는 자전거 전용도로가 생겼다. 자전거길은 문산 읍내로 진입하는 임월교를 건너자마자 왼쪽으로 나 있다. 다만, 이곳에 횡단보도가 없다. 100m쯤 더 가 하동삼거리에서 U턴한다(**그림2 참고**). 반구정로를 따라가다 보면 왼쪽으로 황희선생 유적지 안내표시가 있다. 반구정은 이 유적지 안에 있는 정자다. 반구정에서 1.8km 가면 작은 삼거리가 있다. 이곳에서 오른쪽 농로를 따라가 철길을 건너면 임진각로다. 임진각로를 따라 짧은 거리를 주행하면 임진각평화공원에 도착한다. 평화누리자전거길 3,4코스는 전 구간 포장도로다. 안내표시도 되어 있으며, 자전거 전용도로 90%, 공도 10%를 주행한다.

난이도

총 상승 고도는 117m다. 전 구간에 걸쳐 눈에 띄는 오르막은 없다. 주행거리가 길어서 그렇지 초보자도 주행하기에 부담 없는 코스다.

주의 구간

대부분 자전거도로를 이용해 라이딩 한다. 하지만 중간중간 자전거도로가 단절된 구간을 지날 때는 주의가 필요하다. 특히, 문산읍 구간은 차량 통행이 많은 곳이라 안전에 유의해서 지난다. 라이딩을 마친 후 문

① 행주산성에서 신평리 초소까지 자유로 왼쪽으로 난 자전거길. 신평리 초소에서 지하 연결통로로 건너간다. ② 자유로와 나란히 달리는 헤이리에서 문산으로 가는 구간

산역에서 전철로 점프한다면 임진각평화공원에서 문산역까지 통일로를 따라 7km 공도 주행을 해야 한다. 마지막까지 긴장을 풀면 안 된다.

여행 정보

임진각 가는 길목에 있는 황희선생 유적지는 조선의 명재상 황희가 관직에서 내려와 말년을 보냈던 곳이다. 이곳에 있는 반구정伴鷗亭은 임진강을 조망하기 좋은 곳이다. 자전거는 매표소 인근에 주차해 놓고 관람하면 된다. 매표소에 부탁하면 건물 뒤편에 주차자리를 안내해주기도 한다. 입장료는 성인 1,000원. 임진각평화공원에는 볼거리가 많다. 망향각을 비롯해 끊어진 철길과 철마, 바람개비가 인상적인 잔디광장, 놀이공원 등이 있다.

보급 및 식사

출발지인 행주산성 인근에 식당과 카페가 즐비하다. 그 중에서도 행주산성 **원조국수집**(☎ 031-974-7228)은 라이더들이 손꼽는 맛집이다. 이 집이 사랑받는 이유는 음식 맛도 좋지만 라이더들의 허기를 부

①② 행주산성에 있는 원조 국수집과 어마어마한 양의 콩국수.

족함 없이 채워주는 어마어마한 양이다. 여느 국수집보다 두 배는 많이 준다. 한참을 먹어도 비워지지 않는 면발을 보고 질릴 수도 있다. 메뉴는 잔치국수와 비빔국수(이상 5,000원), 콩국수(6,000원)로 단촐하다. 파주는 장단콩 산지로 유명한 곳이다. 이런 까닭에 자전거 코스 주변에 콩을 재료로 하는 음식점이 많다. 자전거 코스에 인접해 있는 **DMZ장단콩두부마을**(☎ 031-945-3370)은 된장과 두부 전문 음식점이다. 된장 정식 1만1,000원. 파주출판단지 지나 교하 신촌산업단지와 헤이리에 맛집이 많다. 문산읍에도 속을 든든히 채우고 전철로 점프할 수 있다. 자전거 코스 중간중간에 편의점이 있어 보급도 어렵지 않다.

① 이산포IC 가는 길의 잘못된 길 안내판(현재 공사중). 자전거길 표시 말고 직진한다. ② 이산포IC 아래 지하통로. 지하통로를 나오면서 좌회전 한다. ③ 임진각평화누리공원.

05-3 북부권 코스

임진강 비경을 따라
평화누리자전거길 5, 6코스 (임진각~연천읍)
| 파주시 · 연천군

>>> 상당히 터프한 자전거길이다. 거리도 길고, 볼거리도 많고, 헷갈리는 지점도 많다. 이래저래 체력과 시간이 많이 소요된다. 그래도 분단의 설움 안고 흐르는 임진강 물길 따라 달리는 호젓한 맛이 일품이다.

난이도	80점	코스 주행거리	73km(중)
		상승 고도	818m(상)
		최대 경사도	10% 이하(상)
		칼로리 소모량	2,571kcal

코스 접근성	62km (대중교통 가능)	자전거 6km → 전철(21개 정거장) 49km → 자전거 7km 반포대교 — 서울역 — 문산역(경의중앙선) — 임진각

소요시간	11시간 25분 (당일 코스)	가는 길 자전거 25분 전철 1시간 02분 자전거 26분 총 1시간 53분	코스주행 7시간 12분	오는 길 버스 1시간 35분 자전거 45분 총 2시간 20분

임진각에서 연천까지 이어지는 평화누리자전거길 5,6코스는 은둔의 강, 임진강의 비경을 따라 달린다. 자유로를 따라 가는 평화누리자전거길 3,4코스가 가벼운 몸풀기 정도 였다면, 이 구간은 본격적인 자전거 종주길 느낌이 든다.

자전거 코스는 상당히 터프하다. 거리도 길고, 오르막도 많다. 결정적으로 길이 헷갈리는 지점이 많다. 잠시 한눈을 팔다보면 도로에서 벗어나 어느새 임도 속으로 들어가는 자신을 발견하게 될 것이다. 자전거길이 개통된 지 얼마 되지 않아 안내표지가 부족한 이유도 있겠지만, 초행길의 라이더가 가장 헷갈리는 것은 자전거길과 걷기길 차이를 종종 간과하는데 있다. 평화누리길은 걷기길과 자전거길이 합쳐졌다 다시 갈라지기를 반복한다. 갈라지는 시점에 걷기길을 따라가면 등산로 입구에 막혀 되돌아가야 하는 경우가 종종 생긴다.

자전거길 주변에는 명승지가 즐비하다. 임진강이 품고 있는 세월이 결코 가볍지 않은 까닭이다. 율곡 이이가 제자들과 시를 짓고 학문을 논하던 화석정, 가을이면 코스모스가 만발하는 율곡습지공원, 황토돛배가 사람들을 실어 나르던 두지나루터, 고려 왕건과 충신들의 위패가 모셔져 있는 숭의전, 고구려 때 돌을 쌓아 만든 당포성까지, 삼국시대부터 조선시대까지 아우르는 역사의 흔적

① 문산읍 도심 구간을 관통해 임진각으로 가는 라이더들. ② 율곡 이이 전설이 스민 화석정. ③ 코스모스가 만발한 율곡습지공원.

이 곳곳에 자리잡고 있다. 상황이 이렇다 보니 갈 길은 먼데 도무지 속력이 나지 않는다.

자전거 코스는 임진각에서 시작된다. 첫번째로 도착한 명승지는 임진강 최고의 전망을 자랑한다는 장산전망대. 주변 산세와 함께 임진강에 떠 있는 풀들의 섬 초평도가 내려다보인다. 팽팽하게 조여졌던 전방 지역에서의 긴장감은 이곳 풍경을 보면서 눈 녹듯이 사라져버린다. 과히 임진강의 숨겨진 비경이라 불릴 만하다.

장산전망대를 지난 자전거길은 매끄럽지 않다. 농로에서 데크 길로, 다시 일반 도로를 따라 간다. 가끔 임도를 주파하기도 한다. 자전거길이 투박스럽고 툭툭 끊어지는 막국수 면발 같다. 두번째 도착하는 비경은 화석정이다. 이곳에서는 율곡이 사후 선조의 피난길을 도왔다는 전설에 귀 기울여 본다. 율곡습지공원에서 꽃놀이에 취하고, 황포나루터에서 유유자적 뱃놀이를 즐기는 관광객들을 보면 속도는 점점 더 느려진다. 페달을 밟는 시간보다 걷는 시간이 더 길게 느껴진다. 장거리 자전거 여행을 할 때 필요한 것 중 8할은 체력이지만 이 코스에서는 예외다. 체력은 기본이고, 길을 찾는 눈썰미에 시간 관리까지 보태져야 한다.

논길을 따라 연결된 연천의 평화누리자전거길.

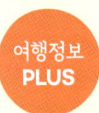

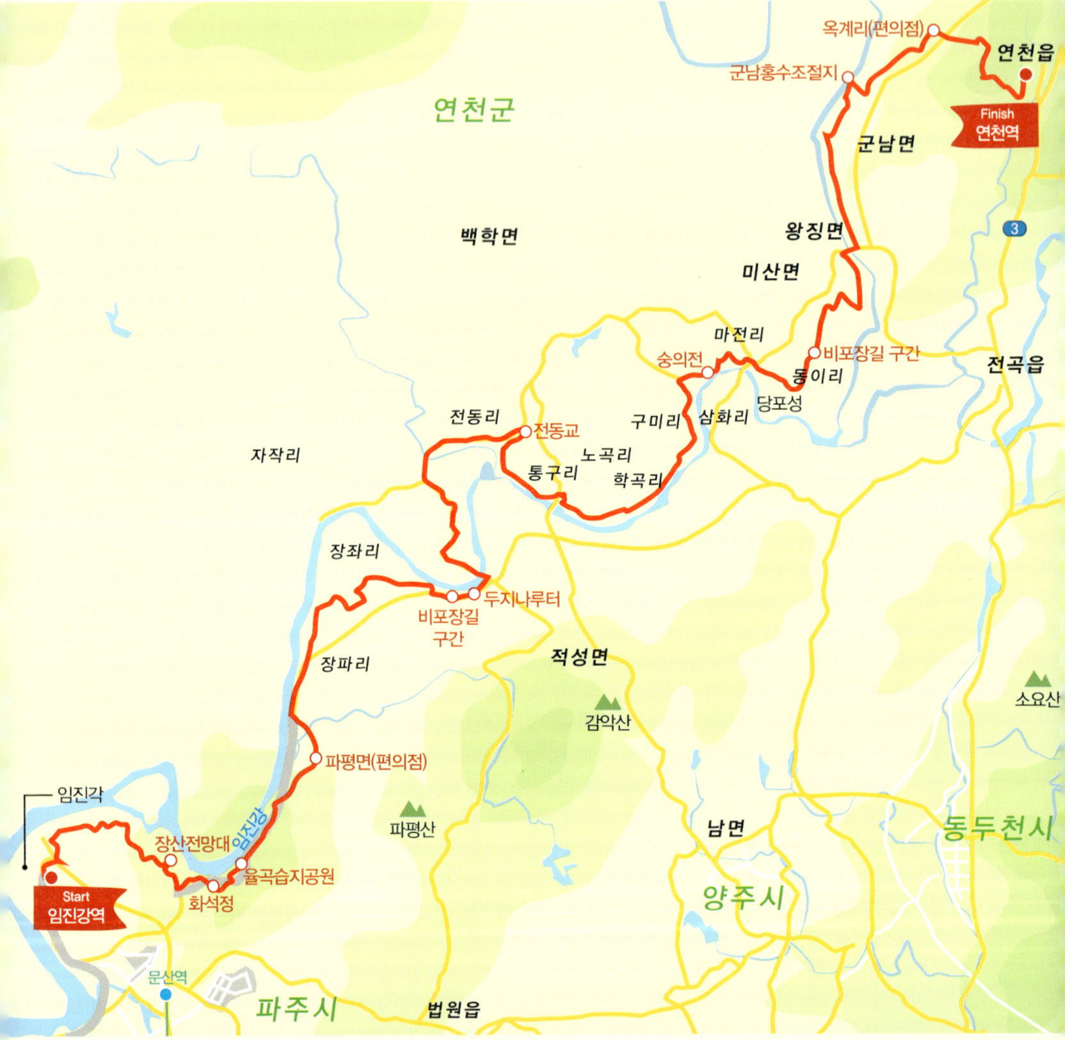

옥계리(편의점)
연천읍
군남홍수조절지
Finish 연천역
연천군
군남면
3
백학면
왕징면
미산면
마전리
숭의전
비포장길 구간
전곡읍
동이리
당포성
전동리
구미리
삼화리
전동교
자작리
노곡리
통구리
학곡리
장좌리
두지나루터
비포장길 구간
장파리
적성면
소요산
감악산
파평면(편의점)
임진각
파평산
장산전망대
임진강
남면
동두천시
율곡습지공원
화석정
Start 임진강역
양주시
문산역
파주시
법원읍

장산전망대
200(m)
150
100
50
두지나루터
전동교
숭의전
군남홍수조절지
연천역
0
5.0
10.0
15.0
20.0
25.0
30.0
35.0
40.0
45.0
50.0
55.0
60.0
65.0
70.0(km)

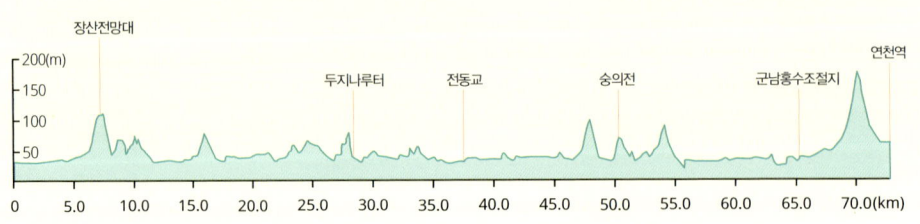

① 임진강을 건너는 두지나루터의 황포돛배. ② 연천 임진강물새롬랜드 오토캠핑장의 캠퍼들. ③ 임진강변에 자리한 캠핑브릿지 캠핑장.

코스 접근

IN : 출발지인 임진각에서 가장 가까운 역은 임진강역이다. 문산역에서 임진강역으로는 평일 2회(10:20, 17:00), 주말과 공휴일 4회(09:35, 10:44, 15:54, 16:59) 열차편이 있다. 열차 시간이 맞지 않는다면 문산역에서 자전거로 이동해야 한다. 문산역에서 임진각까지 거리는 7km, 20분 정도 소요된다. 평화누리자전거길 3,4코스를 따라 가도 되고, 문산역에서 통일로를 공도 주행해 임진각으로 가도 된다.

OUT : 도착지인 연천읍에서 대중교통을 이용해 귀경하는 방법이 만만치 않다. 1시간 이상 추가 라이딩을 해서 전철을 타거나 시외버스를 이용한다. 연천에서 가장 가까운 전철역은 1호선 지하철 종점인 소요산역이다. 연천읍에서 소요산역까지 거리는 18km다. 이 구간은 자전거 전용도로가 없다. 3번 국도를 따라 1시간 정도 추가 라이딩을 해야 한다. 연천시외버스터미널에서 3300번 경기고속버스가 잠실을 거쳐 수서까지 운행한다. 1일 8회 운행(막차 18:05)하며, 요금은 8,400원이다. **평안운수(☎ 031-865-3547)**

경원선 대체 운송버스 이용하기

과거 소요산역에서 연천역 사이는 경원선 열차가 운행했다. 그러나 지금은 복선전철화 공사로 운행이 중단된 상태다. 복선 전철화는 2022년 12월 완공 예정이다. 이 공사가 완료되면 연천역은 한국에서 가장 북쪽에 위치한 전철역이 된다. 현재 열차 운행이 중단된 백마고지역~소요산역 구간은 임시로 셔틀버스를 운영하고 있다. 이 버스는 30분 간격(막차 20:00)으로 운영되며, 요금은 1,000원이다. 셔틀버스는 자전거 탑승이 가능하다. 다만, 승차 지점에 따라 버스 기사와 잡음이 발생할 수 있다. 회차지점인 백마고지역에서 자전거 휴대 탑승은 자유롭다. 문제는 중간 정류장인 연천역에서 탑승할 때다. 빠듯한 배차 간격 때문에 자전거 휴대 탑승 문제로 버스 기사와 실랑이를 할 수 있으니 참고하자.

농로로 이어진 한적한 평화누리자전거길 5코스.

① 고구려가 축조한 당포성.
② 한탄강 홍수조절을 담당하는 군남댐.

코스 가이드

출발지는 임진강역이다. 역을 나와 임진각로를 가로지르는 횡단보도를 건넌다. 이곳에서 도로를 따라 임진각으로 가지 말고 도로와 나란히 나 있는 농로를 따라 마정리 방면으로 간다. 임진강역에서 6km 지점부터 장산전망대로 가는 오르막이 시작된다. 언덕 정상에 도착하면 포장도로는 전망대 입구에서 끝나고 비포장 임도와 만난다. 전망대 입구에서 전망대까지는 약 200m거리다. 그냥 지나치지 말고 들렸다 가는 것을 추천한다. 장산에서 임진리까지는 비포장길이라 로드 자전거는 장산으로 오르지 말고 산의 남쪽으로 우회한다. 그러나 이곳 말고도 비포장길이 나오기 때문에 가급적 MTB로 가는 게 좋다.

장산에서 내려와 임진강황복마을을 지나면 선유4리 삼거리에 화석정 진입로가 있다. 화석정 역시 코스에서 벗어나서 300m 가량 들어갔다가 나와야 한다. 율곡습지공원도 율곡교차로에서 잠시 코스에서 이탈한다. 이후 평화누리길은 공도를 따라 파평 면소재지를 거쳐 장파리로 이어진다. 임진강을 건너가는 두지나루터 전에는 약간의 비포장길도 지난다.

두지나루터 지나 임진강에 놓인 장남교를 건너면 연천군 장남면이다. 장남면에서도 임진강을 따라 난 자전

평화누리 걷기길 VS 자전거길

평화누리길 5, 6코스를 처음 간다면 반드시 알아야할 것이 있다. 바로 평화누리 걷기길과 자전거길 표지판을 구분하는 것이다. 평화누리길 5, 6코스는 걷기길과 자전거길이 같은 길을 공유하다가 종종 갈라진다. 이때 자전거길 표지판을 따라 가야 길을 잃지 않는다. '평화누리길(왼쪽)'은 평화누리 걷기길이고, '평화누리 자전거길(오른쪽)'이 자전거 코스다. 따라서 평화누리길 표지만 보고 따라 가다가는 낭패를 볼 수도 있다.

거길을 따라 숭의전지, 당포성을 거쳐간다. 둘러볼 만한 관광지가 계속 나타나고, 이들 관광지는 코스를 이탈해 들락거려야 한다. 이 때문에 코스 길이보다 주행 시간이 훨씬 더 걸린다. 당포성을 지나 1km 정도 '마동로'를 따라 직진하다가 동이리 입구에서 중앙선 건너 왼쪽에 '자전거횡단' '정원사' 표지가 보이면 좌회전해서 샛길로 들어가야 한다. 계속 직진하면 동이대교를 건너 전곡으로 간다. 전곡에서 라이딩을 종료하는 경우를 생각해 볼 수도 있지만 추천하지 않는다. 자전거도로는 동이대교 초입에서 종료된다. 이곳부터 전곡까지는 왕복 4차선에 차량이 쌩쌩 달리는 고속화된 국도를 달려야 한다. 샛길로 접어들면 농로와 짧은 비포장 구간을 지나 다시 임진강과 만난다.

임진강변에 있는 임진물새롬랜드오토캠핑장 지나 임진교를 따라 임진강을 건너간다. 이제부터는 임진강 우안으로 평화누리길이 이어진다. 군남홍수조절지를 거쳐서 연천읍으로 가는 길은 크게 어려움이 없다.

평화누리길 5,6코스는 대부분 포장도로지만 일부 비포장 구간을 지나야 한다. 평화누리길 안내표시도 잘 되어 있다. 자전거 전용도로 주행이 90%이지만 약간의 공도 주행도 해야 한다. 주요 관광지를 생략하고 라이딩에 집중하고 싶다면 공도 주행을 우선해서 코스를 짜도 된다. 특히 장남교에서 백학면 전동교까지 구간은 자전거길이 좀 과하다 싶을 만큼 갈지자를 그리며 연결된다. 이 구간은 자전거도로에서 이탈해서 인근 367번과 372번 지방도를 이용해서 이동하는 것이 시간 관리에 더 효율적이다. 이 부근의 지방도는 차량 통행이 많지 않아 공도 주행에 어려움이 없다.

난이도

가랑비에 옷 젖는 격이다. 코스를 통틀어서 해발 150m가 넘는 큰 오르막은 없다. 그럼에도 불구하고 상승 고도가 800m가 넘는다. 작은 오르막이 쉴새 없이 이어진다. 관광지에서 자전거를 주차하고 도보로 이동하는 거리까지 고려하면 체력소모는 더 크다. 라이딩에 집중하고 싶다면 관광지를 생략하는 것도 방법이다.

주의 구간

시간 조절이 가장 중요하다. 초행길은 평소보다 1.5배 더 시간이 많이 소요된다는 것을 염두에 둬야 한다. 가능한 아침 일찍 출발한다. 이 코스는 라이딩을 시작하면 중간에 빠져 나오기도 어렵다. 연천읍에 18:05까지 도착해야 마지막 시외버스를 탈 수 있다. 소요산역에서 전철을 이용하려면 18km를 더 주행 해야 한다. 일몰 후 라이딩에 대비해 라이트는 꼭 챙기자. 뒤에 소개되는 철원 한바퀴 코스와 연계해 1박2일로 일정을 잡아도 좋다.

보급 및 식사

임진각에서 연천읍까지 라이딩 코스 중간중간에 면소재지를 들른다. 대부분의 면소재지에는 편의점과 몇 곳의 식당이 있다. 일찍 출발했다면 장남면이나 군남면에서 점심을 해결한다. 늦게 출발했다면 문산에서 이른 점심을 먹고 간다. 자전거 코스 중간에 매운탕집이 종종 보이지만 가볍게 식사할 만한 곳은 아니다. 편의점이나 마트에서 보급을 하더라도 충분한 식수와 행동식을 챙겨서 라이딩을 하자. 문산역 인근 **원조삼거리부대찌개**(☎031-952-3431)는 이 지역 터줏대감으로 꼽는 맛집이다. 쑥갓과 야채를 듬뿍 넣어 푸짐한 건더기와 시원한 국물맛이 일품이다. 부대찌개 8,000원. 두지나루터에 민물매운탕 잘하는 집이 몰려 있는데 **원조두지리매운탕본점**(☎031-959-4508)이 가장 유명하다. 참게매운탕 1인분 2만원.

① ② 문산의 맛집 삼거리부대찌개.

》》 슬픈 역사의 땅으로 떠나는 자전거 여행이다. 궁예의 한이 서린 땅에 한국전쟁의 아픈 현장이 곳곳에 남아 있다. 평화누리자전거길 7코스와 백마고지에서 철원노동당사까지 라이더들이 애정하는 루트를 이어 만들었다. 여기에 화산 활동으로 만들어진 한탄강의 비경까지 곁들인다. 연천역까지 전철복선화가 완료되면 라이더들로 북적일 곳이다.

난이도	60점	코스 주행거리	55km(중)
		상승 고도	366m(중)
		최대 경사도	5% 이상(중)
		칼로리 소모량	1,508kcal

코스 접근성	90km (대중교통 가능)	전철(40개 정거장) 72km → 자전거 18km 고속터미널역 — 종각역(환승) — 소요산역 — 연천역

소요시간	9시간 5분 (당일 코스)	가는 길 전철 1시간 52분 자전거 1시간 총 2시간 52분	코스주행 4시간 37분	오는 길 버스 1시간 46분 총 1시간 46분

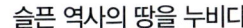

슬픈 역사의 땅을 누비다
철원 한바퀴 | 연천군·강원도 철원군

철원은 강원도 땅이다. 하지만 수도권 라이더들에게는 아주 친숙하다. 수도권에서 가장 북쪽을 찍고 오는 자전거 여행지로 인기다. 로드 자전거 좀 타는 라이더라면 철원 노동당사 루트를 한 번쯤 달려봤을 것이다. 한국전쟁의 슬픈 역사의 현장과 한탄강이 굽이치며 만든 비경을 더하면 이보다 좋은 자전거 여행지가 없다.

연천읍에서 최북단 기차역, 백마고지역까지는 평화누리자전거길 7코스를 따라 간다. 차탄천자전거길로도 불리는 이 길의 거리는 31km다. 인적 드문 곳에 조성한 자전거길이라 평화롭다. 구불구불 흘러가는 물줄기를 따라 다리를 건너고 농로를 통과하면서 여유롭게 페달을 밟아 나간다. 고드름이 하늘로 자란다는 고대산역 고드름 터널과 뼈대만 남아 있는 경원선 철교가 라이딩에 소소한 재미를 더한다. 이 철교를 지나면 강원도로 접어든다. 곧이어 백마고지역에 도착하면서 평화누리자전거길과는 작별한다. 이곳부터는 공도로 이동하는 본격적인 철원 투어 라이딩이 시작된다.

공도를 조금만 달리면 한국전쟁의 슬픈 상징이 된 노동당사다. 과거 북한 노동당 철원군 당사로 사용되던 건물이다. 뼈대만 앙상하게 남은 3층 건물의 노동당사는 총탄 자국이 가득하다. 그 기묘한 분위기가 전쟁의 참화를 말해준다.

① 연천역의 명물 증기기관차. ② 한국전쟁의 아픈 기억을 간직한 철원노동당사.

이곳은 서태지의 '발해를 꿈꾸며' 뮤직비디오의 배경으로 유명세를 탔다.

　노동당사를 봤다고 라이딩 끝나는 것은 아니다. 자전거 여행의 클라이맥스는 아직 시작하지도 않았다. 철원 라이딩의 백미는 한탄강을 따라 가는 지오 트레일에 있다. 한탄강의 풍광은 아주 독특하다. 내륙의 유일한 화산지형이기 때문이다. 한탄강은 수십 만 년 전 오리산 화산이 폭발하면서 용암이 흘러내렸던 길이다. 용암이 굳은 현무암지대로 물길이 흐르면서 지금의 한탄강 비경이 완성됐다. 한탄강은 깊은 협곡을 따라 제주도 해안가에서나 볼 수 있는 주상절리가 펼쳐진다.

　한탄강을 가장 잘 즐기는 방법은 주상절리길로 불리는 한여울길을 따라 라이딩 하는 것이다. 한국의 나이아가라폭포로 불리는 직탕폭포에서 주상절리길로 합류한다. 협곡을 가로지르는 태봉대교를 지나 협곡이 S자를 그리며 통과하는 송대소, 그리고 마당바위를 지나간다. 협곡을 발 밑에 두고 달리는 기분은 아주 호방하다. 마침내 임꺽정이 은신했었다는 고석정에 도착한다. 한탄강의 절경은 이곳에서 절정을 이룬다. 호사스러웠던 자전거 여행도 이곳에서 마침표를 찍는다.

① 용암활동으로 만들어진 송대소 주상절리 풍경. ② 금강산 가는 증기관차에 물을 공급했던 연천역 급수대.

백마고지
도밀리
백마고지역
노동당사
중리
덕산리
고대산 역고드름
대위리
철원군
마전리
율이리
도피안사
학저수지
비포장 구간
연천군
오덕리
상사리
직탕폭포
신탄리역
동송읍
대광리
한반도 지형 전망대
답곡리
Finish
동송시외버스터미널
주상절리길 (한여울길)
장흥리
서면
고석정
금학산
오지리
도신리
87
관인면
와초리
상노리
내산리
초과리
상리
삼율리
옥산리
사정리
현가리
옥산2교
중리
Start
연천역
동막리
연천읍

노동당사
백마고지역
직탕폭포
고석정
동송시외버스 터미널
신탄리역
250(m)
200
150
100
0
5.0
10.0
15.0
20.0
25.0
30.0
35.0
40.0
45.0
50.0
(km)

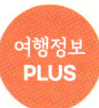

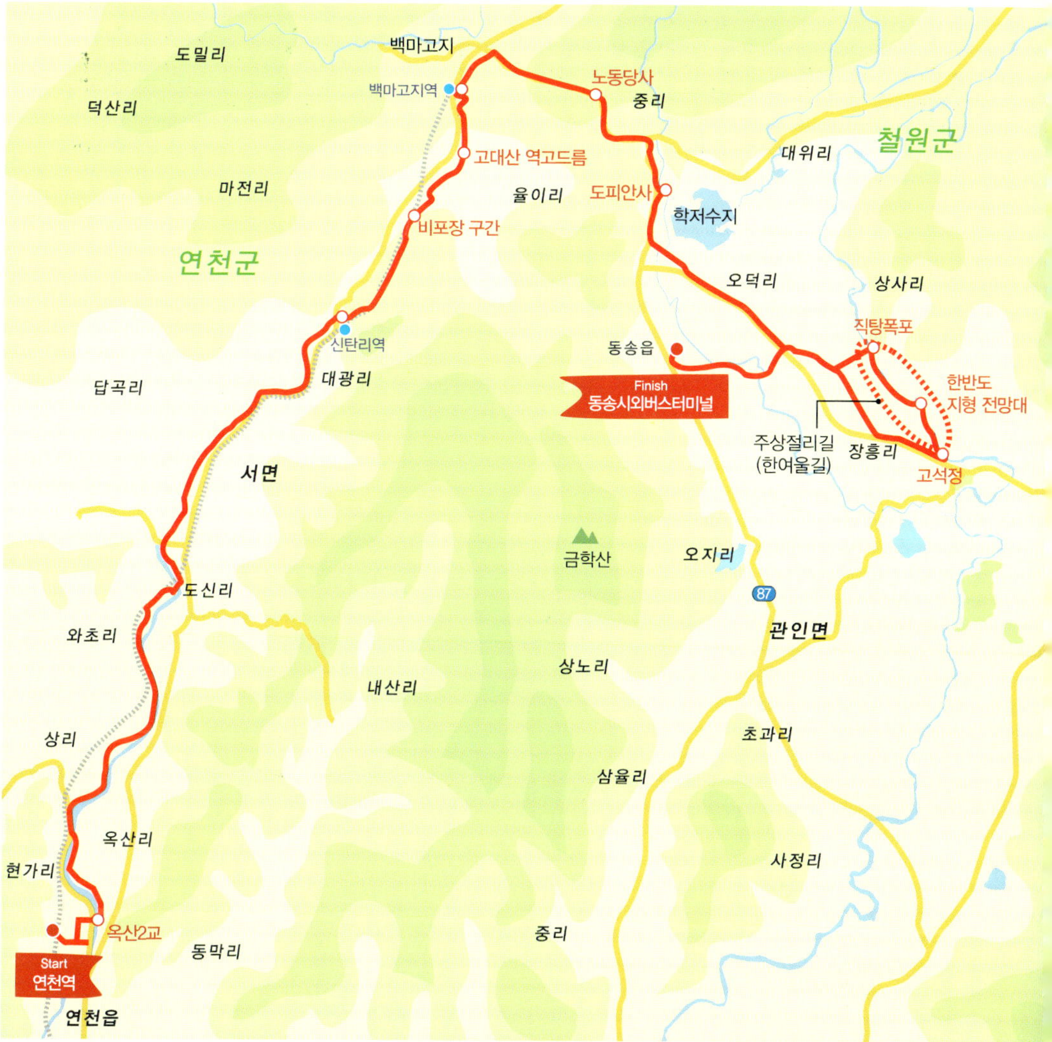

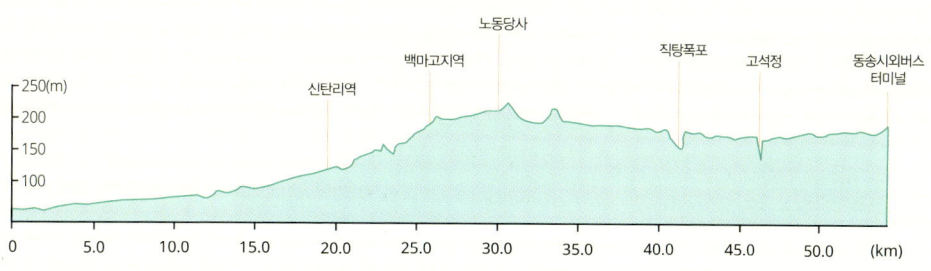

한탄강에 조성한 한여울길 조형물.

코스 접근

IN : 철원 투어에 나선 라이더들은 대중교통을 이용할 때 대부분 소요산역을 출발지로 삼는다. 연천역 복선 전철화가 완성되기 전까지는 자전거를 휴대탑승 할 수 있는 최북단 역이 소요산역이기 때문이다. 소요산역에서 연천역까지는 3번 국도를 따라 18km 공도 주행을 해야 한다. 왕복 4차선에 차량 통행량도 많아 자전거로 달리기에는 조금 부담스럽다. 파주 임진각에서 출발하는 평화누리자전거길 5,6코스와 연계해 1박 2일 일정으로 계획하면 이 구간 공도 주행을 피할 수 있다. 자가용으로 접근한다면 백마고지역을 출발지로 삼아 철원만 라이딩할 수 있다. 경험 많은 라이더라면 연천역을 시발점으로 철원까지 크게 한 바퀴 도는 코스로 짤 수도 있다.

OUT : 철원 동송시외버스터미널(☎033-456-1213)에서 서울로 직행하는 버스편이 있다. 강남고속버스터미널까지 1일 9회(막차 18:20) 운행한다. 동서울시외버스터미널로 운행하는 버스는 20:30분이 막차다. 요금은 9,900원, 소요시간은 1시간 40분이다.

코스 가이드

연천읍에서 출발하면 옥산2교를 건너 자전거길과 합류한다. 자전거길은 차탄천을 따라 3번 국도와 함께 나란히 북쪽으로 올라간다. 신탄리역을 지나면 200m 가량 비포장길이 있다. 연천역 출발 21km 지점이다. 이곳을 제외하면 비포장 구간은 없다. 백마고지역(연천역에서 26km)에 도착하면 평화누리자전거길은 종료된다. 이곳에서 백마고지를 돌아본 후 대마사거리에서 87번 지방도(묘장로)를 따라 가면 노동당사다. 이후 금강산로를 따라 도피안사에 들렀다가 직탕폭포로 향한다.

직탕폭포 가는 길은 짧고 가파른 내리막길이다. 되돌아 올라올 때는 왼쪽 붉은색 아스팔트가 깔려 있는 샛길로 진입한다. 자전거길이라는 별도의 표시 없이 한여울길1코스라는 작은 안내표지만 있다. 이 길이 고석정까지 연결되는 주상절리 자전거길의 시작점이다. 약 4km 길이의 자전거길은 고석정 인근까지 연결된다. 고석정 교차로에서 길을 건너면 고석정 관광지로 진입한다. 고석정은 계단 입구에 자전거 주차 후 도보로 다녀와야 한다. 고석정 관람 이후에는 공도로 주행해서 동송시외버스터미널까지 이동한다.

평화누리자전거길 7코스와 철원 코스는 아주 짧은 비포장길을 제외하고 전 구간 포장도로다. 코스 안내 표시도 되어 있다. 자전거 전용도로는 60% 정도지만, 공도 주행도 크게 부담스럽지 않다.

난이도

총 상승 고도는 366m다. 고도표 상으로는 지속적으로 오르막길을 주행하게 표시되어 있으나 실제 주행을 하면 오르막을 체감할 수 없는 완경사 코스다. 난이도만 따지면 초보자가 주행해도 부담이 없다. 노동당사를 지나면 아주 완만한 내리막길이 지속된다.

주의 구간

가장 주의해야 할 곳은 소요산역~연천역 구간이다. 왕복 4차선 국도라 차량 통행이 빈번하다. 이 길은 제한속도 시속 70km, 편도 2차로에 자전거가 주행할 만한 노견이 있다. 백마고지역에서 시작하는 철원 구간 주행은 차량 통행이 드물어 공도 주행의 스트레스는 덜한 편이다.

여행 정보

연천역은 현재는 폐역으로 방치되어 그냥 지나칠 수 있는 곳이지만 흥미로운 시설이 있어 둘러볼 만하다. 바로 연천역 급수탑이다. 연천역은 서울과 원산을 잇는 경원선 철길이 지나는 역으로 1914년에 개통되었다. 급수탑은 이 당시 운행하던 증기기관차에 물을 공급하는 시설이었다. 급수정에 있는 물을 펌프로 올린 다음 급수전을 이용해 열차에 물을 공급하는 방식으로 작동했다. 급수탑은 삼랑진역과 추풍령역 등 몇 곳의 기차역에 남아 있다.

신탄리역도 경원선 철도종단점으로 흥미를 끌었던 곳이다. 백마고지는 한국전쟁 당시 가장 치열한 전투가 벌어졌던 곳이다. 철원평야에 동산처럼 우뚝 솟은 곳이지만 이 곳을 서로 차지하기 위해 혈투를 벌였다. 노동당사에서 직탕폭포로 가는 길에 있는 도피안사도 라이더들이 빼놓지 않고 방문하는 곳이다. 평범한 절로 보이지만 통일신라시대에 세워진 천년 사찰이다. 국보 제63호 철조비로자나불좌상이 모셔져 있는데, 당시 유행했던 철로 만든 불상이다. 도피안사는 '깨달음의 언덕을 건너간다'라는 뜻을 품고 있다. 빠뜨리지 말고 들렀다 가자.

보급 및 식사

연천역 맞은편 있는 **수지네밥집**(☎031-834-3989)은 가볍게 식사를 할 수 있는 집이다. 가정식 백반(6,000원, 2인 이상 주문)이 대표 메뉴다. 신탄리역 인근에 있는 **평양메밀막국수**(☎031-834-7782)는 막국수(6,000원)를 시키면 닭 날개를 하나씩 서비스로 준다. 육수를 우려내면서 사용했던 날개를 손님들에게 서비스로 제공하는 것이다. 탱탱한 껍질과 쫄깃한 살코기의 식감이 좋아서 막국수보다 서비스에 더 손이 간다. 날개(5개 5,000원)만 별도 메뉴로 판매한다. 종착지인 동송터미널 주변에도 식당이 많다. 그 중에서 **동송막국수**(☎033-455-3228)는 현지인들이 즐겨 찾는 식당이다. 막국수(4,000원) 가격이 착하다.

① 임꺽정 전설이 스민 고석정. ②③ 육수를 우려낸 닭날개를 서비스로 주는 평양메밀막국수.

>>> 연천의 재1경 재인폭포와 포천의 제1경 비둘기낭폭포를 둘러보는 코스다. 두 폭포를 찾아가는 길에 화산 활동으로 만들어진 볼거리가 차고 넘친다. 이 길을 한탄강 유네스코 지질공원 투어라 부르는 이유다. 갔던 길로 되돌아와야 하는 번거로움은 있지만 한탄강의 비경을 오래오래 감상할 수 있다. 언젠가 한탄강 비경을 모두 돌아보는 주상절리길이 열리면 수많은 라이더가 군침을 흘릴 곳이다.

난이도	70점	코스 주행거리	67km(중)
		상승 고도	724m(중)
		최대 경사도	5% 이상(중)
		칼로리 소모량	1,508kcal

코스 접근성	90km (대중교통 가능)	전철(40개 정거장) 72km → 자전거 18km 고속터미널역 종각역(환승) 소요산역 연천역

소요시간	10시간 34분 (당일 코스)	가는 길 전철 1시간 52분 자전거 40분 **총 2시간 32분**	코스주행 5시간 30분	오는 길 자전거 40분 전철 1시간 52분 **총 2시간 32분**

05-1 북부권 코스

용암이 흘러 만든 드라마틱한 두 폭포를 찾아
한탄강 유네스코 지질공원 투어
| 연천군·포천시

　강원도 평강에서 발원한 한탄강은 철원과 포천, 연천을 거쳐 전곡에서 임진강과 합류해 서해로 흘러간다. 한탄강은 큰 여울漢灘의 강이다. 여울은 급경사를 이루며 물의 흐름이 빨라지는 곳을 의미한다. 용암이 흘러 만들어진 한탄강은 곳곳에 급경사를 이루며 드라마틱한 풍경을 새겨 놓았다. 한탄강 일대는 이런 지질학적 가치를 인정받아 2020년 7월 유네스코 세계지질공원이 되었다.

　철원 한바퀴 코스에는 한탄강 상류에 자리한 철원의 지질 명소를 둘러보는 여정이 포함되었다. 반면 한탄강 유네스코 지질공원 투어는 연천 재인폭포와 포천 비둘기낭폭포 같은 한탄강 중류의 명소를 돌아보는 여정이다. 이 코스는 아직 정식 자전거길로 만들어지지 않았다. 오래 전부터 자전거로 이곳을 여행했던 라이더들에 의해 다듬어지고 공유되어 온 코스다.

　한탄강 유네스코 지질공원 투어는 대부분 일반 공도를 주행한다. 하지만 차량 통행이 적은 한적한 지방도와 옛길을 따라가 차량 스트레스가 크지 않다. 투어를 나서 처음 만나는 명소는 재인폭포다. 지장산자락에서 내려온 물줄기가 한탄강으로 흘러가기 전 만들어 놓은 아름다운 폭포다. 18m 높이의 폭포와 주상절리로 이루어진 계곡 풍경은 비현실적일 만큼 아름답다. 과연 연천 제1경이라 부를 만한 모습이다.

① 연천 재인폭포에서 열리는 국화축제. ② 연천과 포천을 잇는 옛길에 있는 청옥터널.

재인폭포를 보고 난 뒤 포천 비둘기낭폭포를 향해 한탄강을 따라 가면 천연기념물로 지정된 아우라지 베개용암, 좌상바위 같은 독특한 화산 지형들이 여행자의 발길을 잡아 끈다. 궁평리에서 뻥 뚫린 37번 국도를 타고 가면 빠르게 목적지로 갈 수 있다. 하지만 그러면 재미가 없다. 영평천을 건너다니며 포천과 전곡을 연결하던 한적한 옛길을 따라 간다. 그 길 끝에 일제 때 바위를 뚫어 만든 창옥굴을 지난다. 옛길이 끝나는 오가교차로에서 87번 국도와 78번 지방도를 이어 달리면 비둘기낭폭포에 닿는다.

협곡 속에 은밀하게 자리한 비둘기낭폭포는 이곳에 멧비둘기들이 살아 그런 이름을 얻었다. 새들의 아늑한 은신처 같은 이 폭포는 큰비가 내리면 장관을 이룬다. 비둘기낭폭포 곁에 한탄강을 가로지르는 하늘다리가 있다. 이 다리 위에서 보는 주상절리 협곡의 웅장한 모습이 여행의 대미를 장식한다.

① 안전모를 착용하고 가야하는 재인폭포 하단. ② 비둘기낭폭포가 있는 하늘다리에서 바라본 한탄강 주상절리. ③ 한탄강 주상절리 절경을 볼 수 있는 구름다리.

여행정보 **PLUS**

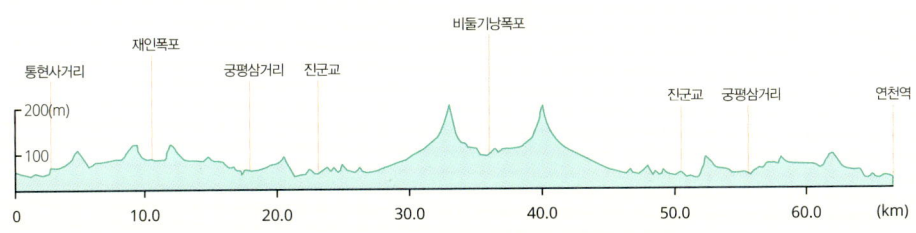

코스 접근

한탄강 유네스코 지질공원 투어 출발점은 연천읍이다. 연천역까지 자가용을 이용해 짐프한 뒤 라이딩을 시작한다. 대중교통을 이용할 때는 소요산역을 들머리로 한다. 소요산역에서 출발하면 연천읍까지 갈 필요가 없다. 전곡에서 고탄교를 건넌 후 청연로를 따라 재인폭포로 간다. 이렇게 하면 차량 스트레스가 심한 3번 국도 라이딩 거리를 절반(9km)으로 단축할 수 있다. 비둘기낭폭포와 하늘다리까지 본 뒤 왔던 길로 되돌아올 수 있다. 이게 싫다면 9km 거리의 포천군 영북면 **운천시외버스터미널**(☎ 070-4045-5217)로 가서 버스편으로 귀가할 수 있다. 운천시외버스터미널에

① 깊은 협곡에 자리한 포천 비둘기낭폭포. ② 비둘기낭폭포 근처 한탄강을 가로지르는 곳에 만든 하늘다리. ③ 비둘기 둥지처럼 협곡에 숨겨져 있는 비둘기낭폭포.

서는 포천을 경유해 도봉산역과 동서울터미널 등으로 가는 버스편이 있다.

코스 가이드

연천역에서 남쪽으로 내려온다. 3km 거리에 있는 통현사거리에서 횡단보도를 건너서 78번 지방도(현문로)를 따라 직진한다. 한탄강댐을 지나면 재인폭포 주차장이다. 재인폭포 탐방로는 자전거 진입금지다. 도보로 이동한다. 폭포 하단까지 다녀오면 왕복 1km 거리다.

재인폭포에서 되돌아나와 고문리삼거리에서 좌회전한다. 신답리를 거쳐 궁평삼거리에 이르는 4km 도로변에 볼거리가 많다. 고구려시대 조성된 신답리 고분군과 용암이 흘러 만들어진 아우라지 베개용암, 좌상바위 등을 찾아볼 수 있다. 고분군을 제외한 나머지는 300~400m 정도 도보로 이동해야 한다.

궁평삼거리에서 좌회전해 3km 가면 연천과 포천 경계에 위치한 백의교를 건넌다. 다리를 건너 우회전해 1.5km 가면 진군교다. 다리를 건너지 말고 강 왼쪽으로 난 전영로1023번길로 진입한다. 입구에 '보문동원' 안내표지가 있다. 이 길이 포천과 전곡을 연결하던 옛길이다. 이 길을 따라 가면 창옥굴을 통과해 오가교차로에 이른다. 창옥굴은 지도 앱에 표시되지 않는다. 인근에 위치한 오가리야영장을 검색하면 대략적인 위치를 확인할 수 있다.

오가교차로에서 87번 국도를 따라 2km 정도 올라가면 오른쪽으로 78번 지방도가 나뉜다. 비둘기낭폭포 표지판이 있는 78번 지방도를 따라 5km쯤 가면 대회산1교차로다. 여기서 좌회전해서 1.5km 가면 비둘기낭폭포가 있는 한탄강지질공원이다. 하늘다리는 이곳에서 1km 더 간다.

한탄강 유네스코 지질공원 투어는 창옥굴 구간을 제외하고 전 구간 포장도로다. 안내표시는 별도로 없다. 자전거 전용도로도 없어 전 구간 공도를 주행해야 한다. 그러나 대부분 차량 통행이 적은 길이라 차량 스트레스는 크지 않다.

난이도

총 상승 고도가 724m로 만만치 않은 코스다. 한탄강댐과 청옥터널 구간에 오르막이 있다. 그 중에서 가장 큰 업힐은 비둘기낭폭포를 앞두고 만나는 고개다. 87번 국도에서 갈라져 대회산리로 가는 78번 지방도를 따라 4km에 걸쳐 길게 오르막길이 있다. 연천읍으로 되돌아간다면 다시 이 고개를 넘어야 해서 상당히 힘들게 느껴진다.

주의 구간

전 구간 공도 주행을 한다. 그러나 고속화 된 국도를 피하게 안내되어 있어 차량으로 인한 스트레스는 크지 않다. 대부분 포장도로를 달린다. 창옥터널 구간만 짧은 비포장을 주행해야 한다. 한탄강 유네스코 지질공원 코스는 주변에 볼거리가 많고 도보로 이동하는 거리도 있다. 일몰 전에 라이딩을 종료하려면 시간을 여유롭게 잡고 움직이는 것이 좋다.

여행 정보

한탄강지질공원에는 총 26곳의 명소가 있다. 이 명소는 화산 활동으로 만들어진 것으로 유네스코가 세계지질공원으로 선정했다. 더 자세한 탐방정보를 원한다면 한탄강지질공원 홈페이지(www.hantangeopark.kr)를 참고하자.

아우라지 베개용암 : 한탄강지질공원의 명소이자 천연기념물제 542호로 지정되어 있다. 베개용암은 용암이 차가운 물과 만나 빠르게 식으면서 그 표면이 둥근 베개 모양같이 생겼다고 해서 붙여진 이름이다. 전망대 맞은편을 보면 절벽 아래쪽에 둥근 모양의 화산이 쌓여 있는 모습을 볼 수 있다. 용암이 바닷물과 만나는 해안가에서 주로 발견되는 모양으로 내륙의 강가에서 발견되는 것은 매우 희귀하다고 한다.

좌상바위 : 베개용암을 보고 되돌아 나오면 궁신교를 건너간다. 이 다리 밑으로 내려가면 좌상바위로 들어가는 관람로와 만난다. 자전거는 진입금지라 도보로 이동한다. 300m쯤 들어가면 좌상바위가 강물 맞은편에 우뚝 서 있다. 언뜻 보면 제주도 산방산을 축소해 놓은 듯한 모양새다. 화산 분출로 만들어진 지형으로 바위 높이는 60m다. 오랜 세월 풍화작용을 겪으면서 만들어진 세로 방향의 띠 모양이 선명하다.

보급 및 식사

출발지인 연천을 벗어나면 딱히 식사할 만한 곳이 눈에 들어오지 않는다. 비둘기낭폭포 인근 지장산자락에 유명한 막국수집 본점이 있지만 코스에서 벗어나 있어 접근하기가 애매하다. 대신 쉬어갈 만한 카페들이 코스를 따라 있다. 비둘기낭폭포 입구 한탄강지질공원센터 바로 옆에 위치한 베이커리 카페 **허브아일랜드한탄강점**(☎ 0507-1318-3385)은 널찍한 야외정원이 있어 인기다. 연천읍 통현사거리 부근에 있는 **연천회관**(☎ 0507-1470-7016)은 감성 카페로 널리 알려졌다. 낡은 창고를 리모델링 해 카페로 만들었다. 커피와 베이커리를 먹으며 당을 보충하기 좋다. 코스 상에 마트가 있는 마을이 몇 곳 있어 보급에는 무리가 없다.

① 제주도 산방산을 닮은 좌상바위. ②③ 연천읍에서 아주 핫한 연천회관의 커피와 베이커리.

자전거 여행 바이블 수도권편

2021년 5월 25일 초판 1쇄 펴냄
2022년 4월 15일 초판 2쇄 펴냄

지은이 이준휘
발행인 김산환
책임편집 윤소영
디자인 제이
펴낸 곳 꿈의지도
인쇄 다라니
출력 태산아이
종이 월드페이퍼

주소 경기도 파주시 경의로 1100 604호
전화 070-7535-9416
팩스 031-947-1530
홈페이지 blog.naver.com/mountainfire
출판등록 2009년 10월 12일 제82호

ISBN 979-11-89469-99-3-13980

지은이와 꿈의지도 허락 없이는 어떠한 형태로도 이 책의 전부, 또는 일부를 이용할 수 없습니다.
※ 잘못된 책은 구입한 곳에서 바꿀 수 있습니다.